OS PECADOS
DA LÍNGUA

CIP-BRASIL. CATALOGAÇÃO NA PUBLICAÇÃO
SINDICATO NACIONAL DOS EDITORES DE LIVROS, RJ

L515p   Ledur, Paulo Flávio
        Os pecados da língua : Pequeno repertório de grandes erros de linguagem / Paulo Flávio Ledur ; ilustração Paulo Sampaio. – 1. ed. – Porto Alegre, SP : AGE, 2016.
        335 p. : il. ; 16x23 cm.

        ISBN 978-85-8343-232-6
        ISBN E-BOOK 978-85-8343-233-3

        1. Língua portuguesa – Gramática – Estudo e ensino. 2. Linguagem e línguas – Estudo e ensino. 3. Língua portuguesa – Variação. 4. Sociolinguística. I. Sampaio. Paulo. II. Título.

16-34810   CDD: 469.5
                      CDU: 811.134.3'36

Paulo Flávio Ledur
Ilustrações:
Sampaulo

OS PECADOS DA LÍNGUA

Pequeno repertório
de grandes erros de linguagem

PORTO ALEGRE, 2016

© Paulo Flávio Ledur, 2016

Capa:
Marco Cena

Diagramação:
Nathalia Real

Revisão:
Renildo Baldi

Supervisão editorial:
Paulo Flávio Ledur

Editoração eletrônica:
Ledur Serviços Editoriais Ltda.

Reservados todos os direitos de publicação à
LEDUR SERVIÇOS EDITORIAIS LTDA.
editoraage@editoraage.com.br
Rua Valparaíso, 285 – Bairro Jardim Botânico
90690-300 – Porto Alegre, RS, Brasil
Fone/Fax: (51) 3061-9385 – (51) 3223-9385
vendas@editoraage.com.br
www.editoraage.com.br

Impresso no Brasil / Printed in Brazil

Minha homenagem ao inesquecível
Paulo Sampaio, o Sampaulo,
chargista sempre atento e perspicaz, mas, sobretudo, amigo leal e alegre, que nos deixou cedo, mas se perenizou pela obra de arte de que fazem parte as ilustrações deste livro.

Paulo Flávio Ledur

EM FORMA DE EPÍGRAFE

Atribui-se ao termo *epígrafe* o sentido de, em poucas palavras, representar a síntese perfeita de um somatório de significados.

Por simbolizar a versatilidade e a pluralidade de significado das palavras no contexto do nosso idioma, escolheu-se um diálogo atribuído ao poético casal Eduardo e Alice Prado, ao caminharem por um bosque. Apontando para uma árvore onde um casal de passarinhos namorava, Eduardo disse para Alice:

– Alice vive do amor.

Demonstrando ser parceira à altura do poeta, Alice retrucou de imediato:

– Eduardo Prado também.

O casal acabara de transformar cacofonias em eufonias, provando que o idioma é feito dele e de suas circunstâncias.

SUMÁRIO

Introdução 11

Pecado n.º 1:
SENTIDO ADULTERADO 13
   Neologismos pecaminosos 45
   Significado inferido 48
   Hífen: marca de significado 50

Pecado n.º 2:
REDUNDÂNCIAS E INUTILIDADES 53
   Expressões que cansaram 97

Pecado n.º 3:
PARADOXOS, DISTORÇÕES E CONFUSÕES 99

Pecado n.º 4:
AS PERIGOSAS SEMELHANÇAS 153

Pecado n.º 5:
O MAU USO DO VERBO, DO SUBSTANTIVO
E DE SEUS ASSESSORES 207
   Conjugações verbais equivocadas 209
   As formas reduzidas do particípio 217
   As formas reflexivas dos verbos 219
   Outros verbos que podem ser reflexivos 222
   O verbo rege 223
   Os nomes também regem 248
   Discordâncias verbais 249
   Outras discordâncias 257
   Singular X Plural 266
   Masculino X Feminino 275
   Esses números trapalhões 282

Pecado n.º 6:
DESCASO COM PEQUENOS SÍMBOLOS 293

Pecado n.º 7:
CACÓFATOS E CACÓGRAFOS 313

Índice remissivo 321

INTRODUÇÃO

Preservar a língua portuguesa dos vícios e dos erros que ferem sua gramática e seu bom uso é uma necessidade que se impõe, pois é crescente o número de pecados em processo de consagração, empobrecendo e tornando cada vez mais complexas suas normas, que são o resultado do uso no meio culto.

Preocupam, sim, os erros de grafia, mesmo aqueles que não interferem no significado, mas o que mais aflige é o desleixo em relação à carga semântica de cada palavra, expressão ou frase, pois sua adulteração torna cada vez mais confusas as comunicações, sem contar os obstáculos que causa aos que enfrentam a difícil tarefa de ensinar a língua. Já são demasiados os casos em que o professor se encontra diante da dificuldade de discernir entre o certo e o errado, entre o aceitável e o inadmissível. Privilegiam-se neste livro os pecados relacionados à sintaxe e ao significado, por serem mais relevantes no uso da língua.

Não podemos continuar assimilando os vícios introduzidos no idioma, em especial aqueles oriundos da população supostamente culta – que, por princípio constitucional das línguas, norteia as normas da gramática e do léxico. É necessário que se freie esse processo.

Os fantásticos meios eletrônicos que nos foram colocados à disposição estão colaborando com a difusão desses vícios e introduzindo novos, em função da cultura da superficialidade que estão inserindo nas comunicações escritas. Só porque a comunicação chega instantaneamente a qualquer parte do mundo, essa mesma pressa é assimilada pelos redatores, que acabam não se dando o tempo necessário para a boa elaboração e, enfim, não levando suficientemente a sério o processo da escrita.

Alie-se a isso o tradicional hábito de se tentar aprender o idioma utilizando apenas a memória, a velha *decoreba*. Decoram-se regras e mais regras, mas sua aplicação não se realiza, porque não ocorre a assimilação. É essencial que no estudo das línguas se pense e se observe mais, que a memória esteja a serviço da inteligência, e não o contrário.

Este trabalho está imbuído do espírito de valorizar a atenção, a observação, a inteligência. Entende-se que esse seja o caminho mais duradouro e consequente para dominar as normas que regem o idioma.

A estratégia de partir dos erros que mais comumente acontecem evita mexer no que está certo.

O texto bem-humorado, às vezes jocoso, e a utilização de charges são também tentativas que visam a facilitar a fixação das formas corretas. Não se pode acreditar mais em formas sisudas de ensino, que precisa estar alicerçado no sabor da conquista representada pelo conhecimento.

Os nomes dos *pecadores* são omitidos ou disfarçados por questões éticas. Além de a divulgação de seus nomes lhes poder causar prejuízos profissionais e sociais, sua revelação em nada contribuiria para os objetivos deste trabalho.

Aliás, quem nunca *pecou* que atire o primeiro dicionário, a primeira gramática...

Paulo Flávio Ledur

Pecado n.º 1
SENTIDO ADULTERADO

Ninguém pode servir a dois senhores.
Mateus, 6:24

É comum o desrespeito com o significado das palavras. Muitas vezes, a mudança é radical, invertendo o sentido. Em outros casos, são utilizadas com sentidos que não têm. O fato é atribuído ao dinamismo das comunicações, a serviço das quais existem os idiomas. Concordamos com isso, desde que essas alterações sirvam para enriquecer, o que nem sempre acontece, pois muitas palavras e expressões caíram no vazio, ou no descrédito. Enfim, mexer no sentido pode significar ampliação, diminuição, esvaziamento e troca. Vejamos no que dá esse mexe-mexe.

Em nome da minha mãe, da minha mulher e dos meus filhos, voto sim. Foi mais ou menos nestes termos o voto de muitos deputados federais no processo de *impeachment* da Presidente Dilma Roussef. Vêm daí perguntas como: Tinham eles procuração para votar em nome da mãe, da mulher e dos filhos? A legislação permitia votação por procuração? A mãe, a mulher e os filhos tinham direito a voto? A resposta a todas essas perguntas é *não*. Se é *não*, adulteraram por completo o significado da expressão *em nome de*. Se considerarmos o voto como forma de procuração, a resposta às perguntas é *sim*. Daí a sugestão: na próxima vez – tomara que não seja mais necessário –, pensem mais no país, na sociedade brasileira, na mãe, na mulher e nos filhos de todos os brasileiros. Ou então, não querendo abandonar o próprio umbigo, troquem *em nome de* por *em homenagem a* ou *em respeito a*, entre outras opções.

É mais uma obra-prima do autor. O elemento *prima* desta palavra composta significa principal, maior. Assim, chamar de *prima* cada obra de autor ou de determinada corrente estética tira-lhe todo o vigor do significado, a ponto de não se justificar mais sua existência. Aliás, só se pode falar de obra-prima de determinado autor ou movimento estético depois de seu desaparecimento, pois enquanto existir poderá produzir obra melhor. Enquanto estiver vivo, fale-se de importante obra, ou da mais importante até aquele momento. Isso vale para qualquer manifestação cultural.

Eu soo muito.
A não ser que carregue, amarrada nas cadeiras, uma sineta que soe, graças ao seu decantado balançar, a elegante e sinuosa comentarista, apesar de "suar a camiseta", se enganou de verbo, trocando *suar* por *soar*. Deve suar ainda mais e soar menos, dizendo: *Eu suo muito.*

Estavam presentes o Governador, o Presidente da Assembleia, o Reitor da Universidade, etc.
É comum esse tipo de inconveniente nas comunicações sobre solenidades. Se a intenção for diminuir a importância das autoridades, o objetivo foi alcançado, pois *etc.* só deve ser usado para referir coisas, objetos, mas jamais pessoas, muito menos quando são autoridades. E *restantes*, ou *restos*? Piorou, é claro. Então, que solução temos? *Estavam presentes o Governador, o Presidente da Assembleia, o Reitor da Universidade e outras autoridades.*

A mentira é uma das maiores qualidades do ser humano.
A frase foi de conhecido técnico de futebol ao tentar defender-se de acusação de jogador do time que acabara de enfrentar. Não é admissível que alguém de boa índole considere a mentira uma qualidade; irritação fora de controle é a única explicação plausível. Mais calmo, de certo diria: *A mentira é um dos maiores defeitos do ser humano.*

Soldado foi baleado, mas não resistiu aos ferimentos.
Erro cada vez mais comum ultimamente é o que envolve o uso inadequado das classes gramaticais que têm função de conexão: as preposições e as conjunções. A conjunção *mas*, que tem função de introdução de ideia de adversidade – por isso chama-se adversativa – neste exemplo não está cumprindo essa função, simplesmente porque não há intenção de introduzir o sentido de adversidade, mas de adição. Então, é preciso corrigir: *Soldado foi baleado, e não resistiu aos ferimentos.*

A taça ainda está de posse do Presidente da Federação. A confusão é total nesta frase. Seu autor quis informar que a taça estava em poder do Presidente, mas acabou comunicando o contrário, como se fosse possível o Presidente estar em poder da taça. O objeto passou de possuído para possuidor, ao contrário do Presidente. Por isso, é preciso corrigir: *A taça ainda está em poder do Presidente da Federação.*

Nasci em Porto Alegre, sendo concebido na Santa Casa. Consta que ninguém acreditou no currículo desse candidato a cargo público. Nascer em hospital é o que normalmente ocorre nos tempos modernos, mas vamos convir que não é lugar dos mais recomendados para ser concebido...

Fiz um erro. Na verdade, não foi a primeira vez. Anda, pelo jeito, cometendo muitos erros. Para evitá-los, deve corrigir-se. No caso: *Cometi um erro.*

Que suador! Foi a expressão utilizada por um atleta olímpico após dura prova. O certo é que foi um grande *suadouro*. Quem sua é um *suador;* o efeito é um *suadouro*. Para que não se consagre definitivamente esse erro, é oportuno comparar com outras palavras:

– **Matadouro:** lugar onde se matam os animais; **matador:** quem os mata.

– **Bebedouro:** lugar onde se bebe (água, de preferência...); **bebedor:** quem bebe.

Como o leitor deve ter observado, o sufixo *douro* indica o lugar onde se dá a ação, enquanto *dor* indica o agente da ação. Lembrando isso, haverá bem menos "dor" de cabeça...

Tirar a pressão, a febre... Se lhe tirarem a pressão ou a febre, o paciente morrerá, pois ninguém vive sem elas. Excessos de pressão e de febre, sim, precisam ser controlados, o que se faz com diuréticos, antitérmicos e outros medicamentos receitados pelos médicos. O que os aparelhos fazem é verificar ou medir a pressão, a febre. Tirar, nunca!

O goleiro atacou muito. Por mais versátil e moderno que possa ser um goleiro, não é possível que ataque muito, sob pena de defender pouco, pois sua função prioritária é evitar o gol dos adversários. Aos *atacantes* é que cabe *atacar*. Portanto, esse emprego do verbo *atacar* não encontra defesa no bom português, devendo os cronistas preferirem: *O goleiro defendeu muito.*

O aumento dos professores é inviável. Se a manchete quisesse referir-se ao número de professores, a frase estaria perfeita. Como, no entanto, estava se referindo ao salário, deveria ter trocado *dos* por *aos*: *O aumento aos professores é inviável.*

Há 10 de maio de 1808 nascia Manuel Luiz Osório. Na homenagem ao grande herói nacional, a lamentar apenas um terrível pecado contra o idioma de Osório: *há*, com

h, quando alusivo a tempo, sempre indica passado. – *Já sei! O certo é sem h.* Também não, pois *a*, quando usado com relação ao tempo, leva ao futuro, e não ao passado, como o caso requer. – *Então, como é que é?* Quem nasce, nasce em alguma data, e não *a*, ou, pior, *há* alguma data. Então, o certo é: *Em 10 de maio de 1808 nascia Manuel Luiz Osório.* Agora, sim, a homenagem é digna do grande militar.

Na exportação de carnes é necessário o laudo fitossanitário. Por ocasião de uma greve dos técnicos de inspeção sanitária do Ministério da Agricultura, certo *expert* em comércio exterior proferiu esta frase, que atribui à carne características vegetais, pois *fito* diz respeito a eles, vegetais. Bastava ter informado ser necessário o *laudo sanitário*.

Centenas de pessoas evacuaram do saguão da Assembleia.
O autor da frase também *evacuou*, e, o que é pior, em cima do já estraçalhado idioma nacional. Não fosse a reconhecida generosidade do brasileiro e o absurdo da informação, o país teria obsequiado a imprensa internacional com mais um escândalo à brasileira. Na verdade, o repórter errou por pouco: apenas trocou a voz passiva pela ativa. A consequência é que foi trágica: transformou as vítimas em autores da ação e os objetos em sujeitos, como, aliás, sempre acontece quando se faz essa inversão. Para que não acabe também sendo evacuado de ambientes formais, o repórter certamente passará a corrigir: *Centenas de pessoas foram evacuadas do saguão da Assembleia.*

Comemorar a morte de um ídolo.
Pensando que *comemorar* tem apenas o sentido de *festejar*, o comentarista insistiu em dizer que não se pode comemorar a morte de alguém, pelo menos tratando-se de ídolo. *Comemorar* se origina de *memória* (*memorar*), significando *lembrar, trazer à memória*. Portanto, é correto dizer que se *comemora* o aniversário da morte de alguém. Não é o caso de *festejar*, que deriva de *festa*.

O clube tem bom plantel de atletas.
Coletivo designativo de núcleo de animais finos, selecionados, *plantel* é comumente utilizado na linguagem futebolística para referir o grupo de jogadores de que dispõe determinado clube. Os atletas parecem aceitar pacificamente o consagrado equívoco, talvez por serem finos e selecionados os animais com que são confundidos, ou, quem sabe, porque lhes ocorre a máxima: "Quanto mais conheço os homens, mais gosto dos animais"... Outra verdade científica, mas não aceita socialmente, é a de que os homens são animais que pensam. Por isso mesmo, *pensando* bem, deve-se trocar *plantel* por *grupo* ou *conjunto*: *O clube tem bom grupo (conjunto) de atletas.*

Novo ministro abraça a crise da agricultura. Como se o ministro estivesse apaixonado pela crise, e não pela agricultura, o repórter interpretou mal a paixão da autoridade. Ou será abraço de urso? Ou, quem sabe, o ministro gosta muito de crises? Acredita-se que o erro esteja mesmo na elaboração da manchete, que deve ser corrigida: *Novo ministro enfrenta a crise da agricultura.* Se preferir forma mais romântica, o repórter poderá optar por: *Novo ministro abraça a agricultura.*

O juiz concedeu dois minutos de desconto. Não pense o leitor que o juiz encerrou o jogo dois minutos antes do tempo regulamentar; muito pelo contrário, foi o locutor que expressou equivocadamente o fato de o juiz ter prorrogado o jogo por mais dois minutos. Aliás, muitos profissionais das comunicações esportivas estão invertendo as coisas. Corrija-se: *O juiz concedeu dois minutos de acréscimo.*

Sempre que saio sem sombrinha, chove. Bem-feito! Afinal, a sombrinha existe para amenizar os efeitos do sol, e não para proteger da chuva. Não é por nada que *sombrinha* deriva de *sombra,* que é o que ela faz em proveito do usuário. Na verdade, trata-se do mes-

mo utilitário. A diferença, consagrada pelo uso, é que se convencionou chamar de *sombrinha* o guarda-chuva usado pelas mulheres, pois tradicionalmente os homens apenas o usam para se proteger da chuva, com possíveis exceções... Ainda existem os que usam o chapéu para enfrentar o sol, que pode, por isso, ser chamado de *sombreiro* quando tem abas largas. Destaque-se ainda que nas expressões *guarda-chuva* e *guarda-sol,* irreversivelmente consagradas, é claro, há um vício semântico, pois a tecnologia não conseguiu inventar até hoje um guarda-chuva que *guarde* a chuva e um guarda-sol que *guarde* o sol. Os existentes no mercado apenas desviam, aparam a chuva e o sol... Com a ameaça da crise da água em futuro próximo, quem sabe, não inventarão algo semelhante...

Corredor de exportação ligará Piauí ao futuro. Se fosse verdade, a notícia não seria exclusiva do jornal piauiense, mas poderia ser a principal manchete de todos os jornais do planeta, tal o exagero contido na informação. Sem diminuir a importância do corredor, a manchete deveria limitar-se ao real, deixando o imaginário para os ficcionistas e mudando seu teor: *Corredor de exportação garante futuro promissor para o Piauí.*

O tempo está nublado. O tempo não tem manchas, não tem cor, nada que seja palpável, visível ou audível. O céu, sim, pode estar nublado. Por isso: *O céu está nublado.*

O paciente ingere diariamente toda a medicação receitada. Sendo *medicação* a ação de *medicar,* não pode ela ser ingerida integralmente. Se da medicação fizer parte o uso de panos quentes, por exemplo, não significa que o paciente deva ingerir os panos e, o que é mais trágico ainda,

diariamente. A intenção mesmo era afirmar que o paciente ingeria medicamentos, ou seja, remédios. Faltou apenas dizê-lo corretamente: *O paciente ingere diariamente todos os medicamentos receitados.*

Deputado indiciado acerta depoimento no dia 23. Diferente do que dizia este título, o texto informava que o depoimento do deputado havia sido acertado para o dia 23. O acerto ocorrera no dia 11. Portanto, entre erros e acertos, faltou acertar a linguagem: *Deputado indiciado acerta depoimento para o dia 23.*

Foi operado da apendicite.
Não se opera o estado em que se encontra determinado órgão do corpo humano, mas sim o próprio órgão. Assim sendo, não se opera a apendicite, mas sim o apêndice: *Foi operado do apêndice.*

Quero fazer uma colocação.
Ao dizer isso, o interlocutor defendeu seu ponto de vista, mas nada colocou sobre a mesa, na cadeira, ou no chão. Os demais participantes não estranharam, porque também eles passaram o debate *colocando* assuntos e opiniões. Acontece que o mau uso do verbo *colocar* e do substantivo *colocação* está tão generalizado, que os dicionários já estão começando a admiti-lo com esse sentido. O certo mesmo é colocar coisas materiais, concretas, e não coisas abstratas. O que dizer então de *fazer uma colocação?* Seria manufaturá-la. Opções: *Quero expressar uma ideia. Penso o seguinte. Quero falar...*

É um escritor histórico.
Como o autor da frase não quis dizer que se tratava de um escritor que passaria para a história, ou seja, marcante, mas de um historiador, ou seja, autor de livros de História, cometeu erro histórico. Deveria ter dito: *É um historiador;* ou: *É um autor de livros de História.* Diferente é o

romancista, novelista ou contista que escreve textos de fundo histórico, isto é, baseados em fatos históricos.

Absolutamente precisa declarar.
Frase vazia de sentido, pois sequer se sabe se é afirmativa ou negativa. Contrariamente ao que muitos pensam, *absolutamente* não afirma nem nega. Precisa sempre ser acompanhado de partícula negativa ou afirmativa, sobre a qual exerce função de reforço: *Absolutamente não precisa declarar. Absolutamente certo; absolutamente errado.*

A anemia é complicação importante.
Se não errado, é pelo menos inadequado o uso da palavra *importante* na frase, pois não revela se é bom ou mau sintoma, devendo-se preferir: *A anemia é complicação grave.*

Petróleo árabe. Não existe petróleo árabe, mas arábico. *Árabe* refere-se a pessoas: o povo árabe. As coisas e os costumes dos povos árabes são *arábicos*. O mesmo vale para *comida arábica*, tão em voga, mas equivocadamente chamada de *comida árabe*.

Agradeço pela oportunidade do diálogo. O conhecido político iniciou a suposta entrevista, falou durante cerca de meia hora, não permitiu pergunta alguma do entrevistador e ao final fez este agradecimento, referindo-se ao diálogo que os dois teriam tido. Em situação como essa, não há diálogo, mas monólogo. São coisas completamente diferentes: *di* quer dizer *dois,* ou seja, os dois falam; quando fala apenas um, é *monólogo* (*monos*: um).

O transplantado teve alta. Espera-se que o paciente também. Em alta mesmo está o uso equivocado da palavra *transplantado,* deixando o idioma em baixa. Ocorre que o transplantado é o órgão. Quem recebe o órgão é o receptor, assim como quem doa é o doador. Essa interação ficaria mais clara assim: *O paciente do transplante teve alta.*

Vamos recolher a palavra do governador. Onde terão abandonado a palavra do governador? Alguém a teria jogado no lixo, ou num canto qualquer? Ou, quem sabe, não gostaram de sua palavra e levaram-na presa? Essas e outras perguntas não teriam ocorrido se o repórter tivesse se atido ao verdadeiro sentido das palavras. Quis dizer *colher*, mas disse *recolher*.

Quando as mulheres são adulteradas,... Assim ia dizendo a entrevistada de conhecido programa de televisão, tentando atuar em defesa das mulheres traídas. Resultado: também ela foi traída, pois adulterou o sentido do que pretendia dizer. Que são mulheres adulteradas? Que sofreram mudanças para pior? A informação passada foi essa. Sabe-se, no entanto, que era intenção da entrevistada referir-se às vítimas de adultério, às mulheres traídas. Há maneiras de fazê-lo sem adulterar a linguagem: *Quando as mulheres são traídas,...*; ou: *Quando as mulheres são vítimas de adultério.*

O insólito acontecimento ocorreu na Praça da Alfândega. Tratava-se de fato nada comum, extraordinário, *insólito*, o mesmo acontecendo com o autor da frase, que não costuma ofender o idioma, pois tem *sólida* formação, cometendo, portanto, erro *insólito*. Ao reler sua frase, corrigirá: *O insólito acontecimento ocorreu na Praça da Alfândega.*

A descoberta do Brasil se deu há apenas 500 anos. Ao autor da frase falta descobrir que foi o *descobrimento* do Brasil que seu deu em 1500, e não a *descoberta*. Usa-se *descoberta* quando se trata de invenção, ou seja, de algo que ainda não existia, como vacinas, medicamentos, bomba atômica, etc. O Brasil já existia antes de 1500; apenas não era conhecido. Para estes casos usa-se *descobrimento,* assim como para energia atômica, energia solar, gravidade, etc.

Prazo: 20 dias úteis. Questão semântica das mais interessantes é a que diz respeito à expressão *dias úteis*. À primeira vista, pode induzir à conclusão apressada de que existem *dias inúteis*. Para que não se pense assim, é preciso conhecer a origem da expressão. Tem a ver com as enchentes do rio Nilo, famosas pelo húmus que deixam nas suas margens, fertilizando a terra. Prevendo

essas enchentes, os egípcios semeavam nas margens do rio durante os dias que antecediam as enchentes e chamavam esses dias de *úteis*. Portanto, *dias úteis* são os da semeadura.

Ela gosta de sofisticar. Se ela soubesse que, originalmente, *sofisticar* significa *sofismar, falsificar*, com certeza não *sofisticaria*, apesar de muitos gostarem de coisas artificiais, falsificadas, postiças... Há alguns anos, quem diria que *sofisticar* pudesse algum dia vir a ter o postiço sentido de *requintar*... No entanto, ao que parece, é fato irreversível, pois os dicionários já estão começando a aceitar essa acepção. Seja como for, é o dinamismo dos idiomas levado ao extremo.

O paciente fez um infarto do miocárdio. O paciente não *faz* infarto, nem infecção ou outro problema qualquer. Na verdade, ele é vítima dessa má ação, e não autor. Por isso, o correto é dizer que ele *sofreu* ou *teve* infarto.

Tirar o título de eleitor. Correto. Tira-se o título de eleitor da carteira, ou de onde estiver guardado, quando se vai votar. Quando alguém vai à repartição competente para se habilitar ao título de eleitor, *solicita* sua confecção, mas não *tira*.

Até os seis meses a criança tem que colocar a primeira dentição. Exagero do pediatra, pois com apenas seis meses a criança ainda não adquiriu essa habilidade. Nem lhe cabe *colocar* dentição alguma. Na verdade, os dentes *nascem, surgem* ou *aparecem*.

O senhor tem horas? Bem que a resposta a essa pergunta poderia ser: *Não tenho horas; tenho relógio*. A expressão é aceita na linguagem coloquial, é claro.

Significado da preposição *com*. No episódio final de cassação do mandato da Presidente Dilma Roussef, o Senado Federal, dizendo-se amparado no parágrafo único do artigo 52 da Constituição Federal, cassou-lhe o mandato, mas preservou o direito de continuar exercendo função pública, surpreendendo,

assim, não só a população brasileira em geral, mas até mesmo senadores que haviam votado pela cassação do mandato. Lendo com atenção o citado preceito legal e observando o real sentido das palavras que o constituem, não resta dúvida: a inabilitação para o exercício de função pública está embutida na condenação à perda do cargo de Presidente da República, não prevendo, sob qualquer hipótese, o desmembramento das penas. A interpretação semântica é assegurada pela presença da preposição *com*, de significado sempre inclusivo. Quando, por exemplo, se diz que se está com alguém, não é possível interpretar que se esteja sozinho, ou é? Aliás, a clareza é qualidade indispensável em qualquer norma legal, ainda mais quando se trata da Lei Maior; por isso, se fosse intenção do legislador abrir a possibilidade de exclusão da pena de exercício de atividade pública, é óbvio que o teria feito de forma expressa e clara, sem deixar qualquer dúvida.

Preste atenção à maneira com que os alunos reagem.
A palavra *maneira* refere-se a modo, e não a companhia, por essa razão o conector a ser usado deve carregar o significado de modo; *como*, por exemplo, e não *com que*. Assim: *Preste atenção à maneira como os alunos reagem.*

Estou compromissado com a verdade.
Mas não com o português, pois se com ele o autor da frase tivesse algum compromisso, diria: *Estou comprometido com a verdade.* O particípio deriva do infinitivo dos verbos *(comprometer)*; jamais do substantivo *(compromisso)*. Se a moda pegar, teremos formas como *admissado (admitir – admitido), remessado (remeter – remetido), corrupcionado (corromper – corrompido),* entre outros absurdos que corromperiam o idioma.

A água amortizou sua queda.
É certo que *amortizar* também tem o sentido de *diminuir, amenizar,* mas pode ser utilizado apenas para se referir a dívidas ou bens materiais. No caso, a água *amorteceu* a queda. Por se tratar de diferença bastante sutil, o autor da frase também teve *amortecida* a crítica, mas não *amortizada*.

Em nível de X A nível de.
Entre as duas, a correta geralmente é a primeira, já que em regra se emprega a expressão em relação a fatos estáticos, em que não há ideia de movimento. Exemplo: *Em nível de Brasil*. Aliás, na maioria dos casos, a expressão nada acresce ao significado das frases: não há diferença entre *no Brasil* e *em nível de Brasil*. Só faz sentido usar *a nível de* ou *ao nível de* quando a frase quer referir mudança (movimento) de situação, como neste caso: *Os progressos elevaram o País ao nível dos do Primeiro Mundo.*

Boas-entradas! Na linguagem coloquial de fim de ano, é expressão consagrada. Além das conotações maliciosas que pode conter, é forma condenável por limitar os votos aos primeiros dias do novo ano. As formas *Bom Natal* e *Feliz ano novo* são melhores, porque não restringem.

É uma substância cancerosa. Não se conhece substância que seja vítima de câncer. Conhecem-se, isto sim, muitas substâncias que provocam, geram câncer; são as odiadas *substâncias cancerígenas*.

Muitas cidades têm seu sambódromo. Apesar de consagrado, o termo *sambódromo* contém desvio semântico. *Dromo* tem o sentido de *corrida;* daí *dromoterapia* (terapia por meio de corridas), *hipódromo* (lugar de corrida de cavalos), etc. Como não se corre samba, que se dá através de evoluções hábeis, às vezes lentas, outras vezes rápidas, é forçado chamar de *sambódromo* o lugar em que se "pratica" o samba. A consagração do termo provavelmente se deva à falta de outro mais adequado, que bem poderia ser *centro do samba, via do samba, passarela do samba* ou *rua do samba*. Como consequência dessa consagração, outras do gênero virão. Tanto é verdade que no Sul já se pleiteia a construção de um *chimarródromo*, onde o chimarrão correria solto. Já existem os *camelódromos*, não no Oriente Médio, mas aqui mesmo, no Brasil, pois, ao contrário do que o leitor possa estar deduzindo, não se trata de local onde correm camelos, mas sim onde se instalam os camelôs, pelo

que, a rigor, deveriam ser chamados *Camelôdromos*. De qualquer maneira, tudo isso está consagrado.

Terá o deputado o dom divino da adivinhação? Referindo-se a conhecido deputado que *lavava* seu dinheiro mal havido *acertando* centenas de vezes nas loterias brasileiras, graças ao dom da adivinhação, o comentarista, a rigor, também errou ao ignorar a origem da palavra *adivinhação*. Deriva ela de *divino,* o que torna a frase redundante, pois expressa duas vezes a ideia de *divino*, como se fosse necessário exagerar também na linguagem. Chega de mentiras! Basta dizer: *O deputado tem o dom da adivinhação.* Seja como for, se o parlamentar foi de certa forma perdoado – não foi preso –, perdoe-se também esse deslize do comentarista.

Os grevistas serão penalizados. Por desgostarem e causarem pena, frases como esta acabam penalizando o idioma e afetando as boas comunicações. Até porque já desgostaram as autoridades, os empresários e muitas vezes grande parte da população, os grevistas, de certa forma, já foram penalizados. Se, no entanto, a ideia é castigá-los, infligir-lhes alguma pena, então eles serão punidos, razão por que a frase precisa ser corrigida: *Os grevistas serão punidos.* De tanto que já usaram *penalizar* e *punir* como sinônimos, os dicionários admitem esse uso.

Êxito letal. Pode a morte ser considerada forma de êxito, de sucesso? Circunstancialmente ou de acordo com certas convicções religiosas, pode. Como norma, pelo menos do ponto de vista científico, não, pois é a própria negação do êxito. Mesmo assim, a expressão está consagrada no meio médico, em que pese o absurdo. A origem está na tradução equivocada que se vem fazendo da expressão inglesa *letal exit* (saída letal; morte). Por semelhança de grafia, *exit* foi sendo traduzido por *êxito,* e não por *saída,* que é seu verdadeiro significado. Mais uma vez o tradutor, depois de traído, vira traidor.

É seu inimigo fidagal. Tratando-se de fidalgo, até que poderia ser *inimigo fidagal*, mas como a expressão se originou da palavra *fígado*, trata-se de *inimigo figadal*, isto é, que atinge o fígado.

As afirmações são incontestes, refletindo a verdade. Se refletem a verdade, não podem ser incontestes, ou seja, contrárias, discrepantes. Quando se quer dizer que algo não pode ser negado, contestado, deve-se dizer que é *incontestável*, e não *inconteste*, que nada tem a ver com isso. Então: *As afirmações são incontestáveis, refletindo a verdade.*

Acusar X Incriminar. Enquanto *acusar* significa apenas *denunciar*, *incriminar* é declarar criminoso, com provas.

São pessoas carentes. Carentes de quê? De afeto, comida, roupa, calçados, de tudo? *Carente* é palavra carente de significado, necessitando sempre ser completada. Quem carece, carece de alguma coisa. Se, desgraçadamente, essas pessoas carecerem de tudo, diga-se: *São pessoas carentes de tudo.* Em síntese, *carente* não é sinônimo de *pobre*.

O bandido foi atingido na altura do ventre. Então não foi atingido, porque homem, mesmo que seja bandido, não tem ventre, mas sim abdômen. Em *ventre* expressa-se a ideia de fecundidade, de útero, propriedade exclusivamente feminina. Então: *O bandido foi atingido na altura do abdômen.*

Adversário X Inimigo. Em *inimigo* existe o ingrediente do ódio e o caráter da adversidade permanente; não pressupondo ódio e sendo eventual, trata-se de *adversário*.

Onde estará a Constituição? Conta-se que durante o regime militar, em determinada Câmara de Vereadores, deu-se o diálogo a seguir entre dois parlamentares:
– Rasgaram a Carta Magna.
– Se acharmos cópia, não resolvemos o problema?

O diálogo mostra bem como é possível mexer no sentido das palavras, como esse sentido é circunstancial e, principalmente, como seu domínio pode ser proveitoso em situações como a do vereador, que, na falta de outro argumento, usou de perspicácia para tomar outro rumo semântico e, assim, diminuir em muito os efeitos do velho chavão de seu opositor.

As medidas são inócuas, pois prejudicam muita gente. Se prejudicam, não são inócuas. Até mesmo pessoas graduadas vêm atribuindo a *inócuo* o sentido de *inadequado*. Na verdade, quase não há semelhança de significado entre as duas palavras. Pelo contrário, seus sentidos são quase opostos. *Inócuo*, derivado do latim *innocuu*, tem os sentidos de inofensivo, sem efeito, que não causa dano; *inadequado* é algo não adequado, portanto com efeito nocivo. Por isso, a frase precisa ser corrigida, adequando-se aos objetivos do informante: *As medidas são inadequadas, pois prejudicam muita gente.*

Provas X Evidências. Ou são provas, ou são apenas evidências. As provas são concretas, documentadas. A evidência prescinde de provas: tem-se certeza mesmo sem contar com provas objetivas. Portanto, *prova* e *evidência* são coisas muito diferentes.

Os sequestradores ameaçam explodir o avião. Por mais atrevidos que sejam, não poderão fazê-lo, pois

não são materiais explosivos. Podem, sim, ter em seu poder bombas e outros objetos capazes de fazer o avião explodir. Portanto: *Os sequestradores ameaçam fazer explodir o avião.*

Nome X Graça.
Não se deve confundir *graça* com *nome*. Pode-se usar *graça* apenas para referir o nome de batismo, pois é daí que deriva a palavra: da *graça do batismo*. Portanto, a rigor, quem não for batizado não tem *graça*, mas apenas *nome*. Inicialmente, aplicava-se apenas às mulheres; depois seu uso se estendeu também às crianças em geral, passando, mais tarde, a ser aceito também para nomear homens jovens e adultos. Com o tempo, surgiram inúmeras expressões, todas derivadas da *graça* do batismo: *perder a graça; cair nas graças; de graça;* etc.

O refém foi vítima de saque.
Saque deriva de *sacar*, e não de *saquear*. Portanto, o refém foi mesmo vítima de *saqueio*, e não de *saque*. Trata-se de forma consagrada, é certo, tanto que alguns dicionários a admitem, mas até quando vamos consagrar equívocos? O latim também consagrou os muitos erros dos imperadores e, por essa e por outras, morreu de tanto pecar. Aliás, a língua é frequente vítima de *sacar*. Ouve-se seguidamente pessoas eruditas dizerem que vão ao banco para sacar o cheque, quando na verdade exibem o cheque que estão levando até o banco. Vão mesmo é sacar o dinheiro, e não o cheque. Para preservar a boa linguagem, é preciso *sacar* do idioma esse tipo de pecado.

A Constituição não fala nisso.
Claro! Constituição não fala mesmo... Ou seja, não articula palavras, frases... É muito comum, mesmo entre pessoas bem-dotadas culturalmente, confundirem *dizer* com *falar*. *Dizer* significa exprimir por meio de palavras, servindo tanto para a fala quanto para a escrita. O significado de *falar* é limitado à articulação de palavras, frases..., não se podendo *falar* pela palavra escrita.

A Feira foi uma bela amostragem do futuro da informática.
Enquanto isso, a frase é uma boa amostra do estrago que a desatenção é capaz de produzir. *Amostragem* e *amostra* não são palavras sinônimas. A primeira é usada apenas em estatística. Trocando em miúdos, *amostragem* é a *amostra* na linguagem técnica usada em estatística. Na frase, portanto, deve-se trocar *amostragem* por *amostra*.

Realizou seu desejo *a posteriori*.
Por parecerem eruditas – e podem até ser –, as expressões *a posteriori* e *a priori* vêm sendo muito usadas e, com crescente frequência, de forma errada. Usam-nas com os simples sentidos de *depois* e *antes*, respectivamente, quando não é nada disso. Em *a posteriori* subentende-se uma experiência, em decorrência ou com o apoio da qual se realiza algo depois. Da mesma forma, *a priori* contém o sentido de algo que se realiza antes de uma experiência, ou que a própria experiência não pode explicar. Assim, a frase deve-se limitar ao simples *depois*: Realizou seu desejo depois.

Aproveitem nossas promoções!
Outra palavra que vem tendo deturpado seu sentido é *promoção*. Derivada do verbo *promover*, tem o sentido real de *mover para diante*, ou *para cima*. Será que é pensando nisso que muitos lojistas anunciam promoções a preços acima ou além dos do mercado?... Opções: *Aproveitem nossos descontos, nossas barbadas!...*

O autor está lançando um novo livro. A rigor, *lançar* algo *novo* é redundante. Supõe-se que todo lançamento seja novo. Na frase só não ocorre essa redundância porque a palavra *novo* está assumindo "novo sentido": *outro*. Aliás, até para evitar que alguém possa pensar na existência de afirmação redundante, sugere-se mudança: *O autor está lançando outro livro.*

Vivemos num ciclo vicioso de corrupção. A não ser que o comentarista estivesse se referindo ao período em que ocorre a corrupção, trata-se de frase igualmente "viciada". Acredita-se piamente que, assim como muitos, também ele tenha caído no erro de usar *ciclo* em vez de *círculo*. Assim: *Vivemos num círculo vicioso de corrupção.*

Vamos botar as coisas no lugar. Não. Vamos, isto sim, *pôr* as coisas no lugar. Na linguagem culta, formal, *botar* só pode ser usado no sentido de *expelir*. A galinha é que

bota (ovo). A linguagem coloquial, no entanto, permite que você também continue *botando ovo*.

Na prevenção da dengue, recomenda-se a distribuição de panfletos que orientem a população. O profissional da saúde pública, parece evidente, quis dizer *folhetos,* porque *panfleto* é o nome que se dá a um escrito satírico e veemente, muito utilizado para a divulgação de ideias de fundo ideológico, principalmente em tempos de regimes totalitários. A bem da verdade, é preciso esclarecer que este equívoco é cometido por profissionais das mais diversas áreas.

Muitos animais morreram da epidemia. Estava escrito em artigo científico de autoria de um médico-veterinário; não se deu conta da origem da palavra *epidemia*, que deriva do grego *demos* (povo), referindo-se, portanto, exclusivamente a pessoas. A solução está no próprio grego, que nos doou o radical *zoom* (animal). Daí *epizootia*. Assim, a frase foi corrigida em tempo: *Muitos animais morreram da epizootia.*

Ele possui duas filhas.
– Como?
– *É isso mesmo, ele é pai de duas filhas.*

– *Que alívio! Agora entendi. Ele **tem** duas filhas. Ainda bem. Pensei que você o estivesse acusando de posse incestuosa das duas filhas.*

O diálogo mostra o perigo de se usar o verbo *possuir* com o sentido de *ter*, que, apesar de equivocado, está em vias de consagração em alguns meios. A rigor, o uso de *possuir* deve ser limitado aos casos em que há intenção de indicar posse.

Xérox (xerox), gilete...

Por antiguidade, por força de uso ou do marketing, e por outras razões, algumas marcas e/ou processos registrados acabam virando nome comum, genérico. *Gilete,* por exemplo, virou sinônimo de lâmina de barbear, assim como *xérox* (ou a forma menos usada *xerox*) assumiu o sentido de equipamento ou processo usado para obtenção de cópias gráficas, mesmo que o equipamento e o processo utilizado não sejam da marca registrada *Xerox*. Ambas formas, assim como outras, já constam oficialmente do Vocabulário Ortográfico da Língua Portuguesa. Esses usos são tão espontâneos que conhecido jogador de futebol da década de 1970 agradeceu publicamente "as brahmas que a Antártica lhe mandara".

Tele-entrega (telentrega).

Enquanto se discute se a grafia correta é *tele-entrega* ou *telentrega* (ambas aceitas), poucos se dão conta de que, a rigor, não existem – pelo menos por enquanto... – serviços de telentrega de produtos, isto é, entrega de produtos à distância, sem que eles se desloquem. Existem, em profusão, os *telesserviços,* que incluem *tele-encomendas,* mas na hora da entre-

ga não se consegue fazê-lo por cabo telefônico ou por controle remoto... Existe também uma vontade muito forte de tornar as entregas cada vez mais rápidas, o que motivou o surgimento do termo, que, apesar da consagração do uso, não tem o reconhecimento oficial, pois não consta do Vocabulário Ortográfico da Língua Portuguesa.

Livros de autoajuda. Classificação adotada para distinguir determinado gênero de livros, peca pelo excesso de abrangência, pois, a rigor, qualquer bom livro é de autoajuda. A não ser que a expressão queira se referir à ajuda que esses livros prestam a seus autores, como alguém já comentou maliciosamente. Aliás, todo autor espera que seus livros lhe propiciem ajuda.

Se não for convocado, irei da mesma forma. Como se estivesse em discussão a forma como o atleta iria, se de avião ou de navio, de gravata ou de traje esporte, etc., esqueceu-se de referir em que condição: como atleta ou espectador. Quis dizer, é claro, que, caso não fosse convocado como atleta, iria na condição de espectador. Deveria ter dito: *Convocado ou não, irei;* ou: *Mesmo não convocado, irei.*

Vai cair geada. Ao contrário da neve, que cai, a geada se forma no solo ou sobre águas paradas, não se podendo dizer que cai. Portanto: *Vai formar geada.*

Você está boa? Bem que a resposta poderia ser: *Como posso saber se ainda não me provei?* Para evitar esse tipo de dificuldade nas comunicações, deve-se trocar o adjetivo *boa* por *bem*, advérbio: *Você está bem?*

Cargo X Função. Não significam a mesma coisa. Função ou funções são as atribuições que correspondem ao cargo.

Olhar X Ver. *Olhar* corresponde apenas à tentativa de ver. Muitas vezes se olha, e nada se vê.

O pecuarista cria seu gado no interior da cidade. As autoridades municipais dessa cidade devem estar diante de um problema realmente sério, pois a criação de gado no perímetro urbano dos municípios certamente gera variados problemas urbanos. A bem da verdade, houve problemas, mais uma vez, na comunicação do fato por parte do comentarista de assuntos do campo. À semelhança de muitos, trata *cidade* e *município* como sinônimos, quando *cidade* refere apenas o núcleo urbano e *município* abrange toda a área, urbana e rural. Portanto, para tirar o gado da cidade, basta trocar *cidade* por *município*: O pecuarista cria seu gado no interior do município.

Bicho ou bixo? Depende. Referindo-se à árvore da família das bixáceas, muito comum no Caribe, é *bixo*. Nos demais casos, é *bicho*, com *ch*, mesmo no sentido de calouro, referindo-se aos novos universitários, soldados, etc., casos para os quais o Brasil inteiro consagrou erradamente a palavra *bixo*. Será para evitar confusão com os animais? Ou, quem sabe, é pela semelhança com as sementes da planta, que apresentam papilas carnosas, vermelhas?

Zezé era a carinhosa alcunha do religioso. Não sabe o autor desta legenda que a palavra *alcunha* é injuriosa, ofensiva, expressando ideia contrária à pretendida. O religioso certamente lhe perdoará a ofensa, mas o pecador deverá reparar o erro. Assim: *Zezé era o apelido do religioso*. Aliás, *apelido* já foi sinônimo de *sobrenome*, correspondendo ao ainda atual *apellido* do espanhol.

Escutar X Ouvir. Mesmo que os dicionários registrem como sinônimas, as duas palavras não têm exatamente o mesmo sentido. A rigor, *escutar* é apenas uma tentativa de *ouvir*, não significando obrigatoriamente que se ouça.

Conheça nossos seminovos. Já se consagrou no comércio brasileiro de automóveis a palavra *seminovo*, mesmo que o dito cujo seja velho, completamente velho. Não se deve esquecer que *semi* significa quase; assim, em nome da honestidade, espera-se que o automóvel seja quase novo.

Estamos vendendo com 50% de desconto. Só falta informar a base do cálculo do desconto: 50% sobre quanto? Se o desconto de 50% for sobre o dobro do preço normal, não há, na verdade, qualquer desconto. A única coisa a festejar neste anúncio é a ausência do famigerado *off*, tão em voga e que nada tem a ver com nossa língua portuguesa.

Estamos no verão, onde a falta de água é constante. No inverno, no verão ou em qualquer estação, a falta de atenção entre os redatores também é constante. Os leitores verão: *verão* pode ser verbo e estação do ano, mas não lugar. Por isso não se pode referi-lo usando *onde*, que indica lugar, mas sim *quando*, que refere tempo: *Estamos no verão, quando a falta de água é constante.*

A reunião onde discutimos essa pauta foi ontem.
Trata-se de uma variação em torno do mesmo tema do pecado anterior. A frase do secretário de Governo tratou a palavra *reunião* como designativo de lugar, o que não corresponde, devendo-se corrigir com o uso de conector adequado: *A reunião em que discutimos essa pauta foi ontem.*

Onde vais?
Onde está o bom-senso? Aonde iremos sem ele? Os muitos autores de frases como essa precisam se dar conta de que *onde* refere lugar estático, não podendo ser posto em movimento. Para essa finalidade existe *aonde*, que tem o mesmo sentido de *para onde*, até porque o *a* de *aonde* corresponde ao *para* de *para onde*. Portanto, sempre que se puder trocar por *para onde,* será *aonde*, como na frase: *Aonde vais?* Ou: *Para onde vais?*

O incidente deixou duas vítimas.
Tratava-se, na verdade, de um *acidente*, pois houve vítimas. *Incidente* é episódio, fato, uma discussão, por exemplo. Por ter sido um desastre, foi o *acidente* que deixou as vítimas.

Apesar da freiada, o motorista não evitou o acidente.
Em matéria de acidentes, acontece de tudo, até mesmo *freiada*, que nada mais pode ser do que o coletivo de *frei*... Para frear acidentes de linguagem como este, deve-se saber que o verbo é *frear* e que é dele que deriva *freada*, e não de *freio*. Portanto: *Apesar da freada, o motorista não evitou o acidente.*

Cachorro também é gente.
Foi a afirmação de importante autoridade brasileira. Assim como no caso anterior, a afirmação não procede. Cachorro é indivíduo, mas não é gente. É verdade que isso não o desqualifica, mas o certo é que as palavras têm limite em seu significado, e esse limite precisa ser respeitado.

Os animais não são indivíduos.
Errado! Qualquer animal, até mesmo o homem, é indivíduo. Para ser indivíduo, basta ser animal que ocupe algum lugar na natureza. Para dizer que os animais não são pessoas, a frase precisa ser mudada: *Os animais não são pessoas.*

Genitor X Progenitor.
A rigor, *progenitor* é o avô (*pro*: antes, que gera antes do pai), em que pese estar consagrado como sinônimo de *genitor*. O mesmo vale para o feminino *progenitora*: avó, e não mãe. Para evitar prejuízos à árvore genealógica, é conveniente ser preciso.

Hipertensão severa.
Consagrada expressão do meio médico, não deixa de ser uma deturpação do sentido da palavra *severo*, que significa *rígido, austero, áspero, veemente, grave* (no sentido de *inflexível, austero*). Em *hipertensão severa* não se está pretendendo dar esses sentidos, mas, sim, o de *gravidade*, de *intensidade*, sendo preferível corrigir a expressão para: *Hipertensão intensa*, ou *grave*.

Gorjeta X Propina.
Usadas indiscriminadamente, as duas palavras têm sentidos diferentes. *Gorjeta*, que deriva de *gorja* (garganta), se dá em troca de algum serviço; na origem, para molhar a garganta, ou seja, uma bebida. A propina é dada aos subalternos, aos funcionários. Claro, tudo isso é história. Hoje, com a deturpação dos bons costumes nessa área, *saltam* gorjetas e propinas de tudo que é lado. Mais que a gorjeta, a propina circula de preferência nos meios mais corruptos, assumindo o próprio sentido de corrupção. Lamentável, sob todos os aspectos, até mesmo da linguagem, que acaba se adaptando a isso.

 # A equipe tem o handicape de jogar em casa. Alguém usou, todo mundo gostou, e a palavra se consagrou com o sentido inverso do original. *Handicap*, do inglês, tem o sentido de desvantagem, enquanto em alguns meios brasileiros, especialmente no esportivo, a palavra está sendo usada com o significado de vantagem. Aliás, isso é muito bem-feito! Por que buscar lá o que temos aqui. Qual é a vantagem? Corrijam-se todos: *A equipe tem a vantagem de jogar em casa.*

 # O jovem faleceu no local do crime. Apesar de usadas indistintamente, como se fossem sinônimas, as palavras *falecer (falecimento)* e *morrer (morte)* têm usos distintos. Em *falecimento* subentende-se a ideia de efeito natural, aplicando-se mais aos idosos. Não é apropriado caracterizar como falecimentos as mortes violentas. De sentido mais amplo, *morte* pode ser usado em qualquer situação. Falta apenas corrigir a frase: *O jovem morreu no local do crime.*

 # As marcas dos pés são rastros que provam a presença humana na região. Aventureiro em todos os sentidos da palavra, o autor deixou marcas de seu espírito. Não se deu conta de que *rastro* ou *rasto* tem a mesma origem de *arrastar*, significando vestígio de algo ou alguém que foi arrastado. É necessário corrigir essa distorção, bem como a redundância: *As marcas dos pés provam a presença humana na região.* Igual confusão ocorre com as palavras *pegada, pista* e *trilha*, de sentido semelhante, porém não igual.

– *pegada*: sinônimo de *pisada*, deriva de *pé*, referindo-se ao vestígio de pé deixado na terra, daí a gíria *pegada*, no sentido de *trabalhar*;

– *pista*: marcas deixadas por alguém (homem ou animal) que já se retirou do local;

– *trilha*: marcas que ficam em função de passagens frequentes.

Calúnia X Difamação X Infâmia X Injúria X Ultraje. Eis um quinteto vítima frequente de pecados. Usadas, indistintamente, como sinônimas, as cinco palavras têm, no entanto, sentidos diferentes:
 - *calúnia*: acusação falsa, com o objetivo de causar dano;
 - *difamação*: desfazer a boa fama;
 - *infâmia*: difundir a má fama, com o objetivo de arrasar;
 - *injúria*: injustiça;
 - *ultraje*: insulto escandaloso.

O presidiário teve um ouvido decepado. O inquérito policial mostrou que o repórter se equivocara, pois do conjunto de órgãos que constituem cada ouvido, o presidiário teve decepada uma das orelhas. Falta apenas corrigir a frase: *O presidiário teve uma orelha decepada.*

Legal X Legítimo X Lícito X Permitido. Parecem sinônimos, mas não são:
 - *Legal*: conforme previsto em lei;
 - *legítimo*: emana da vontade popular, baseando-se no direito, na razão e na justiça;
 - *lícito*: não é proibido por lei; não é objeto de lei;
 - *permitido*: autorizado por lei.

O Lula, o Temer, a Dilma, o Francisco,... Alguns locutores, talvez porque na vida privada tenham intimidade com autoridades, expressam publicamente essa proximidade, o que fere a correção da linguagem formal e o respeito à autoridade. Fazem-no inocentemente, pois não se dão conta de que o uso do artigo definido (*o, a*) denota essa intimidade. Portanto, abstraídos os momentos em que se priva da relação de intimidade, o artigo deve ser evitado: *Lula, Temer, Dilma, Francisco*. Quando se menciona o cargo antes do nome, o artigo deve ser usado, até porque o simples fato de mencioná-lo elimina a conotação de intimidade: *O Presidente Lula, o Presidente Temer, a Presidente Dilma, o Papa Francisco.*

O prisioneiro estava com a vista vermelha. Confunde-se aqui autor com ação. Vista, ou visão, é o resultado da ação de olhar. Olhando por esse

prisma, facilmente se verá que *o prisioneiro estava com os olhos vermelhos*.

Sujeito a guincho.
O que fará o guincho? Guinchamento. Então, por que essa sinalização tão comum nas grandes e médias cidades brasileiras não o diz expressamente? Assim: *Sujeito a guinchamento*.

Tenho os documentos na mão.
Dito isso, o juiz solicitou que o advogado os mostrasse. Este procurou os documentos na pasta, e não os encontrou. E o juiz passou a não acreditar mais nas suas afirmações. E poderia? O advogado nem sequer tinha os documentos *à mão*, muito menos *na mão*. Explica-se: o que está *na mão* é o que está rigorosamente *na mão*; está *à mão* aquilo que está próximo das mãos. O que faz a distinção de significado são as preposições *em* (lugar fixo, definido) e *a* (próximo, em torno).

Morbidade X Morbidez.
As duas palavras dizem respeito a doenças, e não à morte, como se encontra frequentemente. Enquanto *morbidade* expressa a capacidade de produzir ou provocar doença, *morbidez* refere-se à condição, ao estado ou ao caráter de doente. Daí *estado de morbidez*.

Mortandade X Mortalidade.
Ambas são relativas à morte e têm a mesma origem: do latim *mortalitate*. Enquanto *mortandade* tem apenas o sentido de matança, extermínio, chacina, a palavra *mortalidade* pode ser usada também com esse sentido, mas tem outros dois que *mortandade* não tem: condição de mortal e percentagem de mortes.

Equipe estreia seu novo goleiro.
Quem estreia não é a equipe, mas sim seu novo goleiro, razão por que a frase precisa ser corrigida: *Equipe tem a estreia de seu novo goleiro*. Quando se refere a coisas, sim, pode-se usar *estrear*: *Equipe estreia seu novo uniforme*.

 # O empresário declarou sua falência. Se fosse possível, o autor da frase faria o mesmo, já que sua linguagem está *quebrada*. Ocorre que a falência é exclusiva de empresas, não se aplicando a pessoas, para as quais existe o termo *insolvência*. Não se evita o mal maior, mas preserva-se a boa linguagem corrigindo-a: *O empresário declarou sua insolvência.*

 # As chuvas fizeram muitas mortes. Apesar de o verbo *fazer* estar na moda, convém usar verbos mais específicos, expressivos e diretos, como *causar, provocar,* entre outros. Assim: *As chuvas causaram (provocaram) muitas mortes.*

 # Fazem-se muitos erros nas redações. O caçador atirou na caça, a bala voltou e matou o caçador. Era, portanto, o dia da caça. Erros são cometidos, praticados, não elaborados, feitos, até porque ninguém tem a intenção de errar. Faça-se o seguinte: *Cometem-se muitos erros nas redações.*

 # Crise do calçado provoca grande volume de desempregados. As consequências das crises são muitas vezes trágicas, mas nunca foram capazes de tirar dos trabalhadores a condição de seres humanos, como insinuou o analista, que transformou os abnegados trabalhadores da indústria do calçado em volumoso conjunto de desempregados. Esclareça-se que não se deve empregar a palavra *volume* para referir seres vivos, muito menos humanos, mas apenas para mercadorias. Corrija-se a ofensa: *Crise do calçado provoca grande número de desempregados.*

 # A observação das leis é importante. É sim. Como também é importante cumprir as leis que regem nosso idioma, que, no caso, não foram sequer observadas, muito menos cumpridas. A palavra *observação* tem muitos significados, mas nunca o de *observância*, isto é, de cumprimento, de execução fiel. Portanto: *A observância* (ou *cumprimento*) *das leis é importante.*

O Presidente é muito viajado. Expressão popular, da linguagem oral, *ser viajado* acaba invertendo as coisas. O autor da ação de viajar passa a ser efeito, e vice-versa. O leitor entende, é certo, mas não deixará de entender se o colunista atribuir a cada palavra seu legítimo sentido. Assim, por exemplo: *O Presidente viaja muito.*

O deputado tomou a palavra e criticou duramente o governo. Tomara que não lhe tenha feito mal *tomar a palavra*. Tomara também que o observador político passe a preferir verbos mais diretos e expressivos, como *falar, discursar,* etc. Assim: *O deputado discursou, criticando duramente o governo.*

O pretendido crime teria ocorrido no ano passado. Afinal, o crime era pretendido, de fato ocorreu, ou era suposto, fictício? Com certeza, o repórter policial quis informar que não se sabia ao certo se o crime acontecera, mas acabou em pecado ao trocar *pretenso* por *pretendido*. Caso pretenda melhorar sua condição de redator, deverá corrigir a frase: *O pretenso crime teria ocorrido no ano passado.*

Inclusive o ameaçou de morte. *Inclusive* é, com certeza, uma das palavras de uso mais equivocado da língua portuguesa. A rigor, só pode ser usada com o sentido contrário de *exclusive*, o que dá uma ideia de quão pouco deveria ser usada. O uso de *inclusive* com os sentidos de *até, até mesmo, ainda, além de, a ponto de,* etc. está tão arraigado, que há dicionário admitindo essas acepções. No entanto, é preferível corrigir: *Até* (ou *até mesmo*) *o ameaçou de morte.*

Tragédia mata centenas de pessoas. Pensando bem, as tragédias não matam. Acontece exatamente o contrário: as mortes é que constituem as tragédias, a tal ponto que não se fala em tragédia quando não ocorrem mortes. Como corrigir? Simples: basta saber o que causou a tragédia. Se, por exemplo, foi um terremoto: *Terremoto mata centenas de pessoas.*

Sanção X Sanção. Derivada do latim *sanctione* (ato que torna santo, respeitado), a palavra *sanção* acabou assumindo dois sentidos opostos: de um lado, significa aprovação, promulgação; de outro, punição, pena. *Sancionar*, no entanto, tem apenas o sentido positivo de aprovar, promulgar.

A arbitragem anulou o gol. Confundindo autor com ação ou

Neologismos pecaminosos

Muitos são os neologismos que com crescente assiduidade ameaçam incorporar-se ao idioma. Alguns são bem-vindos, porque o enriquecem, outros o uso indiscriminado acaba impondo, mas há os pecaminosos, porque nada nos oferecem de novo, quando não são de mau gosto ou ridículos. Seguem alguns exemplos:

 # O espaço é condizível com o porte da empresa. Enquanto isso, a linguagem não condiz com o porte da grande organização. Empresas desse porte merecem melhor trato. *Condizível* é neologismo de mau gosto, devendo-se preferir o velho e bom *condizente*.

 # O plano precisa do apoiamento de toda a sociedade. Como se apoio fosse pouco, o economista, apoiado no mau exemplo de outros pecadores, usou *apoiamento*, palavra que nada acresce a *apoio*, mais curta, mais enfática e mais conhecida. Deve-se inovar quando há necessidade de melhorar.

efeito, os meios esportivos do Brasil consagraram *arbitragem* com o sentido de conjunto de árbitros, quando deveria expressar a ação de arbitrar. Portanto: *O árbitro anulou o gol.*

 # Calculadora X Calculador X Calculista. São palavras que volta e meia causam dúvida e que acabam tendo seu uso mal calculado, exigindo uma explicação: *calculadora* refere tanto a mulher quanto a máquina que calcula; *calculador* e *calculista* são sinônimos, designando a função de quem calcula; tratando-se de mulher, pode-se escolher entre *calculadora* e *calculista*. Também se usa *calculista* para se referir a alguém detalhista, preciso.

Que interesse eu teria em obstacular o processo? Acusado de estar interpondo obstáculos no processo de sua cassação, o deputado tratou de se defender usando o neologismo *obstacular*. Considerando tratar-se de homem público que costumava inovar em suas ações pouco convencionais, até que foi coerente. Não fosse isso, teria usado *obstaculizar*.

O governo precisa prioritizar esse assunto. Enquanto isso, o autor da frase, conselheiro ilustre de importante órgão público, precisa *priorizar* a correção da linguagem em seus pronunciamentos. Se *prioritizá-la* nada estará fazendo, pois se trata de palavra inexistente. Antes que vire neologismo a cair nas graças de seus semelhantes, é necessário exorcizá-lo.

É uma grande atochada. E a frase é pior ainda, pois, a rigor, nada diz, já que não existe a palavra *atochada*, a não ser na linguagem oral popular, com o sentido de mentira. O substantivo correspondente ao verbo *atochar* é *atocho*. O resto é mentira. Portanto: *É uma grande mentira*; ou: *É um grande atocho*.

Há casos em que a baixa frequência era esperável. Até que poderia ser *esperável*, porém não é, porque para esse significado nossos antepassados preferiram *previsível*. Corrigida, a frase correta é: *Há casos em que a baixa frequência era previsível*.

Gourmand X *Gourmet*. Muito *gourmand* julga-se *gourmet*, e vice-versa. Não sabem que essas palavras têm sentido diverso. É preferível ser *gourmet*, isto é, apreciador e conhecedor de comidas, de iguarias. O *gourmand* pode ter problemas de saúde e de elegância, pois é o que come muito, que ostenta o pecado da gula.

Ontem ocorreu o reconciliamento. Então nada ocorreu, pois não existe a palavra *reconciliamento*. Ocorreu, sim, a *reconciliação*.

O interventor sanou as finanças da cooperativa. Agora só falta sanear a frase. Quando nos referimos à saúde financeira, devemos preferir o verbo *sanear*, deixando *sanar* para a área da saúde. Assim teremos instituições e frases sãs, como esta: *O interventor saneou as finanças da cooperativa.*

As empresas modernas precisam agudizar suas ações. Enquanto isso, o agudo consultor de empresas precisa tomar cuidado com certos neologismos desnecessários, para não dizer ridículos. Por que *agudizar*, se temos *aguçar* e *tornar agudo*? Não gostou? Use sinônimos: *agredir, ser agressivo, impor-se,* etc. Claro que a frase tem que ser adaptada aos novos termos. Se gostou, mude a frase: *As empresas modernas precisam aguçar* (ou *tornar agudas*) *suas ações.*

O bom executivo precisa ter pretensiosidade. Porém não a do consultor de empresas que deixou esta verdadeira joia (de latão, ferro ou outro material nada nobre). Precisa ter qualidades concretas, que existam, o que não é o caso da palavra *pretensiosidade*. Sem pretender invadir campo alheio, pode-se deduzir que era intenção do autor dizer: *O bom executivo precisa ter pretensões.*

As empresas precisam ser rentabilizadas. A linguagem também tem que ser boa para ser rentável. Frases contendo neologismos ridículos nada rendem de positivo. *Rentabilizar* – daí *rentabilizadas* – é mais um desses casos, devendo-se mudar para *rentáveis*. Assim: *As empresas precisam ser rentáveis* (ou *tornadas rentáveis*).

O espetáculo foi apresençado por grande público. E o autor da frase marcou presença, pois apresentou neologismo raro. Esqueceu-se do verbo *presenciar* e imaginou que de *presença* derivaria *apresençar*. O invento deve ser corrigido: *O espetáculo foi presenciado por grande público.* Não gosta do verbo *presenciar*? Opte por *assistir, ver,* entre outros.

Significado inferido

Muitas vezes, o melhor do significado não está nas palavras, mas no contexto; é aquele significado inferido, que só se concretiza em função do senso comum. Vejam-se alguns exemplos:

Ele até tem coisas boas. Conclui-se desta frase que o personagem não é recomendado, não é dos melhores. Mas, onde está dito isso. Uma coisa é certa: não está nas palavras; pelo contrário, se "tem coisas boas", é bom, é recomendado... Não é, porém, o que se entende da frase. Como explicar isso? A única coisa que se sabe é que a palavra

As organizações precisam evitar a sucatização. De *sucata* a *sucatização* ou *sucatação* existe apenas um passo. Um passo fatal, é verdade, pois são palavras inexistentes. A ação de transformar em sucata é *sucatagem*. Portanto: *As organizações precisam evitar a sucatagem.*

A informática agilizou os processos. Muito em voga, o verbo *agilizar* não consta nos dicionários em geral, porque é neologismo. Sabedores disso, há os que inovaram, usando *agilitar*, que está na mesma situação. Por que não se lembram de *apressar, acelerar*? Seu uso é mais apropriado, até porque *agilizar* e *agilitar* seriam formas derivadas de *ágil*, cujo sentido exato é *leve, ligeiro* (graças à leveza de movimentos). Portanto: *A informática acelerou os processos.*

até encaminhou o significado para o lado oposto do restante da frase. No entanto, o que importa nas comunicações é o que se entende, e não o que se diz.

Diálogo na escola.
Observe este diálogo entre o pai do aluno e a orientadora educacional da escola:
– *Meu filho é bom em Matemática?*
– *Seu filho tem excelente redação.*
Não está dito na resposta da orientadora educacional, mas infere-se claramente que o filho não é bom em Matemática. Tudo porque, em vez de responder a pergunta do pai, a orientadora desviou a conversa para outra área, para não dizer algo que pudesse desagradar o pai.

Pedro é político, mas é boa gente.
Entende-se desta frase que os políticos não são boa gente, o que não está no texto. Mas, o que importa se todos entendem isso. Desta vez quem fez o estrago foi a conjunção *mas*; e que estrago!

Está ruim, mas está bom.
Paradoxal esta frase, não é mesmo? Só é aceitável levando-se em conta o sentido inferido. Dependendo do contexto em que a frase está sendo utilizada, podem-se inferir variados significados: poderia estar pior; poderia ter morrido; o time poderia ter perdido, entre muitos outros.

Homem grande X Grande homem.
Aprende-se em matemática que a ordem dos fatores não altera o produto (3 + 2 = 5; 2 + 3 = 5). No uso das línguas, o princípio não vale, pois a ordem dos fatores pode alterar, e muito, o produto. É o que se infere no exemplo: *homem grande* é homem de porte, alto, enquanto *grande homem* é homem de valor. A história já nos mostrou pequenos grandes homens, grandes pequenos homens, pequenos homens grandes, grandes homens pequenos, entre outros. O mes-

mo vale para a mulher, a criança, os seres e as coisas em geral. Com relação aos seres humanos, "tamanho não é documento", diz o ditado, existindo pequenos grandes e grandes pequenos. Tudo depende dos atributos físicos, intelectuais e morais. No entanto, essa mudança no significado só ocorre quando há a intenção de modificar o significado e essa intenção é compartilhada entre as partes em processo de comunicação. Não havendo a intenção, não ocorrerá o senso comum e o uso do adjetivo anteposto ao substantivo não é aceito. Exemplos: não funciona inverter essa ordem em expressões como *situação difícil, deputado federal*, entre muitas outras.

Verifique outros exemplos em que a ordem dos fatores altera o produto:

– Foi o sacrifício inútil de um soldado. / Foi a sacrifício de um soldado inútil.

– Boa secretária. / Secretária boa.

– Bom professor. / Professor bom.

– Era vendedor de peles na loja do irmão. / Era vendedor na loja de peles do irmão.

– O primeiro seminário em Zurique aconteceu dez anos após. / O primeiro seminário aconteceu em Zurique dez anos após.

Hífen: marca de significado

A função do hífen em palavras compostas é de informar ao leitor sobre mudança no significado. Essa mudança às vezes é radical, como pode ser sutil. Ao retirar o hífen de palavras compostas como *pé de moleque, lua de mel, papo de anjo* e centenas de outras expressões que têm elementos de conexão entre as partes do composto, a Academia Brasileira de Letras, em indevido acréscimo ao Acordo Ortográfico de 2008, de certa forma quebrou esse princípio. Só não retirou os hifens nos nomes de plantas e animais e quando não há elemento de conexão entre as partes do composto, sem contar algumas injustificadas exceções. Vejam-se alguns exemplos em que o hífen marca mudança no significado:

Segunda-feira, terça-feira,...
A palavra *feira*, na sua origem, tem o sentido de descanso. Daí *segunda-feira*, pois a *primeira feira*, o primeiro dia de descanso, seria o domingo. Assim, todos os chamados dias úteis (de segunda a sexta) seriam de descanso. Afinal, quando trabalharíamos?

Como se pode concluir, o hífen nos salvou da vagabundagem nacional...

 # Operação Lava a Jato. *Lava a jato* é a grafia correta para designar o equipamento muito em voga para lavar paredes, equipamentos, etc. e que se caracteriza por expelir jatos de água muito fortes, capazes de desfazer qualquer sujeira. Por semelhança, era de se esperar que a operação com esse nome realizada pela Polícia Federal, em conjunto com o Ministério Público Federal, teria essa grafia, ou seja, com a preposição *a*. No entanto, a preposição não foi utilizada, exigindo a aplicação da regra que define o uso do hífen em todos os compostos que tenham forma verbal como primeiro elemento. Portanto: *Operação Lava-Jato.*

 # Dedo-duro. Por lembrar o gesto do dedo indicador, que "indica", o delator é popularmente mencionado pela expressão *dedo-duro*. Por mais que alguém possa delatar (denunciar) seus semelhantes, não se consegue imaginar que consiga andar sempre de dedo duro, a não ser que tenha sido vítima de acidente, caso em que, aí sim a grafia seria sem hífen: *dedo duro*.

 # Primeira-dama. Para que ninguém pense haver referência à dama mais velha do município, do estado ou do país, ou ainda da primeira mulher ali nascida, mas à esposa da maior autoridade, é que se marca a alteração do sentido com o emprego do hífen.

 # Primeiro-ministro. Expressão que designa autoridade própria do regime parlamentarista, requer o uso do hífen para que não se pense tratar-se do ministro mais antigo ou do primeiro a ser nomeado.

 # Bem-vindo. Neste caso, a alteração de significado é sutil. Antes que alguém pense sobre a origem do bem que veio (= *bem vindo de onde?*), a expressão deve ser grafada com hífen, fato raro nos acessos principais das cidades brasileiras, que assim, pelo menos em matéria de grafia, recebem mal os visitantes, pois o fazem de forma errada: *benvindo* ou *bem vindo*... Até mesmo a forma correta – *bem-vindo* – é às vezes encontrada.

Feliz Ano-Novo X Feliz ano novo.
Qual das duas é a correta? Depende do alcance do desejo. Se a intenção for desejar uma boa virada de ano, aludindo apenas ao primeiro dia do ano, a forma correta é *Feliz Ano-Novo*, com iniciais maiúsculas e com hífen; se a intenção for estender o desejo para o ano todo, o correto será *feliz ano novo*, com iniciais minúsculas e sem hífen; a palavra *feliz* terá inicial maiúscula só se estiver no início da frase.

Animal puro sangue.
Estranho esse animal! Não tem couro, ossos, pelo, etc.? Apenas sangue? O hífen acabará com essa dúvida, já que a função dele em palavras compostas é alertar o leitor sobre mudança de significado na expressão. Assim, para que o leitor entenda ser animal de raça pura, sem cruzamento, basta usar o hífen: *Animal puro-sangue.*

O prédio tem pé direito alto.
Mas prédio tem pé? Em vez de ser alto, não seria mais seguro se fosse largo? Nada disso. Na verdade, a palavra *direito* tem aqui o sentido de reto, ou seja, do pé ao teto, em sentido reto, direto. Novamente, usando o hífen, o leitor fica alertado para essa mudança de significado. Assim: *O prédio tem pé-direito alto.*

Pecado n.º 2
REDUNDÂNCIAS E INUTILIDADES

*De toda palavra ociosa que os homens disserem
prestarão contas no dia do Juízo.*
Mateus, 12:36

O segundo Mandamento da Lei de Deus, referindo-se a Este, reza: "Não usar Seu Santo Nome em vão". Vale também em relação à língua portuguesa. Neste caso, se fosse aplicado com rigor, das duas uma: ou as filas dos confessionários superariam com folga as dos postos de saúde, com fiéis em busca de perdão, ou os brasileiros teriam destino único: o inferno. Mas, como todos sabem, Deus é brasileiro... E mais uma vez nos salvamos... Descuidos, tradição, chavões, seja o que for, o certo é que um festival de inutilidades consome toneladas de papel, imensos espaços eletrônicos e milhões de cordas vocais.

A atriz escreveu sua própria autobiografia. Por melhor e mais reveladora que seja, por mais íntima, subjetiva e comprometedora, nada autoriza tantas redundâncias. O prefixo *auto* já contém o sentido de *sua* e de *própria,* palavras inúteis, portanto, para a mensagem. Por isso, basta informar: *A atriz escreveu a autobiografia.*

Pronto atendimento rápido. "A propaganda é a alma do negócio", é certo, mas o exagero nas promessas leva o consumidor a desconfiar: "Dize-me o que tens, e te direi o que te falta". Todo pronto atendimento é rápido por definição, pois esse é o sentido da palavra *pronto*. Portanto, deve-se optar: *Pronto atendimento;* ou: *Atendimento rápido.*

É um círculo vicioso sem fim. Também o uso de redundâncias parece ter entrado em círculo vicioso, do qual alguns redatores não conseguem sair, exatamente porque não tem fim, característica implacável de qualquer círculo. Anda-se sempre pelos mesmos lugares e não se consegue sair. Portanto, basta dizer: *É um círculo vicioso.*

 # Jogador voltará a treinar na próxima semana que vem. Desconfia-se do santo quando o milagre é exagerado. Ou será que o atleta voltará na semana subsequente à da próxima. É mais provável ter havido a intenção de informar que o retorno do atleta aos treinos se dará na semana vindoura. Então, o repórter terá que escolher entre *próxima* e *semana que vem*.

 # Aquela é a viúva do falecido. Se é viúva, só pode ser do falecido. Não cabe a argumentação de que poderia ser viúva de outro falecido, porque está em questão a viúva daquele falecido. Se houvesse a intenção de se referir à de outro falecido, haveria a necessidade de nominá-lo.

 # Treinador só escalará a equipe antes do jogo. É claro! Não o faria depois do jogo, porque não teria contra quem jogar. Como está, a frase é vazia de sentido. Provavelmente, seu autor quisesse informar: *O treinador só escalará a equipe momentos antes do jogo.*

 # Vimos por meio desta... Velho e surrado, este chavão da correspondência oficial e comercial pode ser comparado à *originalidade* do professor que chega na sala de aula e, não encontrando outra forma de começar, diz: *Vim por meio de mim...* ou: *Vim porque cheguei...*
Ao contrário do que alguns usuários do *Vimos por meio desta* pensam, trata-se de forma descortês, porque ofende a inteligência do lei-

tor, ou será que este não sabe que quem *vem* é o remetente da correspondência e que o meio pelo qual vem é a própria?

Na verdade, a única justificativa para a consagração de forma tão inútil, para não dizer absurda, é a Lei do Menor Esforço: *Todo mundo faz assim... Por que criar se posso copiar?* E estamos diante de mais uma descortesia com o leitor, único e geralmente importante objetivo da correspondência.

 # Nada mais havendo a tratar, renovamos nossos protestos da mais alta estima e distinta consideração... Para completar a ladainha, faltou algo essencial: *Assim seja,* ou, preferindo, *Amém.* Se nada mais há a tratar, falta apenas encerrar a carta. Conversa fiada, mentiras, declarações de amor, amizade, *massagens,* etc. serão, no mínimo, inoportunas. Com um pouco de reflexão e outro tanto de pudor com a nossa inteligência, concluímos com facilidade que se temos tanta estima e consideração com alguém, cabe-nos alcançar forma mais original, criada por nós. Outra coisa: misturar *protestos* com tanta amabilidade é um paradoxo contra o qual leitores inteligentes *protestam.* Como até prova em contrário todos são inteligentes, o feitiço certamente virará contra o feiticeiro... Parece muita pretensão querer que o leitor, depois de tantas ofensas, acredite nas boas intenções do mensageiro.

Como fazer? Que modelo adotar? Não se podem adotar modelos fixos de introdução e de despedida de cartas, sob pena de consagrarmos novos chavões, sempre condenáveis em comunicação moderna. Qualquer boa solução depende do teor, das circunstâncias, do destinatário e de outras muitas variantes. Muitas são as maneiras de sermos claros, objetivos e concisos sem ferir a cortesia. Por fugir dos objetivos deste livro, recomenda-se ao leitor que busque orientação em outra obra: *Manual de Redação Oficial*, de Paulo Flávio Ledur, Editora AGE, Porto Alegre.

Puro mel de abelhas. Aí está exemplo *lambuzado* de redundâncias. Como não se conhece mel – legítimo, é claro – que não seja de alguma espécie de abelhas, a frase contém redundância. Elimine-se, portanto, *de abelhas,* restando *mel puro*. Como nossas amiguinhas só fazem produto puro, pode-se eliminar também *puro*. Assim, *mel* diz tudo o que se quer. Como se vê, é mais uma questão de honestidade que de língua portuguesa.

Ela tem bela caligrafia. E o autor da frase perdeu uma bela ocasião para não ser redundante, pois deveria saber que em *cali* já se expressa a ideia de belo, de qualidade. O melhor mesmo é ficar no *feijão com arroz*: *Ela tem bela letra*.

A ortografia está correta. Acreditem que sim. Toda ortografia é correta por definição. Acontece que *orto* tem o sentido de *correto*, de *correção,* como em *ortopedia*. Então só falta corrigir a frase, eliminando a redundância: *A grafia está correta*.

O autor vai muito mais além. Deve ser uma viagem sem fim. Para onde será que ele vai? Na verdade, trata-se de mais uma redundância, pois *além* já carrega consigo o sentido de *mais*, tornando esta palavra desnecessária. Então, para que o leitor não desconfie, é melhor não exagerar e dizer simplesmente: *O autor vai muito além*.

É um caco feio. Todo caco é feio por definição, como ocorre em *cacofonia* (som feio). Além de redundante, o autor da frase foi desumano ao extremo, pois exagerou com a desgraça alheia. Por isso mesmo o castigo veio pronto, pois sua frase virou um caco. Portanto, para não exagerar, diga-se simplesmente: *É um caco*.

Loção de barba para homens.
Informação encontrada em rótulo de loção de barba, denuncia a existência de produto similar para mulheres. Assim como não existe batom destinado especificamente a homens, também não há loção de barba própria para mulheres, bastando informar: *Loção de barba*. Além de escapar da redundância, o fabricante não submeterá as mulheres necessitadas ao constrangimento de usarem produto exclusivamente masculino...

A nomeação é muito legítima.
O defensor da nomeação do amigo exagerou na dose. A legitimidade não pode ser dosificada; é ou não é. Assim como a mulher não pode estar muito grávida, a nomeação não pode ser muito legítima. Para preservar a legitimidade da afirmação, diga-se: *A nomeação é legítima*.

Útero materno.
Como Deus não quis e a ciência ainda não conseguiu desenvolver útero paterno, convém ser conciso e não perder tempo, dizendo apenas *útero*.

Piso salarial mínimo.
Piso é piso, ou seja, onde se pisa. Abaixo disso ninguém põe o pé. Pode-se rebaixá-lo, constituindo-se novo piso, mas continua sendo piso. Aplicando-se o conceito aos salários dos trabalhadores, o fato de se acrescentar *mínimo* ao piso salarial em nada diminui a remuneração de quem trabalha, sendo redundante. Assim, diga-se apenas: *Piso salarial*.

Teto salarial máximo.
Ninguém ultrapassa impunemente os limites do teto. A situação é bem melhor que no caso anterior, mas do ponto de vista semântico passa-se o mesmo. Quando se fala em teto salarial, já se sabe que se fala no máximo, não sendo necessário repetir essa ideia. Por isso, basta: *Teto salarial*.

Check-up geral.
Em Medicina nada é mais geral que um *check-up*. Por isso mesmo e para manter a saúde do idioma, diga-se apenas: *Check-up*.

As duas instituições coexistem simultaneamente. O prefixo *co* garante a ideia de simultaneidade. Repetir essa ideia é redundância, bastando dizer: *As duas instituições coexistem.* Ou: *As duas instituições existem simultaneamente.*

A morte chega de repente, às vezes de forma inesperada. As redundâncias também surgem de repente, ou seja, de forma inesperada. O que não se pode é repetir a mensagem, devendo-se escolher: *A morte chega de repente.* Ou: *A morte chega de forma inesperada.* Assim, não estaremos estendendo ao idioma a única certeza de quem vive: a morte.

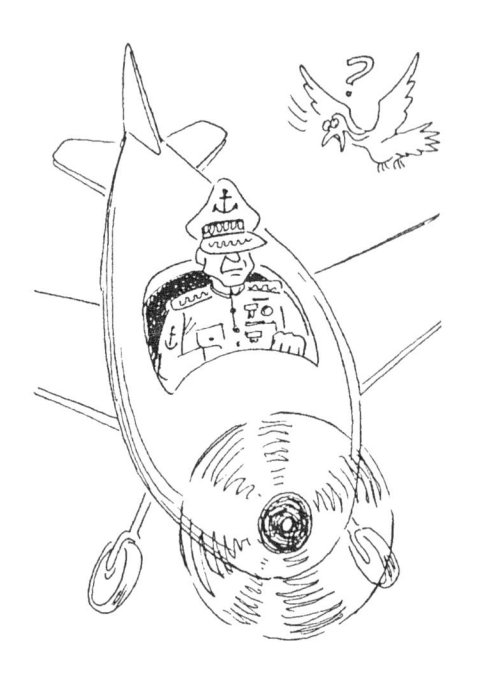

Almirante da Marinha. A hierarquia militar no Brasil tem terminologia própria em cada arma. Assim, todo Almirante é da Marinha, assim como o Brigadeiro é da Aeronáutica e o General, do Exército. Portanto, *Almirante da Marinha, Brigadeiro da Aeronáutica* (ou *do Ar*), ou *General do Exército* são expressões redundantes, bastando dizer: *Almirante, Brigadeiro, General.* O que existe no Exército são três categorias de General: *General de Brigada, General de Divisão* e *General de Exército.* Observe o leitor que é *de* e não *do* Exército. Em alguns países, o título de General é utilizado nas três armas.

Assinar embaixo.
O padrão é que se assine embaixo. Basta, portanto, dizer *assinar*. Na eventualidade de se assinar em outro lugar – em cima, do lado... –, então sim se deve alertar: *Assinar em cima, do lado...*

Cometeu autossuicídio.
Referindo-se ao fato de o artista haver se descuidado da saúde, o colunista exagerou na redundância, como se fosse possível cometer suicídio duas vezes... *Auto* já está expresso em *sui*. Portanto: *Cometeu suicídio*. Chega que já tenham consagrado a redundância em relação ao verbo *suicidar-se*: *Fulano suicidou-se*. O pronome reflexivo *se* seria desnecessário, pois a ideia por ele expressa já se encontra em *sui*; no entanto, o uso da dupla reflexividade (*sui* + *se*) consagrou-se a tal ponto que, se alguém disser que o suicida suicidou, não faltará quem pergunte: *mas suicidou a quem?* Não esqueçamos que a língua se constrói pelo uso.

Pessoa humana.
Todas as pessoas, supõe-se, são humanas. Portanto, basta dizer *pessoa*. A redundância está consagrada, única justificativa aceitável para seu uso. Não se pode aceitar, por exemplo, que se oponha *pessoa humana* a *pessoa jurídica*, porque se trata de acepção específica, ou seja, opõe-se a pessoa *física* à pessoa *jurídica*, não levando em conta o sentido amplo, que abrange os aspectos biológico, sociológico, psicológico e religioso.

O acusado é advogado formado em Direito.
E o repórter é jornalista formado em Jornalismo. Brincadeiras à parte, diga-se que esse é um dos descuidos mais comuns da comunicação: definir o que já está definido. Na prática do Direito, por exemplo, não se admite advogado que não seja formado em Direito. Por isso, diga-se simplesmente: *O acusado é advogado*. Ou: *O acusado é formado em Direito*.

Como será meu futuro daqui pra frente?
Autores de frases assim não podem esperar muito de seu futuro, a não ser que se corrijam. Ao pensarem como *foi seu passado daqui pra trás,* não encontrarão forças *daqui pra frente, rumo ao futuro...* Espera-se que daqui pra frente se corrijam: *Como será meu futuro?*

A situação que encontrei me comoveu de emoção. Apesar disso, o comovido orador não comoveu os presentes, que se deram conta da redundância. Talvez tivesse alcançado seu objetivo com a redução da frase: *A situação que encontrei me comoveu.*

Está caindo uma garoa fina. Pelo que se sabe, toda garoa é fina, não havendo necessidade de tão fina redundância. Ou será que alguém já assistiu a alguma garoa torrencial? Portanto: *Está caindo garoa.* Ou, melhor: *Está garoando.*

É mais preferível. A palavra *preferível* já contém o sentido comparativo indicativo de preferência. Por isso, *mais* é apenas mais um exagero. Basta dizer: *É preferível.*

Os liquidantes é que farão a liquidação. Que os liquidantes fariam a liquidação todos já sabiam até mesmo antes da intervenção. Assim, só há uma maneira de corrigir essa evidência: *liquidando-a.* Quando nada se tem a dizer, nada se diz.

A Secretária revidou contra críticas do Deputado. Por mais áspero que possa ser o revide, não pode ele conter pecado contra a língua. Não se revida a favor; será sempre contra. Por isso, para não ser redundante, basta revidar. O resto é rancor para com algo que nada tem a ver com o assunto: a língua portuguesa. Deve-se dizer: *A Secretária revidou críticas do Deputado.*

Governador assume com o compromisso de governar. Manchete de jornal, baseada em afirmação mal interpretada que registrou o que todos já sabiam. Para que assumiria? Para não governar? Para ser governado?

O sindicalista compactuou com os infratores. Todo pacto é feito entre duas ou mais partes. Faço-o *com* alguém. O mesmo acontece com o verbo *pactuar*. Pactua-se *com* alguém. Portanto, o verbo *compactuar* não precisaria existir, muito menos *compactuar com*, porque seria *pactuar com com*. Livrar o sindicalista do embaraço extrapola os limites das nossas chinelas, mas melhorar a frase é obrigação: *O sindicalista pactuou com os infratores.*

Adega de bebidas. Já que não se conhecem adegas que não sejam de bebidas, basta dizer: *Adega*. O resto o leitor já sabe, não se devendo ofendê-lo.

Compartem um apartamento em comum. Quando se diz ***compartir***, o prefixo *com* esclarece explicitamente a ideia de comunhão, sendo por isso redundante e ofensivo à inteligência do leitor repetir essa informação com a expressão *em comum*. A frase seria mais concisa e enfática assim: *Compartem um apartamento.*

Se presentes, os desinfetantes tornariam a vacinação ineficaz. Se ausentes, é claro que os desinfe-

tantes não afetariam a vacinação, razão pela qual a expressão *se presentes* nada acrescenta à frase, devendo ser retirada por inutilidade. Verifique o leitor: *Os desinfetantes tornariam a vacinação ineficaz.*

Ganhar de graça.
De acordo com os costumes em vigor, o que se ganha, se ganha, nada se cobrando em troca. Em outras acepções, o verbo *ganhar* pode indicar que houve algo em troca do que se ganhou. No jogo, por exemplo, só se ganha quando se joga, se aposta ou se disputa. Nesses casos é que se deve esclarecer, mas não quando o verbo *ganhar* tem o sentido de receber sem ônus. Portanto, basta dizer: *ganhar*. O mesmo vale para o que se dá, isto é, tudo o que se dá, se dá, nada esperando em troca. Por isso, é redundante dizer que *se dá de graça*. Simplesmente *se dá,* e pronto.

O que é que é isto?
Estranha essa forma, tão do gosto de muita gente, graduada ou não. Além da grosseira redundância e da cacofonia, ocorre na expressão o que em gramática futurista se poderia chamar de *gagomorfema*. É mais simples e correto: *O que é isto?*

A neve branca cobria os campos.
Essa legenda de foto em cores mostrando a alvura dos campos, sem contar que nada revelava além do que a foto já mostrava, ofendia o leitor ao pressupor que este ignorava ser branca toda e qualquer neve. Como não se conhece neve que não seja branca, corrija-se pelo menos o teor da legenda: *A neve cobria os campos.*

Sessão de assembleia geral.
Assembleia e *sessão* têm sentidos idênticos. *Assembleia geral* é uma forma de *sessão,* de reunião. Como se vê, é necessário eliminar a redundância, bastando dizer: *Assembleia geral.*

Demente mental.
Todos sabem que na palavra *demente,* até por semelhança morfológica, está expressa a ideia de *mente* e, por extensão, de

mental. Por isso e para corrigir mais um pecado linguístico, deve-se dizer apenas *demente*.

Foi uma surpresa inesperada. A surpresa seria ainda mais surpreendente se fosse esperada por todos... Não se consegue imaginar que alguém se surpreenda com algo esperado. Em outras palavras, deixemos de ser redundantes, dizendo: *Foi uma surpresa*.

O ladrão foi cercado por todos os lados. Por mais perigoso que fosse o ladrão, não havia necessidade de redundância. Quando algo está cercado, o cerco já é total. O resto é exagero. Portanto: *O ladrão foi cercado*.

Já há alguns anos atrás se falava nisso. Como se não bastasse a forma verbal *falava* e o advérbio *já* indicando o passado, o autor redundou mais duas vezes: *há* e *atrás*, palavras que igualmente indicam tempo passado. Para evitar tanto passadismo, é bom não exagerar: *Há alguns anos falava-se nisso*; ou: *Alguns anos atrás falava-se nisso*. No máximo, pode-se reforçar com *já*: *Há alguns anos já se falava nisso*; ou: *Alguns anos atrás já se falava nisso*.

Repetir de novo. Só depois de repetir uma ou mais vezes alguém pode *repetir de novo*. Se a repetição estiver se dando pela primeira vez, basta *repetir*.

A mim me parece. Por mais consagrada que esteja, não se pode concordar com redundância tão redundante... Se *me parece*, é evidente que estou falando por mim e não por outro. Ou, quem sabe, *a você me parece, a ti me parece,* ou ainda: *a nós me parece, a mim nos parece. Parece-me* e *a mim parece* são as formas corretas.

Mas porém. Sinônimos na adversidade, *mas* e *porém* são muitas vezes colocados lado a lado, como se um precisasse do outro. Ou se usa *mas*, ou *porém*. Há outras opções:

todavia, contudo, entretanto, no entanto. Todas são corretas, desde que se use uma de cada vez.

No entretanto, não gostei. Aliás, ninguém deve ter gostado do pecado da frase. É bom exemplo do perigo resultante da existência de opções. Pode-se usar *no entanto* e *entretanto*, mas não *no entretanto*.

Bem como também. Sinônimos, *também* e *bem como* se excluem. Mesmo que se goste das duas expressões, é necessário optar.

Vomitou impropérios pela boca. Menos mal que o exaltado orador está fisiologicamente limitado a vomitar pela boca... O autor da frase é outro que deve evitar impropérios de linguagem e, mesmo preferindo o verbo *vomitar*, limitar-se a dizer: *Vomitou impropérios*.

Mergulhar para dentro da água. É possível mergulhar para fora da água, mas é perigoso e pouco provável que algum cidadão em estado normal o faça. Por isso, é preferível apenas *mergulhar*.

Sentidos pêsames. Apesar de consagrada, a expressão peca por evidente redundância. *Pêsames* deriva de *pesar*, que implica *sentir*, daí *sentidos*. Como toda redundância, pode deixar o destinatário em dúvida sobre o verdadeiro sentimento do emissor da mensagem, pois a insistência ativa o *desconfiômetro*. Portanto, é melhor limitar-se aos simples *pêsames*.

Como estava previsto anteriormente. Só se pode prever anteriormente, porque *prever* quer dizer *ver antes*. Aliás, que graça teria *prever depois*...

 # Estou no meu melhor peso ideal. Assim como o corpo, também a linguagem precisa ser elegante e sem redundâncias. O *ideal* é sempre o *melhor* que se quer. Portanto, deve-se optar: *Estou no meu melhor peso;* ou; *Estou no meu peso ideal.*

 # Meio ambiente. Apesar de irreversivelmente consagrada, convém saber que esta expressão contém uma redundância, pois não há diferença de sentido entre *meio* e *ambiente*.

 # Deus ajuda a quem cedo madruga. É importante que Deus continue ajudando, mesmo aos redundantes. *Cedo* nada acrescenta a *madruga*. Não é possível madrugar tarde. Portanto, ainda está em tempo de corrigir esta conhecida e valiosa frase: *Deus ajuda a quem madruga.*

 # O setor também enfrenta os mesmos problemas. Opte-se entre *também* e *os mesmos,* e estará eliminada mais uma redundância. Afinal, por que *também* se os problemas são *os mesmos*?

 # A bola roda girando no gramado. E o entusiasmado locutor por pouco não rodou, girando em torno de sua própria sorte... Por ser redonda, a bola roda ou gira, gira ou roda. As duas ao mesmo tempo são vítimas do vício da redundância. Deve-se optar: *A bola roda no gramado;* ou: *A bola gira no gramado.*

 # Receber o dobro é mais vantajoso. Muito mais, é claro! Seja como for, continuaremos levando a mesma vantagem em tudo se eliminarmos o *mais*. Certo?

Há 15 dias atrás. *Há* significa tempo passado; *atrás,* nesta frase, também. Então, por que insistir tanto? Opções: *Há 15 dias;* ou: *Quinze dias atrás.*

O jogo só termina quando acaba. Impressionado com a reação da equipe, que perdia, o comentarista se descuidou a poucos minutos do final do jogo, tropeçou na bola e sacou uma redundância terminal... Terminado o jogo, voltou a si e corrigiu: *A esperança só termina quando o jogo acaba.*

Pernoitei uma noite aqui. Se pernoitou, é claro que foi de noite. Não se pernoita de dia. Espera-se que no próximo pernoite seja menos redundante: *Pernoitei uma vez aqui;* ou: *Já pernoitei aqui.*

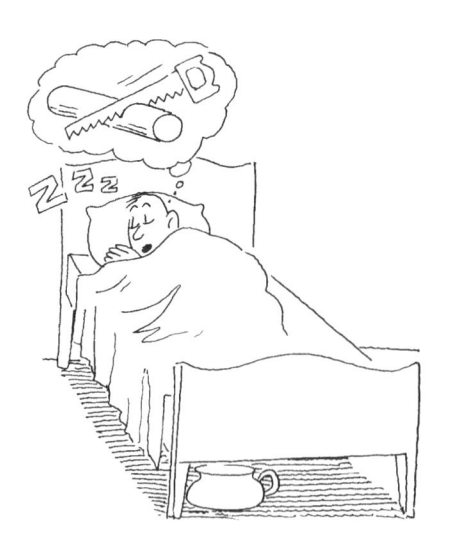

Ele mesmo se autoajudou. Por maior que seja o sentimento de autopiedade que alguém possa alimentar, não se pode tolerar tamanha redundância. *Mesmo* e *auto* são sinônimos no egoísmo; deve-se optar: *Ele se autoajudou;* ou: *Ele mesmo se ajudou.*

O tempo atual em que vivemos. O tempo atual só pode ser o que estamos vivendo. Não pode ser o que viveremos nem o que vivemos no passado. Portanto: *O tempo atual;* ou: *O tempo em que vivemos.*

A instalação de indústrias é a principal prioridade um. Que o Prefeito tenha muitas prioridades é perfeitamente compreensível; que tenha a prioridade principal ou a de número um, também é natural, mas terá que escolher entre a principal e a um, pois do contrário será redundante. Espera-se que em suas próximas declarações inclua o bom português entre suas prioridades e diga: *A instalação de indústrias é a principal prioridade* (ou *a prioridade um*).

Aperte o cinto enquanto estiver sentado. Calma! Não há a intenção de mandar soltar o cinto quando se estiver de pé, induzindo ao risco de se deixar caírem as calças. A in-

tenção desse aviso encontrado na montanha-russa era levar o usuário a sentar-se e apertar o cinto. Poderiam ter feito isso de muitas formas, como esta: *Sente-se e aperte o cinto enquanto o carro estiver em movimento.*

As relações bilaterais entre os dois países...
Antes que essas boas relações se compliquem, convém eliminar os exageros naturais de quem se empolga. *Bi* e *dois* estão na mesma linha semântica, repetindo-se. Os dois lados nada perderão se eliminarmos a redundância: *As relações entre os dois países.*

Tráfico ilegal de crianças deve ser proscrito.
O de redundâncias também, pois fere as boas comunicações. Todo tráfico é ilegal por definição, não havendo necessidade de insistir nesse conceito, muito menos confundi-lo com *tráfego*, palavra cujo sentido nada inclui de ilegal, significando apenas *circulação*.

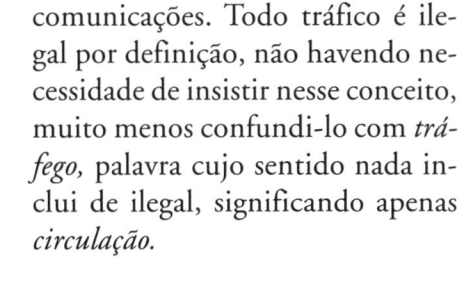

O trabalho está em acabamento final.
Em linguagem, a ordem dos fatores altera, sim, o produto. O informante quis comunicar que o trabalho estava em final de acabamento, mas trocou a ordem das palavras. Em vez de externar uma informação precisa, acabou sendo redundante, pois *acabamento* e *final* se repetem. Corrija-se: *O trabalho está em final de acabamento.*

No valor unitário de R$ 10,00 cada.
Basta um pouco de atenção para perceber a redundância. *Unitário* e *cada* expressam a mesma ideia de unidade, devendo-se optar: *No valor unitário de R$ 10,00;* ou: *No valor de R$ 10,00 cada.*

O resultado do laudo foi revelado.
É necessário revelar ao autor da frase que todo laudo é, por si só, resultado de algum exame. Assim, no futuro, evitará a redundância, afirmando: *O laudo foi revelado;* ou: *O resultado foi revelado.*

Havia goteiras no teto da escola. Na cabeça de autores de frases como esta também. Se eram goteiras, só poderiam estar no teto, e não nas paredes, muito menos no assoalho, a não ser que, misteriosamente, pingassem de baixo para cima. Corrigindo: *Havia goteiras na escola.*

Pomar de frutas. Basta dizer *pomar,* porque ele só pode ser de frutas, e não de hortaliças, milho, soja, bovinos, suínos...

Faz parte integrante da diretoria. Todo aquele que integra a diretoria, dela faz parte, e vice-versa, não havendo necessidade de insistir nessa informação. Não deixará de fazer parte ou de integrar a diretoria se se afirmar: *Faz parte da diretoria;* ou: *Integra a diretoria.*

Decreto governamental. Além dos governos, ninguém tem autoridade para decretar. Em outras palavras, todo decreto, por definição, é governamental, não havendo decreto capaz de mudar isso. Diga-se apenas: *Decreto.*

O juiz deferiu favoravelmente o pedido do réu. E a vítima foi novamente o português, que teve *diferida* sua ânsia de preservação. O verbo *deferir* e o substantivo *deferimento,* por si sós, já informam ter

havido despacho favorável, não se justificando a repetição dessa ideia. Portanto: *O juiz deferiu o pedido do réu*. Da mesma forma, *diferir* e *indeferir* já expressam a ideia de discordância, assim como *diferimento* e *indeferimento*. Uma coisa é certa: quando alguém pede *diferimento*, tem tudo para ser atendido, a não ser que a autoridade responsável *difira* dos conceitos aqui expostos.

É consenso geral.
Se é consenso, só pode ser geral. Em outras palavras, não existe consenso parcial. Portanto, basta dizer: *É consenso*.

Aqui neste local / Lá naquele lugar.
Neste local significa *aqui*; *aquele local* quer dizer *lá*; como ninguém pode, ao mesmo tempo, estar duas vezes no mesmo lugar e muito menos duas vezes em lugares diferentes, deixemos de ser redundantes. Deve-se escolher entre *neste local* e *aqui*; entre *aquele local* e *lá*.

Nunca tira o cigarro fora da boca.
O exagero do fumante não justifica a redundância da frase. O sentido da palavra *fora* se encontra no verbo *tirar*. Portanto, basta dizer: *Nunca tira o cigarro da boca*.

Cálculos hepáticos no fígado.
Vinda do grego, a palavra *hepatos* significa *fígado*. Portanto, todo cálculo hepático se forma no fígado. Assim, a frase "deu no fígado" do leitor, que teria preferido ler: *Cálculos hepáticos;* ou: *Cálculos no fígado*.

Vem junto comigo.
A rigor, bastaria dizer *vem*, mas aceitemos um reforço: *Vem comigo*. Mais do que isso é pura redundância.

Orar em oração.
Oração deriva de *orar*; portanto, enquanto estivermos orando estaremos em oração. Aliás, uma oraçãozinha em favor de autores de frases como essa não é má ideia.

Desconhece-se a razão do porquê do apelido. A razão ou o porquê das redundâncias, no entanto, é bem conhecido: é a desatenção. Basta lembrar que *razão* e *porquê* são sinônimos. Um elimina o outro, podendo-se escolher: *Desconhece-se a razão do apelido;* ou: *Desconhece-se o porquê do apelido.*

A sala foi dividida em duas metades iguais. Não se tem notícia de metades que não fossem iguais; portanto, a palavra *iguais* está sobrando.

O caso teve um *happy end* feliz. Menos feliz foi o autor da frase, que, não conhecendo o mínimo de inglês, aventurou e acabou sendo redundante com a felicidade alheia. E a frase teve um *end* infeliz. O melhor mesmo é ficar no português: *O caso teve final feliz.*

Desejo-lhe votos de felicidade. O verbo *desejar* carrega consigo o mesmo sentido do substantivo *votos;* portanto, limite-se a *desejar felicidades,* pois, além de se comunicar melhor, não levará a outra parte a desconfiar de excessos.

Ela vinha de sua casa. Quando não se diz de que casa se vem, pressupõe-se que seja da casa da gente. Por isso, só é necessário dizer de que casa se vem quando é da casa de outro. Na frase, portanto, há uma redundância, devendo ser corrigida: *Ela vinha de casa.*

Vestiu as suas calças.
Nada mais normal que alguém vestir suas calças. Nem tão normal seria vestir as de outro. O normal é aquilo que todos sabem, não sendo necessário informar, sob pena de se cair em redundância. Assim, basta informar: *Vestiu as calças.* O mesmo vale para outros objetos de uso pessoal: chapéu, óculos, camisa, cueca, meias...

O ministro proferiu breve alocução.
Se o autor da frase soubesse que toda alocução é breve, por definição, não teria sido tão redundante. Assim, por exemplo: *O ministro proferiu uma alocução.*

Trata-se de novidade inédita.
Sempre se soube que é o ineditismo que faz a novidade. Ou será que a história registra alguma novidade velha? Opções: *Trata-se de novidade;* ou: *Trata-se de algo inédito.*

O técnico manteve o mesmo time.
Se *manteve,* é claro que foi *o mesmo time.* Ninguém pode *manter outro time.* Assim, diga-se simplesmente: *O técnico manteve o time.*

Vou te contar pra você.
Para não ofender demais a inteligência do leitor, além da necessidade de não ser redundante, diga-se também ser inadmissível misturar de forma tão escancarada primeira e segunda pessoas. Ou se usa tu *(te),* ou se usa *você.*

Não tive outra alternativa.
Alter, de *alternativa,* significa precisamente *outra.* Basta dizer: *Não tive alternativa.* Caso já tenham sido mencionadas duas ou mais possibilidades (alternativas), sim, pode-se falar em *outra alternativa.*

Ele se diz ser sábio.
Se o autor da frase pensou ter esse atributo, enganou-se, pois *se* e *ser* não podem conviver nesta frase. Os dois são apassivadores, não havendo, por isso, lugar para ambos. A escolha é sua: *Ele se diz sábio;* ou: *Ele diz ser sábio.* Confirma-se, mais uma vez, a máxima de que "a sabedoria consiste em saber que nada se sabe."

Entrei para dentro do gramado. Ao entrar para *dentro* do gramado, das duas uma: ou o atleta será pisoteado pelos companheiros, ou sofrerá um ataque de formigas. Com uma pitada de azar, poderá ser vítima das duas. Diga-se apenas: *Entrei no gramado.*

Os presidiários pleiteiam celas individuais para cada um. Até prova em contrário, toda cela individual abriga apenas uma pessoa; assim, encerre-se a frase após *individuais.* O resto é redundância.

Deu a bola de graça para o adversário. Tudo o que se dá, supõe-se que seja de graça; portanto: *Deu a bola para o adversário.*

Ele foi ex-ministro. *Ex* indica estado anterior, assim como *foi* informa sobre o passado. Não é usando redundâncias que se verá o ministro distante no tempo.

Tenho um amigo meu. Se tenho um amigo, é claro que ele é *meu* amigo, pois o fato de usar o verbo na primeira pessoa do singular (eu) garante isso. Ou, quem sabe, *tenho um amigo teu, seu, nosso, vosso...* Resumindo, basta dizer: *Tenho um amigo.*

Eles coabitam juntos. Quando duas pessoas coabitam é porque *habitam juntas,* não havendo necessidade de redundância. Basta dizer: *Eles coabitam.*

É um fratricida assassino. Apesar de o bandido merecer muito mais do que simples qualificativos, ou melhor, desqualificativos, não é usando redundâncias que se consegue puni-lo. Acaba-se, isto sim, punindo o idioma. Em *fratricida* já está expressa a ideia de assassino (fratricida = *assassino* do irmão). Assim, é suficiente dizer: *É um fratricida.*

A virilidade masculina. O articulista esqueceu-se de que a virilidade é do padrão masculino, raramente se manifestando nas mulheres... Quando se quer mencionar esse atributo natural do homem, basta dizer *virilidade;* na eventualidade de querer ressaltá-lo em mulheres, sim, deve-se esclarecer: *virilidade feminina.*

O gerenciamento da rotina do trabalho diário. O autor da frase deveria aprender a gerenciar melhor a rotina de sua linguagem, dizendo simplesmente: *O gerenciamento da rotina do trabalho.* A rotina das redundâncias é dos mais cansativos vícios de linguagem.

A escolha se dará por plebiscito popular. Todo *plebiscito* é *popular.* Ou será que o repórter se esqueceu do sentido da palavra *plebe?* Corrija-se: *A escolha se dará por plebiscito.*

Trabalhamos as 24 horas do dia e da noite. A redundância na frase é tão grande, que dobrou o número de horas diárias. Sempre se soube que o dia tem 24 horas, mas o desses trabalhadores tem 48, das quais 24 são noturnas e outras tantas, diurnas. Caso imprevisível para qualquer legislador, deixou a Justiça do Trabalho em dificuldade para julgar. A solução passa pela simplificação da linguagem, havendo muitas opções: *Aberto 24 horas. / Aberto dia e noite. / Servimos durante as 24 horas do dia.*

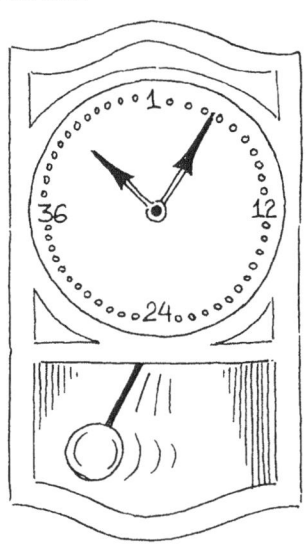

Trata-se de um curso noturno da noite. Na verdade, trata-se de redundância que não pode ser cometida nem mesmo na escuridão da noite. Prefira-se: *Trata-se de um curso noturno.*

Trata-se de um problema individual de cada um. Trata-se também de terrível redundância. É mais uma falta de respeito com a inteligência do leitor, que sabe ser individual o problema de cada um. Opções: *Trata-se de um problema individual;* ou: *Trata-se de um problema de cada um.*

Elo de ligação. Redundância das mais consagradas. Saiba-se, no entanto, que todos os elos são de ligação. O elo é o próprio símbolo da união, da ligação, desconhecendo-se qualquer elo que seja de separação.

Fato verídico. Todo fato é verídico, porque só é fato aquilo que já aconteceu. O fato é que se deve escolher entre: *É fato* e: *É verídico.* O resto é mentira.

Detalhe feminino da mulher. É certo que há homens com detalhes tanto quanto femininos, uns mais outros menos, mas que a mulher tenha detalhes femininos é apenas o normal, o que todo mundo pressupõe, o desejável, não havendo necessidade de enfatizar. Eis algumas opções isentas do vício da redundância: *Detalhe feminino. / Detalhe da mulher. / Detalhe masculino. / Detalhe do homem.*

Expectativa futura. Não se pode ter expectativa em relação ao passado, pois *expectativa,* que tem o sentido de *esperança,* sempre refere algo que ainda não aconteceu, ou seja, o futuro. Assim, é redundante falar em expectativa futura, bastando dizer: *Expectativa.*

Vou dar minha opinião pessoal. Claro, porque minha opinião não pode ser de outro, a não ser quando coincidem. Portanto, apesar de consagrada, a expressão é melhor assim: *Vou dar minha opinião.*

Única e exclusivamente. Redundância das mais consagradas. Os que a usam pelo menos devem se dar conta de que *único* nada acrescenta a *exclusivo,* e vice-versa, já que todo *exclusivo* é *único* e todo *único* é *exclusivo.* Tolera-se o uso dessa redundante expressão apenas como reforço de linguagem, especialmente na oratória.

Era o mais predileto dos filhos do casal. Ter predileção por um dos filhos é humano e, por isso, compreensível. O errado é o casal ter *o mais predileto dos filhos.* A predileção escolhe, obrigatoriamente, um ou uns e exclui os demais, não sendo possível ter um mais predileto que outros. O que deve haver mesmo é predileção pela clareza de linguagem, direta e sem redundâncias. Assim: *Era o filho predileto do casal.*

A nave aterrissou na Terra.
Como não é possível aterrissar em outro planeta ou lugar que não a Terra, basta dizer: *A nave aterrissou.* E se fosse em terra (solo) lunar? Então, sim, seria necessário esclarecer ao leitor: *A nave aterrissou na Lua.*

Passagem aérea de avião. Até o momento não é possível adquirir passagem aérea que não seja de avião, por mais aéreo que seja o comprador, ou melhor, o autor de frases como esta. Para evitar redundância, diga-se simplesmente: *Passagem aérea;* ou: *Passagem de avião;* jamais as duas.

A tese da isonomia fiscal busca a igualdade. Frase vazia de sentido, pois em *isonomia* está expresso o sentido de *igualdade.* Em outras palavras, não existe isonomia que não busque a igualdade. Portanto, a frase é incorrigível porque nada afirma. Como título de matéria, pode-se corrigir para: *A tese da isonomia fiscal.*

Acho que, sem sombra de dúvidas, é o melhor jogador brasileiro. Enquanto o comentarista acha, nós temos a certeza de que ele não está entre os melhores. Falta-lhe convicção. Ora apenas acha, ora não deixa sequer sombra para qualquer dúvida. Para corrigir a frase, é necessário descobrir sua verdadeira opinião.

Ele tem o direito de se autocandidatar. Direito por direito, o autor da frase o tem de ser redundante, assim como nós temos o dever de corrigir: *Ele tem o direito de se candidatar.* O verbo reflexivo *(candidatar-se),* por refletir a ação sobre o próprio autor, já contém o sentido do prefixo *auto,* devendo eliminar-se este último, por mais que sejamos tentados a usá-lo.

A atuação do goleiro foi decisiva e fundamental. E a frase do comentarista foi muito ruim, pouco incisiva e, *fundamentalmente,* redundante. Para refletir melhor a grande atuação do goleiro, deveria ter escolhido entre *decisiva* e *fundamen-*

tal, já que uma não acrescenta nada à outra. Nas circunstâncias, *decisiva* contém significado mais *decisivo*: *A atuação do goleiro foi decisiva.*

Baixo X Abaixar.
Dizer que os baixinhos, em geral, são simpáticos, bem-humorados e pouco redundantes é quase uma redundância. Prova disso foi o diálogo ocorrido entre dois exemplares dessa bela espécie:
– *Por que baixinho não se abaixa?*
– *Para não ser redundante.*

Considerado como um dos melhores atletas do mundo...
Apesar de muito usado após o verbo *considerar*, principalmente entre os menos letrados, *como* é no mínimo inútil, devendo ser eliminado. A frase fica mais direta e enfática assim: *Considerado um dos melhores atletas do mundo.*

Apenas um único item foi atendido.
Por mais que o autor da frase se defenda dizendo que se trata de reforços de linguagem, a frase peca pelo excesso. *Um* e *único* expressam a mesma coisa, mas vá lá; reforço de linguagem. Achou pouco e acrescentou *apenas*. Em síntese, aceitemos pleonasmo já consagrado: *Um único item foi atendido.* Mais do que isso constitui pecado.

Hoje à noite haverá um passeio ciclístico noturno.
Quem sabe, a genialidade dos organizadores do evento é capaz de trocar o passeio ciclístico noturno para a tarde, ou o transformam em matinal? Com certeza, a escuridão pernoitou na mente de quem redigiu a programação, tal a *originalidade* da redundância. Para eliminá-la, basta suprimir *noturno*.

A equipe pecou pelos seus próprios erros.
É certo: se pecou, não o fez pelos erros dos outros. Pagar pelos pecados alheios, aliás, não é de todo incomum na justiça dos homens. Na verdade, é provável que o articulista quisesse dizer que *a equipe pagou pelos seus próprios erros*. Assim teria se livrado do pecado da redundância, apesar do reforço de linguagem presente em *seus próprios*.

Percorreram pelo mundo difundindo suas ideias.
É desejável que as boas ideias sejam difundidas pelo mundo inteiro. Melhor ainda se isso for feito sem redundâncias. Explica-se: em *percorreram*, o prefixo *per* já traz o sentido repetido pela preposição *por*, embutida em *pelo*, que por isso mesmo precisa ser eliminada. Assim: *Percorreram o mundo difundindo suas ideias*.

Corroborando com as teses, encontramos cinco casos.
Aí está redundância semelhante à anterior: em *corroborando*, o prefixo *co* já nos propõe o sentido expresso em *com*, razão por que esta preposição tem que ser eliminada, ficando assim: *Corroborando as teses, encontramos cinco casos*.

Surgem situações tais como, por exemplo,...
Às vezes surgem situações que levam o redator a redundâncias grosseiras como esta. *Tais como* e *por exemplo* se repetem, devendo-se excluir uma ou outra: *Surgem situações tais como...;* ou: *Surgem situações como, por exemplo,...*

Encartamos dentro do jornal.
Sim, porque seria extremamente difícil, para não dizer impossível, encartar fora do jornal. Para não ser redundante, portanto, basta dizer: *Encartamos no jornal*. O prefixo *en*, de *encartar*, já nos informa que será *dentro*.

O evento foi adiado para depois.
A volta ao passado, com todas as suas consequências, sempre foi um desejo frustrado do ser humano, chegando-se à definitiva conclusão de que é impossível adiar para antes. Sem dúvida, seria fantástico poder driblar o mau tempo, por exemplo, antecipando-se qualquer evento para o dia anterior se chovesse na data marcada. Acordando de mais este sonho, elimine-se a redundância: *O evento foi adiado*.

Vereador municipal.
Não existindo vereador estadual nem federal ou de qualquer outra espécie, basta dizer *vereador,* e todos saberão de quem se está falando.

Exultar de alegria. Não se sabe de alguém que tenha exultado de tristeza. Só se pode exultar de alegria, sendo, portanto, suficiente *exultar*, por maior que seja a alegria.

Jogou bem, mas só que isso nem sempre é suficiente. Conhecer sinônimos é bom, mas perigoso. *Mas* e *só que* são opções que afirmam a mesma coisa. Como em *só que* o cacófato incomoda, deve-se preferir *mas, porém, contudo, no entanto* ou *entretanto*. É necessário escolher uma das opções, deixando as demais para outras ocasiões: *Jogou bem, mas isso nem sempre é suficiente.*

Reincidir outra vez. Quem reincide é porque já *incidiu* alguma vez. Só é possível *reincidir de novo* na terceira vez e nas subsequentes. Na segunda vez, é redundante, devendo-se usar simplesmente: *Reincidir;* ou: *Incidir de novo.*

Emulsão de óleo. Se é emulsão, só pode ser de óleo, motivo pelo qual não se deve ser insistente, para não dizer redundante. Assim, para evitar um banho de erros de linguagem, prefira-se simplesmente: *Emulsão.*

Percorreu a pé pela estrada. Se foi doloroso percorrer a pé, para a língua portuguesa também o foi. Em *percorrer* já está clara a ideia de *por*, devendo-se eliminar esta preposição. Assim: *Percorreu a estrada a pé;* ou: *Correu a pé pela estrada.* Em outras palavras, *per* e *por* têm sentidos iguais.

Foi um trabalho conjunto com as duas entidades. Na palavra *conjunto* está expressa a ideia de *com*, ou seja, de companhia, de parceria, devendo-se corrigir a redundância: *Foi um trabalho conjunto das duas entidades.*

Erário público. O público sabe que todo erário é público. Por que, então, ser redundante? Diga-se apenas: *Erário.*

Espera-se que as duas partes cheguem a um comum acordo. Se chegam ao acordo, parece evidente que se trate de *comum* acordo, sob pena de não ocorrer o sempre desejado acordo. Portanto, por inútil, elimine-se *comum*.

Ninguém não sabe. Consagrada popularmente, esta dupla negação, para início de conversa, é inútil: *Ninguém sabe* é tudo o que se quer dizer. Na realidade, o *não* acaba invertendo o sentido: se ninguém *não* sabe, pode-se deduzir que todos sabem...

Ela foi minha ex-aluna. A dupla referência ao passado – verbo (*foi*) no pretérito perfeito e o prefixo *ex* – levaria Freud e seus discípulos a pensarem em duas hipóteses: ou faz muito, mas muito tempo, ou ela foi aluna tão ruim, que o mestre quer vê-la longe. Para que ninguém pense isso e para que não haja redundância, deve-se optar entre: *Ela foi minha aluna;* e: *Ela é minha ex-aluna.*

O médico não receitou nenhum tratamento. A dupla negação (*não / nenhum*) pode levar a pensar que o médico receitou todos os tratamentos. Tudo por causa de uma repetição desnecessária, apesar de consagrada. Para evitar isso, dispomos de várias soluções: *O médico não receitou tratamento. / Nenhum tratamento foi receitado pelo médico. / O médico não receitou tratamento algum.* A última opção é a mais enfática.

Faz mais ou menos uns dois meses. A expressão *mais ou menos* e o artigo indefinido *uns,* que nada *define,* repetem a mesma ideia de incerteza, de imprecisão, devendo-se escolher: *Faz mais ou menos dois meses;* ou: *Faz uns dois meses,* esta última apropriada apenas à linguagem coloquial. Quem não gosta de nenhuma das duas, pode optar por *cerca de: Faz cerca de dois meses.*

Nem ele tampouco sabe. *Nem* e *tampouco* têm sentidos e funções iguais, razão por que se deve optar entre uma e outra palavra. Assim, para não pecar por excesso de negação, pode-se escolher: *Nem ele sabe;* ou: *Tampouco ele sabe.*

Redundância autoexplicativa. Este diálogo foi retirado de uma entrevista que um repórter de rádio realizou com importante autoridade:
– *O Sr. poderá voltar atrás na ideia de ser candidato?*
– *Para a frente é que eu não poderia voltar.*
O certo é que em *voltar atrás* existe uma redundância, consagrada, é verdade. Também é certo que o entrevistado, mais interessado em dar resposta evasiva, aproveitou-se da redundância alheia para, com muito tirocínio e rapidez de pensamento, escapar do objetivo da pergunta.

A unanimidade é uma só. Que ocorre uma terrível redundância na frase ninguém duvida, havendo, portanto, unanimidade. Quem escreve deve ter cuidado com a sensibilidade dos leitores, pois todos sabem que *a* unanimidade não pode ser duas, três ou mais. É sempre uma. Portanto, basta dizer: *Há unanimidade.*

Nunca ninguém correu tanto.
Mais uma vez é a dupla negação que, mesmo consagrada, torna a frase no mínimo inadequada. Até porque no caso não é preciso *correr* muito para melhorá-la; basta trocar *ninguém* por *alguém*: *Nunca alguém correu tanto.*

Terminou o ano passado.
Bem que o repórter poderia ter controlado um pouco seu entusiasmo com o fim do que para ele deve ter sido uma tragédia. Admita-se que tenha anunciado o final do ano, mas dizer que estava se referindo ao ano passado é redundância ofensiva demais à inteligência do ouvinte. Espera-se que no próximo ano diga apenas: *Terminou o ano.*

Os dois candidatos estão no mesmo pé de igualdade.
Se fosse possível estarem em pés diferentes de igualdade, até que a frase poderia ser aceita. Como isso é impossível, há que escolher: *Os dois candidatos estão em pé de igualdade;* ou: *Os dois candidatos estão em condições iguais.* Para quem gosta de redundâncias, há um prato cheio: *Os dois candidatos estão no mesmo igual pé de igualdade de condições absolutamente iguais.*

Estes fatos ocorrem hoje em dia.
Se ocorrem, é evidente que não ocorrem ontem, ou antes, nem amanhã, ou depois. Portanto, não há necessidade de dizer *hoje em dia*. Os diferentes tempos verbais existem para precisar o tempo em que as coisas acontecem, encurtando os caminhos da comunicação. Se não fosse assim, a conjugação dos verbos poderia ser reduzida a apenas um tempo verbal, localizando-se os seres mediante o uso de advérbios e locuções adverbiais. Bem mais fácil, não é mesmo? No entanto, como seria enfadonho!

Caminhar a pé.
Pelo que se sabe, a única forma de *caminhar* de que se tem notícia é a pé. Portanto, basta dizer: *Caminhar.*

Toda caminhada inicia pelo primeiro passo.
Frase surrada da qual sempre se lembram os oradores de formaturas e de outras soleni-

dades comemorativas de conquistas importantes, contém, além disso, o vício da evidência redundante, pois todos sabem que qualquer caminhada começa pelo primeiro e termina pelo último passo.

Já estou indo agora. Além de desprezar o espírito e o sentido da existência dos tempos verbais – *estou indo* é presente do indicativo, isto é, indica o exato momento presente –, o autor da frase está insistindo mais duas vezes na localização do ser no tempo: *já* e *agora*, ambas palavrinhas dispensáveis. Afirma-se a mesma coisa, com mais ênfase, dizendo apenas: *Estou indo.*

Meu irmão e amigo fraterno. Aí está sobrando o *fraterno*, porque em *irmão* já está embutida a fraternidade.

Tornar a repetir. Quando se afirma a segunda vez, já se está repetindo. Na terceira e subsequentes é que se *repete de novo* ou se *torna a repetir.*

Caí um tombo. O bom português mais uma vez tombou. E novamente por excesso. Sem em *tombo* já se expressa a ideia de *cair*, basta dizer: *Caí*. Se a preferência pela palavra *tombo* for incurável, pode-se usá-la assim: *Levei um tombo.*

Casou-se com a sua prima. O possessivo *sua* nada acrescenta ao casamento, pois *casou-se com a prima* teria sentido exatamente igual, sendo por isso redundante usar *sua*. Quando a referência é à prima de outro, sim, é necessário esclarecer,

já que em geral a gente se casa com a prima de alguém, com raras exceções, como a de Adão, que se casou com alguém que não tinha prima.

Seu telejornal está começando agora. Se está começando, só pode ser agora; não antes nem depois. É necessário sempre ter presente que os tempos verbais são assim chamados porque têm a função de localizar as coisas no tempo, não havendo necessidade de repetir essa ideia acrescentando-lhe outros termos temporais. Portanto: *Seu telejornal está começando.*

Estava debaixo de um pé de laranjeira. Melhor se tivesse estado debaixo de um pé de laranja, ou, simplesmente, debaixo de uma laranjeira. *Laranjeira* e *pé de laranja* significam a mesma coisa; *pé de laranjeira* é algo que não existe. É comum as pessoas confundirem a fruta com o pé que a produz.

A nosso ver, entendemos que a educação... Antes de prosseguir, o palestrante deve entender que a boa linguagem faz parte da educação e que nela não há lugar para pleonasmos tão contundentes. *A nosso ver* e *entendemos* significam a mesma coisa. Escolhendo uma delas, poderá prosseguir: *A nosso ver, a educação...;* ou: *Entendemos que a educação...*

O cérebro tem um circuito cerebral. Assim estava escrito, creia o leitor. O cérebro do autor da frase, com certeza, estava com seu circuito em curto, pois não há espaço no cérebro para circuitos estomacais, pulmonares, cardíacos, ou de qualquer ordem que não cerebral. Bastava ter escrito: *O cérebro tem um circuito.*

A principal manchete é uma só. O titular do programa de rádio deveria saber que *a* principal manchete é sempre **uma** só. Basta dizer: *A manchete é uma só.* O resto é exagero, pois não existe manchete que seja duas, três, ou mais...

Ponha numa caixinha pequena.
Aproveite para colocar na sua cabecinha que a acepção básica do sufixo *inho* (ou *inha*) é *pequeno*. É diminutivo. Portanto, toda caixinha é pequena, não havendo necessidade de repetir essa informação. Basta dizer: *Ponha numa caixinha.*

Procure valorizar mais seu intelecto interior.
Nada contra o interior, mas nesta frase está sobrando, pois não se conhece intelecto exterior. Não se diga que se está querendo refletir profundo estado esotérico, porque quanto mais profunda a meditação, mais nítida é sua origem interior. Além do mais, todo bom conselho fica melhor em bom português: *Procure valorizar mais seu intelecto.*

O zagueiro saiu fora da área.
Óbvio, mesmo porque não poderia sair dentro da área. Se é óbvio, por que dizer? Comentarista menos redundante e acaciano diria: *O zagueiro saiu da área.*

O produto pode mascarar uma infecção oculta.
Enquanto esse traiçoeiro fármaco veste máscara para ocultar uma infecção, o português é vítima, mais uma vez, da redundância, infecção muito comum entre os usuários do idioma, que devem buscar o antídoto na linguagem correta e objetiva. *O produto pode mascarar uma infecção.* Eliminou-se a palavra *oculta,* porque este significado já está expresso em *mascarar.*

As lágrimas saíam-lhe dos olhos e escorriam pela face.
O emocionado narrador escreveu frase sofrível ao dizer que as lágrimas saíam dos olhos, pois é essa a única origem conhecida das lágrimas.

Original seria se brotassem dos cabelos, do bigode, dos ouvidos... Sem essa obviedade, o autor teria sido muito mais enfático, objetivo e comovente: *As lágrimas escorriam-lhe pela face.*

Atende-se no porão de baixo.
Esse estranho aviso encontrado na entrada de um prédio, além de levar o visitante a desconfiar da licitude do negócio ali instalado, carrega o vício da redundância, sabendo-se que todo porão fica embaixo, assim como todo teto situa-se em cima. Portanto, mesmo sabendo não se tratar do local mais adequado para atender habitualmente os clientes, salve-se o português: *Atende-se no porão.*

Os restos mortais de Carlos Gardel serão transferidos para o monumento do Obelisco.
Se soubesse que todo obelisco é uma espécie de monumento, esse gardelista inveterado, até mesmo em respeito a seu ídolo, teria sido mais elegante e correto para com o idioma: *Os restos mortais de Carlos Gardel serão transferidos para o Obelisco.*

São pessoas que estão dizendo isso.
A frase surpreendeu os ouvintes, não só pela ênfase com que foi pronunciada, mas principalmente pelo ineditismo de seu conteúdo, já que insinua a possibilidade de outro ser, que não os humanos, dizer coisas. Que seres serão esses? Esclareça-se que não estava em discussão qualquer questão esotérica, religiosa. Considerando o assunto em debate na ocasião, a frase deveria ter sido, por exemplo, esta: *São os moradores que estão dizendo isso.*

A estatal detém o monopólio exclusivo no ramo.
Dizem os economistas que o monopólio é condenável na economia de mercado. Que dizer, então, do *monopólio exclusivo?* O autor da frase exagerou na redundância, pois não se conhece *monopólio* que não seja *exclusivo*. Basta dizer: *A estatal detém o monopólio no ramo.*

Ajoelhou piedosamente os joelhos nas escadarias. Para que não se pense ser possível realizar o milagre de alguém ajoelhar os cotovelos, a cabeça, os pés ou qualquer outro órgão do corpo humano, lembremos que *ajoelhar* deriva de *joelho,* bastando, por isso mesmo, dizer: *Ajoelhou-se piedosamente nas escadarias.* O resto é excesso de devoção, pieguice impossível de concretizar e, por isso, de expressar.

Está prevista a entrada de uma massa polar fria. Para quem não gosta de frio, o meteorologista cometeu duplo desagrado: primeiro, porque anunciou a chegada de muito frio e também porque foi redundante, pois toda massa polar é fria por natureza. Não se tem notícia de massa polar quente. Por isso, basta dizer *massa polar.*

Estamos em confraternização fraternal. Nada contra a confraternização, mas tudo contra os excessos. Se em toda *confraternização* já está embutido o aspecto *fraternal,* esta palavra está demais na frase.

Me vê isso pra mim. Essa frase, muito em voga, contém redundância egoísta: *me + mim.* Diga-se apenas: *Vê isso pra mim.* Faz lembrar uma bem-humorada definição de egoísta: "Egoísta é o sujeito que, em vez de pensar em mim, só pensa nele".

É outra coisa à parte. Mas coisa boa não é, porque redundante. Se é *outra,* é *à parte,* e vice-versa. Sem outro aparte, é necessário corrigir: *É outra coisa;* ou: *É coisa à parte.*

Descer para baixo / Subir para cima. Não há outra forma de descer que não seja para baixo, nem

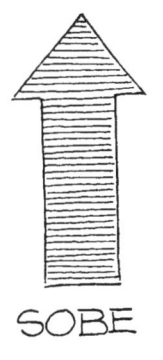

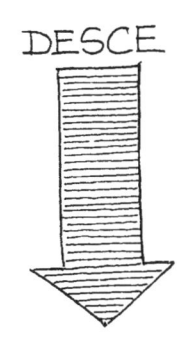

de subir que não seja para cima. Não se sabe de alguém que tenha descido para cima ou subido para baixo.

Encarar o problema de frente. Não se tem notícia de alguém que não tivesse a *cara* na frente. Por isso mesmo, quando se encara alguém ou alguma coisa, faz-se isso de frente. Além de impossível, encarar de costas seria pouco honroso, sem contar o fracasso iminente. Portanto, basta *encarar o problema*.

Como antes já salientamos. Que foi antes, o verbo garante, não sendo necessário insistir na anterioridade, muito menos duplamente: *antes* e *já*. Basta dizer: *Como salientamos*.

A equipe estreou novo uniforme. Por mais que tentem, ninguém pode estrear mais de uma vez a mesma coisa. Portanto, se o uniforme é novo, é porque está sendo estreado. Se é estreado, é porque é novo. Escolha-se: *A equipe estreou o uniforme;* ou: *A equipe usou novo uniforme.*

O dia amanhece às 6 horas. Como nem a tarde nem a noite podem amanhecer, é redundante afirmar que o dia amanhece. Assim, para não trocar o dia pela noite, é preciso corrigir a frase: *Amanhece às 6 horas.*

Sair para fora / Entrar para dentro. Será que alguém já tentou sair para dentro e entrar para fora. É impossível tanta redundância. *Sair* e *entrar* é o que basta.

Cercado por todos os lados.
Se é cercado, não há lado que escape do cerco. Não há diferença entre uma ilha cercada de água e outra cercada de água por todos os lados. A única diferença está na linguagem, que no último caso é viciada. Diga-se apenas: *Cercado*.

O atleta sonha com o ouro dourado da Olimpíada.
Não sendo possível o *ouro dourado,* é provável que tanto o atleta como o repórter se consolem com a *prata prateada*. O português é que está desconsolado com tanta redundância.

Motorista de táxi de praça.
Misturar o antigo com o moderno às vezes dá nisso. A palavra *táxi* abrange todo o significado da antiga expressão *carro de praça*. Assim, o usuário desse meio de locomoção e da língua portuguesa deve optar entre *motorista de táxi* e *motorista de carro de praça*.

Louco da cabeça.
Expressão das mais consagradas na linguagem coloquial, apesar da redundância. Existirá alguém louco do pé, da perna, da barriga? Claro que não. Então, basta dizer: *Louco*.

A última namorada do atleta antes de sua morte.
A informação revela algo inusitado: o atleta teria tido namorada, ou até mesmo namoradas, depois de sua morte. Para evitar sensacionalismo, a legenda da foto deveria ter sido corrigida: *A última namorada do atleta*.

Ambos os dois. Ou *ambos*, ou *os dois;* um subentende o outro.

Todos os dois, todos os três, quatro, cinco... Dizendo *os dois, os três, os quatro, os cinco,* etc., a informação será a mesma. Assim, todos devem eliminar *todos*.

O órgão paga diária de R$ 2 mil por dia. Esqueceu o comentarista que toda diária corresponde a um dia. Deve ter se perturbado com o alto valor da diária.

Acordo amigável. Todo acordo é amigável. Mesmo quando se dá entre inimigos. Aliás, é o que acontece com a maioria dos acordos: seus autores continuam inimigos, apesar do acordo sobre determinado tema. A necessidade da preservação de interesses pessoais leva ao acordo, a não ser que as razões de foro íntimo se sobreponham aos demais interesses. É quando não ocorre acordo.

A demora dos processos, assim como também a carência de recursos, emperram a Justiça. Quando se somam mais causas é bom deixar claro que ocorre a soma, mas não se deve exagerar, como ao usar *assim como também*; ou se opta por *assim como,* ou *como também,* ficando assim: *A demora dos processos, assim como* (ou *como também*) *a carência de recursos, emperram a Justiça.*

Possivelmente estes poderão ser os candidatos do partido. Se poderão ser os candidatos, é evidente que se trata de uma possibilidade. Portanto, para evitar redundância, diga-se simplesmente: *Estes poderão ser os candidatos do partido.* Se, no entanto, houver acentuada preferência pelo uso do advérbio *possivelmente,* é *possível* usá-lo sem ser redundante: *Possivelmente estes serão os candidatos do partido.*

Temos mais ou menos em torno de uns 500 mil indigentes na cidade. Em que pese a tragicidade da informação, não há necessidade de redundância: *em torno de, uns* e *mais ou menos* são expressões de significado idêntico, devendo-se optar por uma das três. Ao contrário do que se poderia pensar, a informação terá mais impacto, pois as redundâncias geralmente impõem pre-

juízos à pretendida ênfase: *Temos em torno de 500 mil indigentes na cidade.*

O progresso humano existe porque o ser humano é preguiçoso devido a sua condição humana. Símbolo da triste condição humana, o autor cometeu variados pecados contra o idioma e as comunicações em sentido amplo. Começa atribuindo o progresso humano à preguiça. Depois, atribui ao ser humano a exclusividade da preguiça. Só não disse o que era sua intenção, a qual – nem isso! – também não esclarece. Como recheio linguístico, tudo vem com redundâncias desumanas. Corrigir? Impossível! Como descobrir o que o autor quis afirmar?

Não me enriqueci como político. E se depender do português, vai continuar pobre. Seja como for, os exageros sempre induzem a desconfianças. *Eu* e *me* repetem a mesma ideia egoísta, sendo, portanto, corruptoras do bom português. Corrigindo a frase, quem sabe, terá melhor sorte: *Não enriqueci como político.*

A maior parte da população usa ônibus coletivo. Entusiasta do transporte coletivo, o comentarista certamente conheceu algum ônibus de transporte individual... Mas nem por isso deve ser gratuitamente redundante. Deve eliminar da frase a palavra *coletivo* ou, se preferir, *ônibus,* já que *coletivo* vem assumindo o sentido de *ônibus.*

A partir do quarto dia em diante... Para que a redundância não se consagre ou caia no esquecimento, decidiu-se não dar continuidade à frase. *A partir de* e *em diante* expressam exatamente a mesma ideia, sendo, portanto, repetitivos, para não dizer redundantes. Assim sendo, deve-se optar entre um e outro: *A partir do quarto dia;* ou: *Do quarto dia em diante.*

Encontrou a ossada do marido morto. Além de trágica, a notícia choca pela redundância. Se encontrou apenas a ossada do marido, é evidente que ele estava morto,

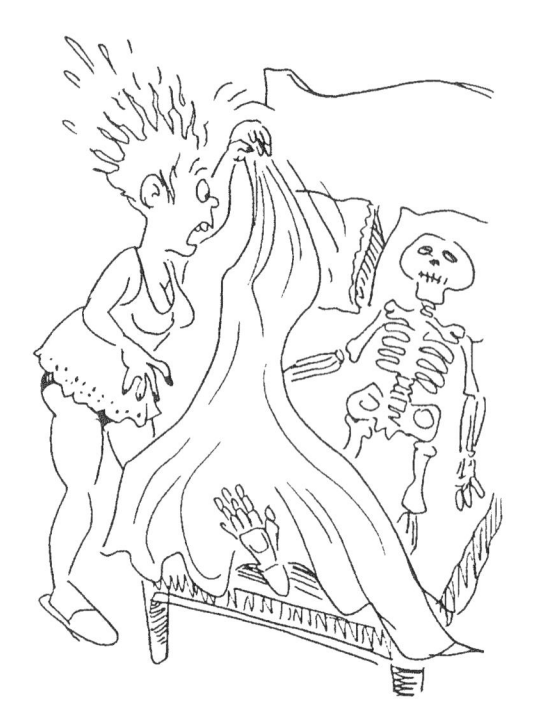

bastando eliminar a palavra *morto* para acabar com o pleonasmo. Preferindo, pode-se dar informação mais completa, mencionando, por exemplo, a forma como foi morto: *Encontrou a ossada do marido assassinado.*

As autoridades chegaram a uma única conclusão final.

A palavra *conclusão* já transmite a ideia de *final*, a não ser que fosse antecedida de conclusões parciais. Não é o caso da frase, pois se declara que as autoridades chegaram a *uma única* conclusão. Concluindo, deve-se eliminar a palavra *final*. Aceite-se *única* como consagrado reforço para *uma*.

O casal compartilha um apartamento em comum.

Não há pecado no fato de um casal compartilhar um apartamento. Mas, *compartilhar em comum* é fato pecaminoso, não contra a moral, a religião e os bons costumes, mas contra a língua portuguesa. Por que repetir a mesma ideia? Em *compartilhar* já está expressa a ideia de *em comum;* aliás, é impossível compartilhar separadamente. Até porque a redundância leva a desconfiar de outras coisas, deve-se corrigir para: *O casal compartilha um apartamento;* ou: *O casal tem um apartamento em comum.*

O convidado adentrou para dentro do recinto.

Estranho mesmo seria se o convidado adentrasse para fora do recinto. *Adentrar*, assim como *entrar* (bem melhor!), só pode ser *para dentro*. O resto é redundância. Portanto: *O convidado adentrou o recinto;* ou: *O convidado entrou no recinto.*

Nosso convidado dispensa apresentação.

Depois dessa tradicional afirmação, o apresentador geralmente se detém em longas informações sobre a vida e a obra do palestrante ou homenageado, desmentindo o que dispensara momentos antes. Ou não se fala na dispensa, ou não se perde tempo com coisas dispensáveis. Pelo menos é o que recomenda a coerência.

– É, mas faz parte do cerimonial.
– Pelo que se sabe, redundâncias, inutilidades, incoerência e insensibilidade nunca foram virtudes de bons cerimoniais, muito menos da boa linguagem.

O objetivo da medida é criar novos empregos. Tudo o que se cria é novo, não havendo necessidade de enfatizar a novidade com velhas redundâncias. Apesar de consagrada, a expressão *criar novos empregos* carrega o vício da redundância. A definição seria mais objetiva assim: *O objetivo da medida é criar empregos.*

Eis aqui nosso ilustre convidado. Eis também mais uma redundância muito utilizada entre nós, motivada, em geral, pela empolgação em momentos especiais. Acontece que *eis* já inclui o sentido de *aqui,* geralmente acompanhado de um gesto, no caso apontando para o convidado. Opções de correção: *Eis nosso ilustre convidado;* ou: *Aqui está nosso ilustre convidado.*

É uma comédia que faz rir. Para que uma comédia não faça rir é preciso que seja muito ruim, invertendo o sentido que o comentarista de cinema quis dar à frase. Fazer rir é o que se espera de qualquer comédia. Extraordinária, fora do comum, é a comédia que faz chorar. Portanto, basta dizer: *É uma comédia.*

Nunca jamais aconteceu coisa igual. Apesar de raro, já aconteceram redundâncias iguais a esta. Empolgado com o ineditismo do ocorrido, o apresentador não se deu conta de que *nunca* e *jamais* são negações igualmente fortes e definitivas. As duas juntas dão a impressão de que uma anula a outra, resultando em pleonasmo sem graça e pleno de vício. É preciso escolher. Qualquer uma delas é boa.

É o mais principal dos nossos princípios. Ou é o principal, ou não é. Não existe meio principal, mais ou menos principal... É mais uma redundância a interferir negativamente no bom português. Diga-se simplesmente: *É o principal dos nossos princípios.*

Cada vez mais fica mais clara a situação. E cada vez o português fica mais confuso e redundante. Mais do que nunca, é preciso eliminar *mais,* sem diminuir o teor da frase: *Cada vez fica mais clara a situação.*

Crianças de 0 a 4 anos. Por que de 0 a 4 anos, se se pode dizer *de até 4 anos?* Até porque *zero* nunca expressa a idade de ninguém, a não ser daqueles que estão nascendo no exato momento da afirmação, o que não é intenção de quem afirma. Elimina-se a inutilidade do *zero* dizendo: *Crianças de até 4 anos.*

Todos foram unânimes. Não é nossa intenção provar que "toda unanimidade é burra", até porque os leitores são unânimes em reconhecer mortal pleonasmo na frase. Só há unanimidade quando todos chegam a igual conclusão. Portanto, incluir *todos* na afirmação de unanimidade é redundância imperdoável. Assim fica bem melhor: *Foram unânimes.*

Resultado: o atleta teve quebrados dois dentes da boca. Outro resultado presumível: o atleta tem dentes em outro lugar que não na boca. Não se espante o leitor, pois essa

anomalia ainda está por acontecer. Na verdade, trata-se apenas de mais uma graciosa redundância. Com certeza, numa próxima oportunidade o articulista escreverá: *Resultado: o atleta teve dois dentes quebrados.*

 # Fast food rápido. Para garantir que não se trata de um serviço *slow*, isto é, lento, não há necessidade de exagerar. Atropelar o tempo pela desesperadora necessidade de vender pode até ser válido, mas fazê-lo com a linguagem, não, muito menos quando se perde tempo repetindo informação já expressa. *Fast,* em inglês, quer dizer *rápido*. Basta informar: *Fast food*. Assim, alimentação e comunicação estarão em perfeita harmonia.

EXPRESSÕES QUE CANSARAM

Muitas expressões cansaram os leitores e ouvintes, por variadas causas: por terem virado chavões, nada expressarem, por serem rebuscadas, representarem indesejados circunlóquios, entre outras razões que o leitor sensível facilmente identificará. Segue relação parcial, indicando-se, na coluna da direita, uma opção entre outras possíveis:

Expressão que cansou	*Opção*
Aeronave	Avião
Agente da lei	Fiscal
Alto e bom som	Claramente
Amigo do alheio	Ladrão
Ao apagar das luzes	No final
Aparar as arestas	Eliminar dificuldades
Chefe do Executivo	Presidente, Governador, Prefeito
Chegar a um denominador comum	Chegar a um acordo
Condição *sine qua non*	Condição indispensável
Dar a volta por cima	Recuperar-se
Dar o último adeus	Despedir-se
Data natalícia	Aniversário
Data venia	Desculpas
Deixar a desejar	Não convencer

Dia D	Dia decisivo
Dizer cobras e lagartos	Ofender
Elenco de medidas	Conjunto de medidas
Em nível de	(Expressão desnecessária)
Empanar o brilho	Tirar o brilho
Encerrar com chave de ouro	Encerrar muito bem
Estourar como uma bomba	Repercutir muito
Fazer as pazes com a vitória	Vencer depois de muitas derrotas
Forças vivas	Representantes
Hora H	No último momento
Inserido no contexto	Fazer parte
Lavrar um tento	Destacar-se
Modus operandi	Modo de operar (como funciona)
Opor veto	Vetar
Pleito	Eleição
Pomo de discórdia	Causa de discórdia
Por outro lado	Enquanto isso
Precioso líquido	Bebida rara, preciosa
Preencher uma lacuna	Completar
Segredo guardado a sete chaves	Segredo bem guardado
Sufragar	Votar
Tupiniquim	Brasileiro
Via de regra	Geralmente

Pecado n.º 3
PARADOXOS, DISTORÇÕES E CONFUSÕES

*Todo aquele que se exaltar será humilhado;
e todo aquele que se humilhar será exaltado.*
Lucas, 14:11

Frases contendo informações distorcidas, confusas e até mesmo paradoxais são comuns no dia a dia, tanto na fala como na escrita. Muitas vezes afirma-se algo que é desmentido em seguida. Outras, uma palavra usada inadvertidamente entra em choque com o que se quer dizer. Pior do que isso, são situações tão comuns, que não nos damos conta. Estão sob os nossos olhos e não as vemos. É a contrainformação a serviço – ou melhor, a desserviço – das comunicações. Descuido, leviandade ou pedantismo, não importa, o certo é que são formas incoerentes, e errar por incoerência é errar duas vezes: primeiro, porque se é incoerente; segundo, porque se erra.

Foi o sacrifício de um soldado inútil. Retirada de uma reportagem policial, esta frase transformou o herói em alguém inútil, pois em vez de informar que o sacrifício do soldado fora inútil, sacrificou o soldado, tornando-o inútil. Provando que nas comunicações a ordem dos fatores altera o produto, o sentido que seu autor quis dar se adquire trocando a posição da palavra *inútil*: *Foi o sacrifício inútil de um soldado.*

Mal e porcamente. Aí está um pecado que tem sua origem no porco. Ocorre que a expressão se origina mesmo é da palavra *parco,* que significa *modesto, minguado, escasso.* Para sair do chiqueiro em que se encontram os que a usam *porcamente*, é necessário corrigir: *Mal e parcamente.*

Acho que tenho certeza. Ou tem certeza, ou não tem. Se apenas acha, é porque não tem certeza. Aliás, os *achistas* vivem procurando, mas nunca acham. Só se tem certeza assim: *Tenho certeza.*

Querem falar consigo. Um interlocutor mais atento poderá res-

ponder: *Problema deles.* Se alguém quiser falar consigo, ou seja, com ele próprio, que o faça, mas não importune os semelhantes. Quando um jogador de futebol declarou: *Comigo ou sem migo o Internacional é o mesmo,* todos acharam graça. Apesar de ser erro idêntico, ninguém ri do *falar consigo,* quando, na verdade, a intenção é falar com outro. Formas corretas: *Querem falar com o senhor,* ou, na intimidade, *querem falar com você,* ou *contigo.*

É um privilégio estar consigo.

Para quem gosta de solidão, deve mesmo ser um precioso privilégio, mas o que os demais têm a ver com isso? Acontece que, como no caso anterior, *consigo* é sempre reflexivo, ou seja, a ação se volta para seu autor, e não para o outro, como imaginam autores de frases como esta.

Corrija-se: *É um privilégio estar com o senhor* (ou *com a senhora, com você, com V. Sa.,...*).

Aberto todos os dias da semana.

A favor da abertura do comércio aos domingos, o consumidor foi ao estabelecimento e o encontrou fechado, sendo forçado a concluir que domingo não é dia de semana. E resmungou: *Depois dizem que a semana tem sete dias.* Corrigindo a frase, o comerciante deveria ter anunciado: *Aberto de segunda a sábado.*

Mas o consumidor seguiu em sua trajetória dominical, resolvendo gastar boa parte de sua pequena reserva financeira em tradicional restaurante. Lá chegando, deparou-se com surpreendente aviso na porta: *Fechado para almoço.* Sugere-se ao restaurante que mude a informação: *Estamos servindo,* ou: *Entre.*

O azarado consumidor, que bem poderia ser o Sofrenildo, não desistiu: segunda-feira voltou à loja, mas o dinheiro não alcançava mais para adquirir o que desejava, devido à galopante inflação da época. Depois foi ao restaurante, sendo informado de que este não abria nas segundas-feiras.

Pobre consumidor! Pobres comunicações!

Candidato de oposição às eleições.

Convenhamos que o comentarista político foi arrasador com esse candidato, que, segundo ele, se opõe às eleições. Candidato que não quer as eleições é fato inédito. Pelo exagero do paradoxo, não foi difícil para o leitor adivinhar o verdadeiro sentido da frase: *Candidato de oposição nas eleições.* Aliás, o melhor mesmo é encerrar a frase antes das *eleições: Candidato de oposição,* pois o leitor é suficientemente inteligente para supor que a presença de candidato implica a existência de eleições.

Aproximadamente mais da metade dos parlamentares não compareceram. O repórter não deve ter feito levantamento convincente, pois não estava seguro dos números. Como as boas comunicações nada têm a ver com suas confusões numerológicas, devia, pelo menos, ter preservado a clareza da mensagem. Que significa *aproximadamente mais da metade?* Não é a metade, não é mais da metade, nem menos da metade. Então, qual a proporção? Possivelmente, *em torno da metade.*

A saída desde o centro da cidade. Como o centro é um só, como se quer mencionar apenas uma saída e como não há referência a tempo, o correto é dizer: *A saída do centro da cidade.* Claro e simples.

"Aberto a noite toda". E o proprietário vivia se queixando da falta de clientela durante o dia. Pudera! O escandaloso anúncio da porta de entrada: "Aberto a noite toda" fazia com que seus clientes em potencial não o procurassem de dia, pois deduziam não encontrá-lo aberto. Corrigindo, quem sabe, os clientes comparecerão: "Aberto dia e noite".

As férias em família mudavam o cenário, pois a rotina continuava a mesma. Confusa a frase: se a rotina continuava a mesma, na verdade as férias não mudavam o cenário. De certo, o autor tinha a intenção de introduzir uma adversidade, o que se faz usando conjunção adversativa: *mas, porém, contudo,* etc. Assim: *As férias em família mudavam o cenário, mas a rotina continuava a mesma.*

As vítimas são dos mais variados sexos.
Os pecados que se cometem contra as boas comunicações também são os mais variados, mas sexos só se conhecem dois: o masculino e o feminino. Então, é preciso corrigir a frase: *As vítimas são dos dois sexos.*

Grêmio perde os 100% no campeonato.
E o leitor desta manchete de jornal ficou perplexo. Que acontecera! Se seu time havia ganho todas as partidas menos a última, como poderia ter perdido todos os pontos... Seguindo na leitura, descobriu que o título queria afirmar apenas ter o Grêmio perdido a condição de 100% de aproveitamento. Sugestão de mudança: *Grêmio não tem mais 100% de aproveitamento.*

Desde que nasci sou virgem.
É preciso dizer à bela autora da frase que todas nascem virgens e que essa condição não se recupera mais depois de perdida. Supondo que quisesse ter dito continuar na condição em que nasceu, isto é, virgem, poderia ter dito: *Sou virgem,* ou: *Continuo virgem.*

Desde o ano passado iniciamos nova estratégia.
Está na hora de adotar alguma estratégia capaz de controlar os ataques à boa comunicação. O verbo *iniciar* denuncia a intenção do autor de marcar o *início* da adoção da estratégia, e não de se referir a todo seu percurso. Assim sendo, deve-se trocar *desde o* por *no:* Assim: *No ano passado iniciamos nova estratégia.*

A morta juntou milhares de fotos.
Para ninguém poder pensar que mesmo morta ela tenha juntado fotos, fenômeno desconhecido até agora, é preciso dar o verdadeiro sentido que o autor quis transmitir; isso se faz usando o tempo verbal correto, o mais-que-perfeito: *A morta juntara milhares de fotos.*

O dólar sofreu um deslize pra cima.
Como se não bastasse a mania do *economês* de criar expressões de difícil entendimento para simples humanos, o comentarista, referindo-se à aplicação pela primeira vez da recém-criada *banda cambial,* deslizou, e criou mais uma, fruto de sua provável intenção de ridicularizar o novo instrumento de política cambial, ou de sua fértil imaginação, capaz de fazer deslizar para cima, quando a natureza, graças à gravidade, faz as coisas deslizarem para baixo. Se não dispusesse de opções, até que poderia ser aceita a *invenção,* mas não era o caso, pois muitas seriam as formas corretas: *O dólar aumentou, subiu, valorizou,* etc.; ou, passando para o outro lado da balança: *O real desva-*

lorizou, baixou... ou ainda – e, agora sim, *deslizando: O real deslizou...*

Estes anúncios foram publicados um ao lado do outro neste sábado último. Era segunda-feira. O jornal republicava, lado a lado, dois anúncios que haviam sido publicados no sábado anterior. *Demonstrando* total desconhecimento da função dos pronomes *demonstrativos*, o autor da legenda deixou seus leitores confusos, pois os deslocou constantemente no tempo, já que passado e presente se sucediam. Ao ler *foram publicados*, o leitor volta ao passado; em seguida, retorna ao presente *(neste)*, retornando novamente ao passado *(sábado último)*, num processo que o poderia levar a um *torcicolo mental*. Nada disso teria acontecido se o redator tivesse se dado conta de que *foram publicados* já indica tempo passado (pretérito perfeito), dispensando qualquer demonstrativo *(neste, nesse, naquele)* e, em especial, repudiando demonstrativo que indica tempo presente *(neste)*. Portanto, elimine-se *neste*.

O réu foi advertido sobre as penalidades por falso testemunho. Pobre réu! Nem foi julgado ainda, e é advertido por algo que não lhe corresponde. É claro que o jornal pretendia informar sobre a advertência dirigida à testemunha, mas, inadvertidamente, não informou isso. Para repor as coisas nos seus devidos lugares, basta trocar *réu* por *testemunha*.

Não poderia deixar de ser diferente. Sem dúvida, trata-se de confusão igualmente diferente. Querendo dizer que o fato era previsível, em função dos antecedentes, muitos acabam tropeçando nas palavras e invertendo a ideia que pretendem passar. Se não poderia deixar de ser diferente, é porque não poderia ser como foi. Será que não se respeita mais a lógica? É preferível continuar acreditando no poder do raciocínio lógico-dedutivo e oferecer opções corretas: *Não poderia ser diferente;* ou: *Não poderia deixar de ser.*

Fui veranear na Europa. Há os que gostam de inverno. Por isso, e porque podem, durante o nosso verão aproveitam para *veranear* na Europa, gozando as delícias do *inverno* europeu. Na verdade, vão invernar na Europa. *Veranear* deriva de *verão*. Opções para a correção: *Fui passear (viajar, fazer turismo) na Europa.*

Caminhar a passos largos. Em português, *largo* significa *amplo;* daí *largura*. Assim, só pode caminhar a passos largos os que têm pés largos. Seguramente, a expressão surgiu do espanhol, pois nesse idioma *largo* tem o sentido de *comprido*. Seja como for, a expressão está irreversivelmente consagrada em português. Mas vale o registro e o conselho para evitá-la.

Inúmeros, inumeráveis, incontáveis. São igualmente palavras inteiramente consagradas, apesar da incoerência que geralmente carregam. Sabendo-se que os números vão até o infinito, nada é incontável, inumerável.

Só ela confia em mim. Como era cidadão de alto grau de confiança, todos estranharam sua afirmação de que apenas ela confiava nele. Após rápido diálogo, concluiu-se que uma simples troca na ordem das palavras refletiria a verdade: *Ela só confia em mim;* ou: *Ela confia só em mim.*

Desde que sou pequeno... Só poderá dizer isso alguém que, depois de grande, foi decrescendo, decrescendo, até ficar pequeno... Fisicamente isso é muito mais raro do que o uso da expressão. Com respeito ao desempenho econômico e moral, até que acontece com frequência alguém ser grande e mais tarde passar a pequeno.

Os fatos aconteceram precisamente entre 16 e 20 horas. É preciso esclarecer que não se trata de precisão britânica, mas terceiro-mundista. Quando se quer precisar algo, é necessário determinar a hora com exatidão. Quando isso não é possível, não se deve precisar nada na frase. Assim: *Os fatos aconteceram entre 16 e 20 horas.*

Assassinou a mulher e seu filho. De quem é esse filho? Do assassino, da mulher ou de ambos? A leitura da reportagem insinua – apenas isso – que o filho era do assassino, não com a mulher referida na manchete, mas com outra. Nessa situação, o título poderia ter sido: *Assassinou o próprio filho e a mulher.*

Eu ouço o comentarista com muita propriedade. Frase confusa: a propriedade é atribuída ao comentarista, ou o declarante, deixando a modéstia de lado, se julga possuidor desse atributo? A mais provável é a primeira hipótese. A correção passa por uma reformulação completa da frase: *Ouço o comentarista porque ele fala com propriedade.*

Os noivos subiram na igreja. Por que os noivos, num momento tão importante de suas vidas, teriam corrido o perigo de subir na igreja? A bem da verdade, a leitura da matéria esclareceu que eles apenas subiram no altar da igreja. Mas o padre teria deixado subir no altar? O certo é que nem isso correspondeu à verdade, pois não foram além das proximidades do altar. Sugestão para o colunista social: *Os noivos foram ao altar.*

O incêndio destruiu até a casa da esquina. A frase não é clara: destruiu inclusive a casa da es-

quina ou até seus limites? Se a casa da esquina foi também atingida, a frase seria correta assim: *O incêndio destruiu inclusive a casa da esquina.* Se não alcançou a casa: *O incêndio destruiu até as proximidades da casa da esquina.*

Ladrões roubaram a Caixa.
Ocorrera um assalto a uma agência da Caixa Econômica Federal. Haviam roubado dinheiro, mas o prédio continuava intacto, no mesmo lugar. Neste caso, a frase precisa ser corrigida: *Ladrões roubaram da Caixa.*

Perto de mais de cem garotos compareceram.
Afinal, eram cem, eram mais ou eram menos de cem? Como ninguém sabe precisar o número, o melhor é não aumentar a dúvida, dizendo simplesmente: *Perto de* (ou *cerca de*) *cem garotos compareceram.*

Veículos importados crescem 119,2%.
O que se observava na época era exatamente o contrário da manchete: os veículos estavam diminuindo, com vistas a se adaptarem às novas concepções e exigências do mercado. Na verdade, era intenção do autor do título informar que as importações cresciam. Havia maior demanda de veículos importados. Por isso, deveria ter se expresso assim: *Importação de veículos cresce 119,2%.*

Deputado quer acabar imagem folclórica.
Muitas são as causas de frases paradoxais. No caso foi a falta da preposição *com*. O título da reportagem *apenas* inverteu tudo o que o deputado dissera. Sua imagem era de homem folclórico, e ele queria mudá-la. O autor da matéria, no entanto, transmitiu a ideia de que o deputado tinha interesse em vir a ser folclórico. Das duas uma: ou se esqueceu da preposição *com*, regida pelo verbo, ou não se deu conta de que o verbo *acabar* tem mais de um sentido. Seja como for, o título precisa ser corrigido: *Deputado quer acabar com imagem folclórica.* Por derivar de *folclore* (conjunto das tradições, conhecimentos ou crenças de um povo), a palavra *folclórica,* a rigor, é também imprópria na

frase, não se aplicando ao deputado, que não tem essa imagem. O que, na verdade, se quis dizer é que ele queria acabar com sua imagem de fanfarrão, descomedido. Assim, corrigido plenamente, o título poderia ter sido este: *Deputado quer acabar com imagem de fanfarrão.*

Camisas em seda. Eis um galicismo que cria situação pouco provável: guardar camisas em embalagem de seda, quando a intenção é referir as camisas que tenham na seda sua matéria-prima: *Camisas de seda.*

Temos seguro de roubo. Era só o que faltava: criar seguro para roubo. Foi o que o agente de seguros anunciou com a segurança de quem vive inseguro com sua linguagem, é ilógico. Antes que a moda pegue, vamos corrigir: *Temos seguro contra roubo.*

Nada não serve. Se nada não serve, é porque tudo serve. A intenção da dupla negação é reforçar o significado, mas no caso esse efeito não foi alcançado. Às vezes, exagerar dá nisso. Por ser mais enfático e conciso, é preferível sempre ser rápido, dizendo: *Nada serve.*

A posse do diretor frente ao museu. O que aconteceu não foi isso. A posse não se deu defronte ao museu, mas dentro do estabelecimento. Na verdade, a informação que se quis passar também não era essa, até porque seria de menor importância. Acredita-se que a legenda da foto quisesse informar sobre a posse do novo diretor do museu, sem se preocupar com o lugar onde ocorrera, dentro ou fora do museu. Bem que a legenda poderia ter sido esta: *A posse do diretor do museu.*

Há crise de falta de solidariedade. Tão grave quanto a crise de solidariedade é a da clareza nas comunicações. Muitas vezes o comunicador inverte o sentido da mensagem, como é o caso da frase. Quando se diz que há *crise de falta* de solidariedade, é porque a solidariedade é uma constante, é exagerada, exatamente o contrário do que o autor da frase quis dizer. Sejamos mais solidários com a linguagem, dizendo: *Há crise de solidariedade;* ou: *Há falta de solidariedade.*

O governo indenizou os prejuízos. E os prejuízos da língua portuguesa, quem pagará por eles? Na verdade, quem deve ser indenizado são os prejudicados pelos prejuízos que lhes foram impostos. Título correto da matéria: *O governo indenizou os prejudicados.*

Pregar moral de cueca. Engraçada esta velha e surrada expressão. Primeiro porque deve ser realmente engraçado alguém pregar moral assim vestido. Mas não seria pior pregar moral sem cueca?

Governo tenta encontrar fórmula para ameaça de greve. Nem parece que o governo era o maior interessado em evitar a greve, pois, pelo sentido da frase, estava em busca de uma fórmula que ameaçasse greve. Na verdade, mais uma vez faltou atenção ao autor, que poderia ter elaborado o título assim: *Governo tenta encontrar fórmula para evitar greve.*

A média é de um passageiro por automóvel. Calma, leitor, a cidade não enlouqueceu! Não há automóveis circulando sozinhos, sem motoristas a dirigi-los. A frase, sim, circulou fartamente por todos os meios de comunicação de certa cidade brasileira. Aconteceu que as autoridades responsáveis pelos transportes divulgavam os resultados de uma pesquisa segundo a qual a maioria dos automóveis circulava pela cidade com apenas um passageiro. Não considerando que outros circulavam com mais passageiros, deturparam o resultado da pesquisa, pois a média não seria de apenas um passageiro.

Opção correta ao pecado: *A maioria dos automóveis transporta um passageiro;* ou: *A média é de 1,45* (a média apurada pela pesquisa) *passageiro por automóvel.*

O governo afirma que... Antes de prosseguir, é preciso afirmar que governos e entidades não têm o dom da fala, não podendo, portanto, afirmar, declarar ou dizer coisas, quaisquer que sejam. É atributo exclusivo do ser humano e de alguns papagaios bem treinados. Quem deve ter afirmado isso que o informante estava por dizer foi o presidente, o ministro, o governador, o prefeito, ou qualquer outra autoridade com poderes para tanto.

É uma falta de pouca vergonha. Nessa *vergonhosa* afirmação falta um pouco de tudo e sobra outro tanto de qualquer coisa. Faltam virtudes e sobram pecados. Para solucionar tudo, basta retirar o que sobra, o que não faz falta: *uma* e *pouca*: *É falta de vergonha.* Preferindo *pouco*, basta eliminar *falta*: *É uma pouca vergonha.* Mais popular, mas correto.

Fornecemos remédios e preços reduzidos. Se a intenção era divulgar a redução dos preços, a campanha não surtiu os efeitos esperados, porque não interessava ao consumidor adquirir "remédios reduzidos", pelo medo de também os efeitos acabarem reduzidos. Para que haja harmonia entre ação e intenção, a mensagem precisa ser corrigida: *Fornecemos remédios a preços reduzidos.*

Ninguém não o procurou. Se ninguém não o procurou, é porque todos o procuraram. Bem-feito para quem não tira as negações da boca e melhor ainda ou pior – dependendo dos motivos – para quem é procurado com tanta frequência. O certo é que os usuários desse tipo de afirmação querem mesmo é negar. Deviam fazê-lo assim: *Ninguém o procurou.*

mínimo, *anormal,* para não dizer impossível. Isso sem falar do mau uso do verbo *ter* no sentido de *haver* impessoal *(existir).* Mas, ao que parece, esse uso ninguém segura mais, pelo menos na linguagem oral.

Embora o consenso não seja unânime. Para que haja consenso, é necessário que seja unânime. Basta uma opinião contrária para que não haja consenso. Diga-se de passagem que no uso da palavra *consenso* é necessário um mínimo de bom-senso, embora muitos o dispensem.

A economia registrou crescimento negativo. Sempre se disse que, além das leguminosas, o que cresce para baixo é rabo de cavalo, e outros rabos, é claro. Quis o comentarista nos convencer de que a economia também era capaz dessa proeza. Felizmente não o conseguiu, pois todos entenderam que era sua vontade afirmar: *A economia registrou decrescimento.* Qualquer dia dirão que *a economia registrou decrescimento positivo.* Será quando as coisas tiverem seu sentido invertido, quando *sim* será entendido como *não, escuro* como *claro,* tudo igualmente em vice-versa e versa-vice.

Normalmente sempre tem gente. Ou é *sempre,* ou é *normalmente. Sempre* e *normalmente* é, no

Um dia, de noite. Apesar de se admitir que o dia tem 24 horas e que dentro dessas 24 horas existem as da noite, não há necessidade de se referir a palavra *dia,* pois a noite faz parte do dia. Então, em vez de se di-

zer *um dia, de noite,* diga-se simplesmente *uma noite.*

Homem só assalta Caixa.
Qual será o sentido da manchete? Um homem sozinho assaltou a Caixa? Ou ele assaltou apenas a Caixa? A intenção era noticiar que um homem assaltara a Caixa sozinho; assim sendo, acaba-se com o assalto à língua portuguesa corrigindo a manchete para: *Homem assalta Caixa sozinho.*

Salada de frutas.
Trata-se de expressão consagrada, em que pese seu absurdo. *Salada* deriva de *sal* e, ao contrário do que se insinua, em vez de sal, muitos adicionam açúcar, não se conhecendo salada de frutas que tenha o sal como ingrediente, a não ser, é lógico, os sais naturais das frutas que a compõem. Ao que tudo indica, a expressão surgiu na medida em que *salada* assumiu, entre outros, o sentido de *mistura*. Portanto, continuemos com nossa *salada de frutas.*

Tomar o ônibus.
Forma igualmente consagrada, embora a quase certeza de uma irremediável indigestão. *Pegar o ônibus* seria inútil, além de tarefa quase impossível para um simples humano, já que seria difícil alcançá-lo e, pior ainda, segurá-lo. Portanto, fiquemos mesmo com *tomar o ônibus.*

Embarcar no avião.
Embarcar deriva de *barca*; sendo assim, não seria correto afirmar que se embarca em avião. Se as línguas fossem ciências exatas, seria absolutamente errado; como não o são, entende-se como normal a adaptação das palavras a novas situações de significado. A forma mais antiga de viagem a longa distância é de barca; depois novas formas de viajar foram surgindo: de ônibus, automóvel e avião; na falta de outro verbo, continuamos *embarcando.*

Vigilante, uma profissão para mulher ainda em fase embrionária.
A alteração na ordem das palavras levou a situação inusitada. O autor do título da reportagem, é evidente, quis dizer que a profissão ainda estava em fase embrionária, e não a mulher que viesse a exercê-la. Corrigindo: *Vigilante, uma profissão ainda em fase embrionária para mulheres.*

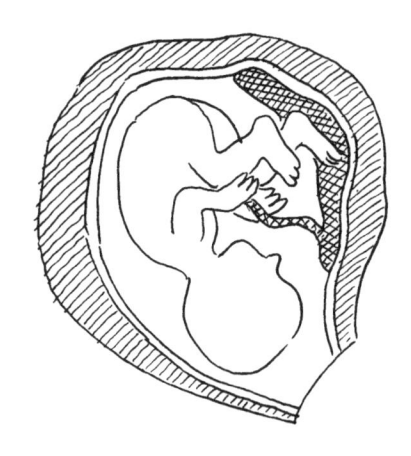

Acender a luz. Sabe-se que *acender* significa atear fogo. Trata-se de outro bom exemplo de adaptação das palavras a novos significados: a forma mais antiga de fazer luz é pelo fogo; depois surgiram formas em que não se faz fogo: energia elétrica, bateria, pilhas, entre outras formas, mas, na falta de outro termo, continuamos *acendendo*.

Os menores tinham acima de 12 a 14 anos. E agora? Tinham acima de 12 ou acima de 14 anos? A única certeza que podemos deduzir dessa informação é que não tinham menos de 12 nem mais de 18 anos, já que se tratava de menores. O mais provável é que se quisesse dizer: *Os menores tinham entre 12 e 14 anos.*

Havia aproximadamente 50.012 espectadores no estádio. Por que *aproximadamente* se o número é exato? Ou, quem sabe, poderia haver meio espectador para mais ou para menos. O provável é que o informante pretendesse dizer: *Havia 50.012 espectadores no estádio.*

Velocidade controlada com radar. Este aviso encontrado à margem das rodovias brasileiras está também à margem da boa linguagem. O radar não tem o poder de controlar a velocidade, prerrogativa exclusiva dos motoristas. No máximo, esse instrumento auxilia na fiscalização. Portanto: *Velocidade fiscalizada com radar.*

O Brasil será o país do futuro. Em outras palavras, no futuro saberemos que o Brasil é o país do futuro... Portanto, vai demorar mais ainda em relação ao que estamos esperando há muito. Não só para realimentar as esperanças do povo brasileiro, mas também para repor velha verdade, a frase deve ser corrigida: *O Brasil é o país do futuro.* O emprego do futuro *(será)* acrescido da palavra *futuro* é que gerou essa confusão. Na verdade, hoje mesmo o Brasil *é* o país do futuro.

Anota uma vez. Expressão comum entre os laboriosos descendentes de alemães, *uma vez* não se adapta à situação em que é usada, sendo

inútil, sem sentido. Na frase, basta usar o verbo: *Anota*. Mesmo porque ninguém poderia impedir o interlocutor de anotar mais de uma vez... O que dizer então do frequente convite: *Vamos tomar uma cerveja uma vez?* Com certeza, é desejo tomar várias cervejas, muitas e muitas vezes. A não ser que o autor do convite queira esconder o vício...

Uma pequena multidão assistiu ao espetáculo. Pode uma multidão ser pequena? Multidão implica a presença de grande número de pessoas, não podendo ser contraposto o conceito *pequeno*. Sabe-se que a expressão *pequena multidão* está consagrada. O que não se sabe é seu real sentido: o número de pessoas é pequeno ou grande? Chega a caracterizar uma multidão? Ou, quem sabe, levando em conta certas circunstâncias, pode-se considerar multidão um pequeno número de pessoas? Seja como for, a informação será mais precisa assim: *Bom número de pessoas assistiu ao espetáculo.*

Risco de vida. É consagrada essa expressão, em que pese seu absurdo. Quem não sabe nadar corre maior risco de afogamento. Pela mesma lógica, corre risco de morte, e não de vida. É provável que a consagração tenha se dado pelo sentido de que a vida corre risco. Seja como for, é bom estar atento e refletir sempre sobre esses fenômenos que fazem a vida da linguagem.

Com formato estreito e largo, o novo automóvel incorpora todos os progressos. Sem dúvida, trata-se de automóvel de outro planeta. Estreito e largo ao mesmo tempo? Deve estar incorporando todos os progressos, deste e de outros mundos. A simples mortais fica difícil a correção da frase enquanto este automóvel não for apresentado ao público.

Ele vai ficar aqui definitivamente até vencer o prazo da prisão preventiva. Afinal, ficará definitivamente ou até vencer o prazo da prisão preventiva? O leitor desse repórter, é claro, concluiu que deveria optar pela segunda hipótese e desconsiderou a palavra *definitiva-*

mente, atribuindo-a a um descuido. Estava certo o leitor.

 # A ceia de Natal será servida ao meio-dia. Ou se trata de novo costume, reflexo de grande revolução nos hábitos natalinos, ou o autor da frase trocou o dia pela noite e a noite pelo dia. O certo é que as ceias sempre foram noturnas e os almoços, diurnos. Os convidados, com certeza, tiveram que se informar sobre o horário preciso da ceia...

 # Vamos dando volta na mesa. A não ser que se esteja fazendo a mesa dar volta, a frase precisa ser corrigida: *Vamos dando volta à mesa.* Agora, sim, são as pessoas que estão dando volta.

 # A comitiva do Governador sentou na mesa. É claro que o espanto foi geral. Afinal, tratava-se de pessoas refinadas, que jamais se sentariam na mesa. Na verdade, a confusão foi do informante, cuja intenção era dizer: *A comitiva do Governador sentou à mesa.*

 # Débora mantinha uma vida dupla para furtar. A manchete policial caiu no mesmo vício de Débora: deixou para o leitor uma frase de duplo e dúbio sentido. É uma vida ou é dupla vida? Supõe-se que seja dupla, uma delas voltada ao furto. Então, basta eliminar a palavra *uma*: *Débora mantinha dupla vida para furtar.* Aliás, por poderem exercer função de numeral e de artigo indefinido, as palavras *um* e *uma* são frequente causa de ambiguidade. É bom ficar atento.

 # Corrupção e confusão. Há palavras que se prestam mais para confusões que outras. É o caso de *comissão,* palavrinha amiga dos corruptos, como prova este conhecido diálogo:
— *Chefe, a Comissão do Orçamento o aguarda.*
— *Querida, manda depositar na minha conta.*

 # Acreditam em mim, mas não me dão crédito. Dedução muito comum no mercado financeiro por parte de quem busca financiamento. O agente financeiro diz acreditar em tudo o que o pretendente afirma, mas não lhe dá crédito. Se não lhe dá crédito, é porque não acredita na capacidade econômico-financeira de seu interlocutor, pois *crédito* deriva de *acreditar*. Caracteriza-se assim um paradoxo muito usado nesse difícil mercado. Mas, pensando bem, trata-se mesmo de uma delicada mentira de quem não acredita e por isso não dá crédito.

Correr atrás do prejuízo. Esta é do jargão futebolístico. O time está perdendo, e o locutor completa a desgraça, dizendo que há interesse no prejuízo. É claro que existe a intenção de incentivar o time a recuperar-se do prejuízo, e não de correr atrás dele. Em vez de corrigir a frase, é preciso mudá-la. Exemplos: *Correr em busca da recuperação,* ou: *Correr atrás do empate, da vitória...*

Faz um frio infernal. O inferno sempre foi caracterizado, pelo menos na tradição cristã, como um lugar, ambiente ou estado extremamente quente. Portanto, estamos diante de uma imagem paradoxal, equivocada. Acontece que o meteorologista quis fugir de expressões comuns, tal era o frio que sentia, ou, quem sabe, não acredita no calor do inferno. Sugestão: *Faz um frio horrível.*

Esses sintomas são usuais. Não querendo dizer que se tratava de *sintomas comuns,* o autor da frase foi sintomático: tem sérias deficiências de raciocínio.

Disputar uma final já é uma rotina. Disputar finais é lindo, mas esta frase não podia ser mais feia e paradoxal. Se é rotina disputar finais, o finalista deve ter disputado diversas, mas o autor da legenda conseguiu a proeza de transformar uma única vez em rotina, além de repetir de forma maçante a palavra *uma*. Salvemos o atleta corrigindo a frase: *Disputar finais já é rotina.* Como se vê, era muito *uma* sem utilidade alguma.

Horto atacado em Santa Cruz. Ao ler a manchete, a polícia abriu inquérito, indo verificar o que ocorrera no horto da cidade. Constataram ter ocorrido apenas um terrível erro no título da matéria, que procurava informar sobre a existência de um hortoatacadista na cidade. A correção se faz pela simples correção da grafia: *Horto-atacado em Santa Cruz.*

Antes que o avião levantasse voo, caiu. Um instante de reflexão fará concluir que o avião não podia ter caído antes de alçar voo. Portanto, corrija-se a frase: *Assim que levantou voo, o avião caiu.*

Quando os bombeiros chegaram, o avião já tinha caído. O autor da legenda da foto exigia que os bombeiros adivinhassem que o avião cairia. Esta seria a única maneira de chegarem antes da queda. Mais um pouco, e exigiria que os bombeiros combatessem o fogo antes do incêndio. Corrigir? Só se podem corrigir frases que afirmam algo.

A razão do aumento deve-se à queda na produção. A rigor, a razão está mesmo na falta de uso da razão por parte do comentarista de economia, que, não encontrando razões convincentes para o aumento, acabou, sem razão, caindo em afirmação paradoxal, que, no final das contas, nada afirma. O aumento deve-se à queda na produção, e não a razão do aumento. O uso da razão leva às seguintes opções: *O aumento deve-se à queda na produção;* ou: *A razão do aumento é a queda na produção.*

Dinheiro para a AIDS. Além de preferir AIDS à forma aportuguesada SIDA, o autor da chamada optou por beneficiar o vírus da doença, dando-lhe dinheiro. Claro que a intenção era incentivar o contrário. Assim: *Dinheiro contra a AIDS (SIDA);* ou: *Dinheiro para o combate à AIDS (SIDA).*

Chamam-nos de animais. O uso do pronome enclítico requer certos cuidados; às vezes resulta em frases de sentido dúbio. Podem estar nos chamando de animais, como podem estar chamando os outros de animais. No caso da frase, era intenção comunicar que os torcedores chamavam alguns dos atletas de seu clube de animais. Isso poderia ter sido feito assim: *Chamam os atletas de animais.*

Mais abalados do que nós estão os passageiros que morreram no desastre. A sorte do autor da frase é que erros de linguagem, por mais desastrosos que sejam, não matam. Mas abalam seu conceito. Mortos é que não podem ficar abalados, pois estão mortos. Corrigir? Só se for a cabeça do autor da frase...

As diferenças do cruzado e do real. Se o autor da matéria quisesse informar no título que o cruzado e o real tinham semelhanças que diferenciavam essas moedas de outra ou outras, nada haveria a reparar. Como tratava das diferenças entre o cruzado e o real, é necessário reparar o título: *As diferenças entre o cruzado e o real.*

É capaz de chover. Quem tem essa incrível capacidade? Fazer chover já é difícil. Imagine-se chover. Ninguém é capaz disso, pois seria necessário, antes de mais nada, transformar-se em água. Portanto, essa popularmente consagrada expressão reflete algo impossível a simples mortais. Mais lógico e direto é dizer: *É possível que chova.*

Aproximadamente mais da metade do estádio estava lotada. Como não foi possível precisar a lotação, deve-se estimá-la e, de forma clara, dizer: *Aproximadamente a metade do estádio estava lotada.*

Os exames do paciente foram normais. O normal é que os exames sejam normais. Exames anormais, apesar de acontecerem, não são regra. Os resultados dos exames, esses sim, muitas vezes não são normais. É por isso que normalmente se diz: *Os resultados dos exames do paciente foram normais.*

Tem-se em conta a gravidade do paciente. Que importância teria o fato de o paciente ser um sujeito grave, carrancudo, sério? Não é isso. O que se leva em conta é a gravidade da situação do paciente, seu estado de saúde. Então: *Tem-se em conta o estado do paciente.*

O curso se inicia em 4 de março até 15 de junho. Estranho esse curso! Iniciar-se-á diariamente durante o período de 4 de março a 15 de junho? Se for o caso, falta informar sobre a continuação e a data de encerramento. Com alguma boa vontade – e é isso que o leitor mais costuma ter –, é possível imaginar que, a bem da verdade, 4 de março é a data de início e 15 de junho a de encerramento. Para não abusar da imaginação do leitor, é melhor ser claro, o que custa apenas um pouco mais de atenção: *O curso será realizado de 4 de março a 15 de junho.* A frase original é aproveitável desde que se faça um ajuste: *O curso se inicia em 4 de março, estendendo-se até 15 de junho.*

O ex-presidiário ficou detento. Talvez por se meter em frequentes e grandes confusões, o presidiário (ou ex-presidiário, não se sabe) tenha confundido o repórter, que redigiu frase difícil de entender e que precisa ser corrigida: *O ex-presidiário foi detido.*

O custo da cesta básica do IEPE cai 0,16%. Como o IEPE e outros institutos do gênero não têm cesta básica, mas apenas trabalham com dados que informam sobre índices de preços, não se pode deixar os leitores mal informados. Deve-se dizer: *Segundo o IEPE, o custo da cesta básica cai 0,16%.*

Telentrega de frango a jato. Como se não bastasse o incômodo da consagrada *mentirinha* que se aplica em qualquer *telentrega* (entrega à distância, virtual), o autor desta proeza o faz *a jato*. Afinal, é *telentrega* ou é *entrega a jato?*

Emprestou dinheiro para comprar o carro. Emprestou para quem? Não, outros é que emprestaram para ele. Então, é preciso dizer a verdade: *Tomou dinheiro emprestado para comprar o carro.*

Diversas infecções foram descritas no fígado de pacientes com SIDA. Impossível e desumano descrever infecções no fígado. Certamente, foram encontradas no fígado e descritas em papel ou no computador. Na verdade, o autor quis informar o que se segue: *Diversas infecções encontradas no fígado de pacientes com SIDA foram descritas.*

O deputado destorceu os fatos. *Destorcer* é endireitar o que estava torcido. Até que o deputado poderia ter feito isso, mas a intenção do autor era informar que ele desvirtuara os fatos. Para tanto, é preciso trocar *destorcer* por *distorcer*.

Aposentado contra medida da Justiça. Aí está um perfeito exem-

plo de falta de clareza: a manchete tanto pode informar da contrariedade do aposentado com alguma medida da Justiça, como pode insinuar que alguém foi aposentado apesar de alguma medida judicial. A leitura do texto esclarece que era intenção do repórter informar que os aposentados eram contra determinada medida da Justiça. Para tanto, bastava incluir o verbo *ser* na manchete: *Aposentado é contra medida da Justiça.*

As intervenções sobre o coração são rotineiras hoje. Se se quisesse informar que as intervenções *em cima* do coração são rotineiras, a afirmação estaria correta. Era intenção, no entanto, dizer que são rotineiras as intervenções *no* coração. Assim sendo, é preciso corrigir a frase: *As intervenções no coração são rotineiras hoje.*

O médico atendeu o paciente no telefone. Devido à falta de espaço físico para prestar o atendimento, não se pode fazê-lo *no* telefone, mas sim *ao* telefone: *O médico atendeu o paciente ao telefone.* O mesmo vale para *falar no telefone;* o correto é *falar ao telefone.*

Os imóveis aumentaram 29% contra 17% do leite. É comum o uso de *contra* com o sentido de *em comparação,* o que não passa de modismo oriundo da linguagem oral em vias de consagração também em textos formais. *Contra* indica enfrentamento, e não comparação. São coisas muito diferentes. Para solucionar basta trocar *contra* por *e: Os imóveis aumentaram 29% e o leite, 17%.*

Haverá segundo turno se pelo menos um dos candidatos não totalizar mais da metade dos votos válidos. Todos os princípios matemáticos e estatísticos serão desmentidos se dois ou mais candidatos obtiverem, cada um, mais da metade dos votos, possibilidade insinuada por dirigente de uma das mais consagradas entidades brasileiras. Antes que mais alguém possa cogitar disso, tentemos expressar o que se quis afirmar: *Haverá segundo turno se nenhum dos candidatos totalizar mais da metade dos votos válidos.*

O deputado comentou o assunto com uma mensagem impressa nas mãos da matéria. Uma pequena alteração na ordem das palavras provoca toda esta confusão, que atribui à matéria a faculdade de ter mãos. Diferentemente do que afirma a legenda de foto, a mensagem estava nas mãos do deputado, e não nas mãos da matéria. Colocando tudo no seu lugar, a legenda deveria ter sido a seguinte: *O deputado comentou o assunto com uma mensagem impressa da matéria nas mãos.*

O paciente sofreu melhoras. Enquanto isso, o informante sofre de mal que parece incorrigível: não consegue interpretar adequadamente o sentido das palavras. Estaria o paciente – quem sabe, suicida – sofrendo em função das melhoras? Certamente não. Então, convém ser claro e simples, dizendo: *O paciente melhorou.* Até mesmo informações negativas devem, preferencialmente, ser repassadas de forma direta e simples. Por que, por exemplo, dizer que um produto *sofreu aumento,* se se pode, simples e diretamente, informar que ele *aumentou?*

O escritor entregou hoje seus manuscritos à editora. Espera-se que os tenha entregue em boa linguagem, isto é, sem alterar o real sentido das palavras. Ocorre que a palavra *manuscrito* refere textos escritos à mão *(manus),* quando as editoras normalmente não recebem originais nessas condições, nem os autores o fazem, a não ser excepcionalmente. Em regra,

entregam-nos digitados. Corrigindo, não o escritor mas seu interlocutor, pode-se afirmar: *O escritor entregou hoje seus originais à editora.*

A verdade é que a bioética nos abriu os olhos para uma nova realidade, que é a presença do paciente enquanto pessoa. A verdade mesmo é que essa *nova realidade* é mais velha que a própria bioética. Ou será que antes dela o paciente não era visto como pessoa? Para quem acredita na bioética – e todos precisamos acreditar –, a correção da frase passa pela reformulação de conceitos, não estando ao alcance de leigos. Exemplos como este servem de alerta para uma *velha realidade:* é necessário ter ideias claras e bem elaboradas antes de escrever. Caso contrário, corre-se o risco de dizer muito sem afirmar nada.

O paciente encontra-se alimentando-se normalmente. Frases como esta são frequentes. Seus autores ameaçam dizer onde se encontra o paciente, mas acabam dizendo outra coisa. Deveriam dizer: *O paciente alimenta-se normalmente.* Se quiserem informar onde se encontra o paciente, trata-se de outra informação, que poderia ser incluída na frase: *O paciente encontra-se em casa e se alimenta normalmente.*

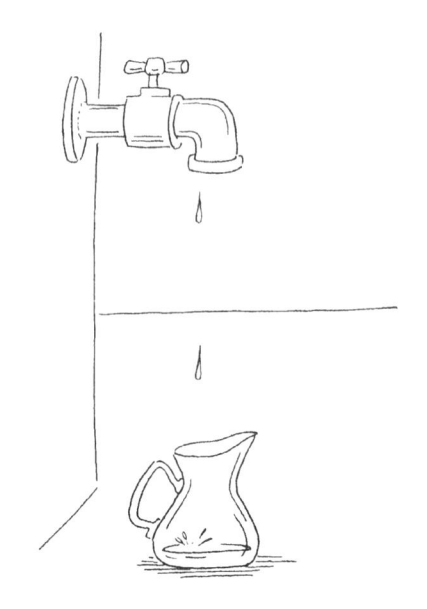

A velocidade de enchimento rápido ficou lenta. À semelhança do autor da frase, cujo raciocínio ficou tão lento, que acabou num paradoxo que precisa ser corrigido. Se o enchimento ficou lento, que não se fale mais em enchimento rápido, como também não em velocidade: *O enchimento ficou lento.*

O rio era raso, mas à noite se enchia de aves. Por que os rios rasos não atrairiam aves? Por que as aves prefeririam águas profundas? Para mergulhar melhor? Como se vê, não cabe opor as duas informações, mas, sim, somá-las, usando *e* no lugar de *mas: O rio era raso e à noite se enchia de aves.* Aliás, todos decoramos que *mas* é conjunção adversativa, servin-

do, portanto, para introduzir significados adversos àqueles da oração anterior. Pelo visto, como é comum acontecer, decorar sem observar, sem estar atento, de nada vale.

A estátua é em bronze. Apesar de consagradas, expressões como esta bem que mereceriam estátuas, mas não de bronze, para não eternizá-las. Na verdade, a estátua não está dentro de um bronze, mas é feita de bronze. Por isso, diga-se: *A estátua é de bronze.*

O prefeito foi morto por um tiro disparado por dois homens. Dois homens juntos dispararem apenas um tiro é fato de que não se tinha notícia até então. Com certeza, um dos dois colocou a bala e o outro disparou o tiro. Mesmo que tivesse ocorrido isso, a legenda da foto não refletiria a verdade, já que ela diz ter sido o tiro disparado por dois homens. O mais provável é que quisesse dizer que um dos tiros disparados pelos dois matara o prefeito. Assim: *O prefeito foi morto por um dos tiros disparados por dois homens.*

A política enquanto ciência é construtiva. É comum usarem *enquanto* em vez de *como*, talvez por terem enjoado do *como* e *enquanto* parecer mais elegante. Cuidado! *Enquanto* implica contemporaneidade, tempo, não podendo ser usado no sentido de *como*. Por isso: *A política como ciência é construtiva.*

Segunda-feira haverá sabatina. É possível sabatinar alguém em outro dia da semana que não no sábado? Se nos ativermos ao rigor do sentido da palavra, não. Ocorre que no ensino antigo, as provas eram realizadas aos sábados, daí surgindo a palavra *sabatina*. O dia da prova mudou, mas a palavra *sabatina* manteve o sentido de *prova,* de *perguntas e respostas.* Assim, é fato consagrado sabatinar alguém em qualquer dia da semana.

As casas eram brancas, porém pequenas. Frases assim são comuns, apesar do absurdo, pois opõem coisas entre as quais não há qualquer relação, como, no caso, *brancas* e *pequenas*. É necessário mais cuidado com o uso dos conetivos, o que levaria esta frase a ser assim construída: *As casas eram brancas e pequenas.*

Perfumes de sabor forte. Degustar perfumes não é fato comum, pois não estão em jogo a qualidade e as características do gosto, mas do olfato. A informação correta passa por melhores aromas: *Perfumes de aroma forte.*

Trata-se de exceção que segue a regra. Não existe exceção que siga a regra. É o exemplo que segue a regra. A exceção a contraria. Excepcional mesmo é o autor da frase, que deverá corrigi-la para: *Trata-se de exceção.* Mais objetivo, conciso e claro.

O jogador foi adquirido junto ao Flamengo. Segundo a informação, o jogador não foi adquirido do Flamengo, mas, sim, junto ao ou próximo do Flamengo. Aí nas proximidades, na Gávea. Afinal, de quem foi adquirido esse atleta? Se fôssemos interpretar com rigor o que a crônica esportiva brasileira em geral afirma, nunca saberíamos de quem foram adquiridos os atletas dos clubes compradores. Tudo por causa do mau uso da locução *junto a,* em vez da preposição *de.* Assim: *O jogador foi adquirido do Flamengo.*

A saúde obrigou-o a abandonar as aulas. A saúde, ou problemas relacionados com a saúde, a falta de saúde? Quais são os limites dos con-

velmente tenham sido elas que criaram situações tão paradoxais. Como preenchê-las? Elaborando melhor o pensamento e interpretando o que se está escrevendo. Assim: *Supriu uma falta;* ou: *Faltava.* Preferindo o chavão, também não seria errado: *Preencheu uma lacuna.*

Vou te cantar. Ao alertar para a *cantada* que daria, o *cantor* cometeu terrível erro de estratégia, dando toda oportunidade para a defesa. A bem da verdade, o que o rapaz queria era cantar para a garota e não a garota. Foi insensato apenas na linguagem, pois deveria ter dito: *Vou cantar para você,* ou *para ti.*

ceitos de saúde? Suposto excesso de saúde caracteriza doença? Sem entrar em conceitos médico-filosóficos, o certo é que a frase precisa ser corrigida: *A doença obrigou-o a abandonar as aulas.*

Veio preencher uma lacuna que faltava. A surrada expressão *preencher uma lacuna* saiu ainda mais desgastada, o que, até certo ponto, foi muito bem-feito. Lacuna que falta é lacuna que não existe. Não existindo, como fazer para preenchê-la? Na cabeça de autores de frases como esta, sim, há muitas lacunas a serem preenchidas. Prova-

Teve a pena reduzida, eis que confessou o crime. O autor da frase até hoje não confessou o crime que cometeu contra a linguagem. *Eis que* significa *de repente,* mas o repórter quis informar a razão de a pena haver sido reduzida. Deveria, por isso, ter usado *porque.* Assim: *Teve a pena reduzida porque confessou o crime.*

As casas da vila são germinadas. Melhor que isso, só se fosse verdade. Teriam as casas germinado, no sentido de nascerem e se desenvolverem? Ou, por desgraça, estariam cheias de germes? Provavelmente nada disso tenha ocorrido. É comum usar paredes geminadas, ou seja, comuns, tornando a construção mais econômica. *Geminado* deriva de *gêmeo,* daí casas *gêmeas* ou *geminadas.* Então: *As casas da vila são geminadas.*

Faço questão de prestigiar pessoalmente a solenidade. Por uma questão de modéstia, a autoridade não deve, ela própria, atribuir-se a condição de dar prestígio a alguém ou a algum ato. É muito mais prestigioso que outro o faça. Corrigindo: *Faço questão de participar da solenidade.*

Procuro jogar na beira da lateral do gramado. Eis um moderno jogador de futebol. Consegue jogar na *beira da lateral,* ou seja, no lado de fora do campo de jogo. A esperteza é tamanha, que nem o juiz nem o bandeirinha se dão conta da irregularidade. Corrija-se: *Procuro jogar na lateral do gramado.*

Técnico espera o adversário retrancado. No pior estilo da geralmente boa linguagem futebolística, este título está confuso, pois não esclarece qual das duas equipes jogará na retranca. O leitor e o torcedor que se danem... Soluções: *Técnico espera que o adversário jogue retrancado.* ou: *Técnico jogará na retranca.*

Eu e ela iremos à festa. Ao iniciar a frase com *eu,* a força do ego, mesmo que de forma inconsciente, se manifesta contra a cortesia e a elegância, ingredientes essenciais da boa educação. O leitor há de concordar que é mais adequado assim: *Ela e eu iremos à festa.*

Ela e eu assumimos todos os riscos. Agora, como se trata de riscos, perigos, ou coisas desagradáveis, o esperto e ao mesmo tempo bruto inconsciente faz com que o autor *ofereça* os primeiros riscos a *ela;* nesse caso, o *eu* fica para depois... Agora, sim, a boa educação recomenda iniciar com *eu*. Assim: *Eu e ela assumimos todos os riscos.*

O médico fez uma cirurgia sobre a aorta, o coração... Não se pode acreditar que um médico tenha todo o trabalho de abrir o paciente para fazer uma cirurgia apenas superficial, *sobre* a aorta, o coração, etc. É evidente que o nosso comunicador quis dizer que a cirurgia foi *na* aorta, *no* coração...

De repente a solução poderá ser essa. Estranho o sentido que vem assumindo a expressão *de repente*. Geralmente, esta nova acepção é a mesma de *quem sabe,* como no caso da frase. O certo é que, excetuando-se seu sentido original (repentinamente, subitamente), é desprezível, nada acrescentando ao sentido da frase. Corrigindo: *Quem sabe, a solução poderá ser essa;* ou, simplesmente: *A solução poderá ser essa.*

A discriminação na ótica do autor... Para que não se pense que na empresa – ótica – do autor haja qualquer tipo de discriminação (racial, política, religiosa...), recomenda-se trocar *ótica* por *visão.*

Livraria sem livros? Sabe-se que em quase 80% das cidades brasileiras não há lojas que vendem livros, mas há livrarias em quase todas elas. Explica-se: as chamadas *livrarias* vendem material escolar, variados artigos para escritório, de uso pessoal, etc., etc., mas livros, nem se cogita. Ora, se não vendem livros, não poderiam ser chamadas de livrarias. Sugestão: que vendam livros também. Assim, além de fazerem jus ao nome, passariam a prestar valioso serviço à cultura nacional.

Houve torção no joelho da perna esquerda. Ao que parece, perna não tem joelho; apenas fica nas

proximidades. Assim sendo, não se pode fazer essa referência, por sinal desnecessária. Ao repórter teria bastado informar: *Houve torção no joelho esquerdo.*

Não há quase nenhuma correção a fazer. Não se conhece texto que tenha *quase nenhuma* correção a ser feita, pelo simples fato de não existir correção parcial; ela será sempre inteira. *Nenhuma* indica ausência absoluta, enquanto *quase* ameaça haver correção. Estamos, portanto, diante de um paradoxo, só porque o autor da frase quis dizer que o trabalho era quase perfeito. A solução é simples: basta eliminar *nenhuma.*

É excelente seguimento de mercado. Mas o português está péssimo. Aliás, a confusão entre *segmento* e *seguimento* é comum nos mais variados segmentos da atividade humana. Para não cair em tentação, basta lembrar que *seguimento* deriva de *seguir* (*seguimento* é o que se segue), enquanto *segmento* deriva de *segmentar* (uma das porções resultantes da segmentação).

O país é tão grande, que existem lugares onde a mão do homem nunca pôs os pés. O entusiasmo do comentarista com a grandeza do país foi tanto, que acabou colocando pés na mão do homem. Como não há mão que possua pés, vamos esclarecendo que o erro foi por excesso; basta eliminar *mãos,* mantendo *pés:*

O país é tão grande, que existem lugares onde o homem nunca pôs os pés.

O jogador custa quase mais de um milhão de dólares.
Quanto custa, afinal, esse atleta? Em que pese a confusão gerada pela informação – ou desinformação – do repórter, pode-se adivinhar que o preço é mesmo de um milhão de dólares, pois *quase mais* nada significa, já que *quase* anula *mais* e *mais* anula *quase*. Antes que as coisas fiquem ainda mais confusas, vamos corrigindo: *O jogador custa um milhão de dólares.* Desconfia-se, porém, que o repórter não estava muito convicto disso...

Bilhete-padrão nacional.
Leitor de *Os Pecados da Língua* enviou bilhete que disse ter encontrado e que para ele, como para nós, pode ser considerado padrão nacional de bilhete, por pior que possa parecer: *Dona Leda tens que pré-encher e dares para o João e o Zeca. Assinarem.* Incongruências, erros de pontuação, de grafia e, para arrematar, uma sugestão carregada de malícia são os grandes equívocos do bilhete. Vejamos: a) Por que *Dona Leda,* cerimonioso, se logo o autor passa a usar a intimidade da segunda pessoa *(tens)?* b) Não existe *pré-encher* (a não ser no sentido de *encher antes*), mas sim *preencher.* c) *Dar,* e não *dares.* d) É necessário usar vírgula ou dois-pontos depois de *Leda.* e) Antes de *assinarem* não cabe pontuação. f) É descabida a sugestão de *dar...* O que mais preocupa é que o autor do *besteirol* tem diploma de curso superior. A título de sugestão, damos nossa versão para o bilhete: *Leda, este formulário deve ser preenchido e assinado pelo João e pelo Zeca.*

A música sertaneja entrou Brasil afora.
O autor da frase é especialista em música popular, mas com certeza não o é em comunicações, pois colocou em igualdade de condições palavras de sentido oposto: *entrou* e *afora.* Assim como não se consegue sair para dentro, também não se pode entrar para fora. Sem desmentir sua verdade, o comentarista poderia, por exemplo, ter dito: *A música sertaneja invadiu o Brasil.*

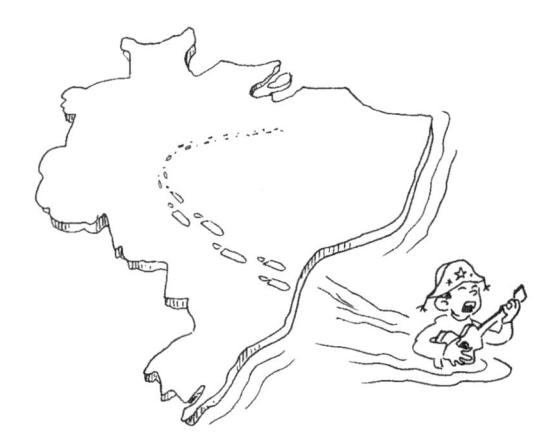

Porventura o jogador não se machucou. Mas o autor da frase, por desventura, errou ao não separar *por ventura*. Juntam-se as partes só no sentido de *por acaso: Se porventura ela não vier, ficarei triste.* No exemplo, no entanto, *por ventura* tem o sentido de *por sorte,* caso em que se grafa separado: *Por ventura o jogador não se machucou.*

As federações se conferalizaram. Não pense o leitor que as federações se uniram às feras. O comentarista é que atingiu ferozmente nosso idioma. Não pense também que se trata de simples omissão de uma das sílabas por erro de digitação, pois o digitador insistiu em criar um verbo totalmente novo: *conferalizar,* em vez de usar o consagrado *confederalizar.*

Uma medicina moderna, altamente especializada e tecnificada, deve dar os meios práticos, hoje em dia. Nem hoje em dia, nem nunca. Esse teórico da medicina prática deu especial ênfase à expressão *hoje em dia* ao usá-la precedida de vírgula, como se essa fosse a grande novidade da medicina moderna. Em vez de lhe dar ênfase, deveria tê-la eliminado, pois acabou com a veracidade da afirmação, junto com o neologismo *tecnificada* e a ausência, novamente, de ideias mais claras sobre o tema. Se quis impressionar, conseguiu-o com sobras, para não dizer restos.

Ao sair por favor apague a luz. Não se sabe se o visitante está sendo convidado a sair ou a apagar a luz na saída. Na verdade, tratava-se apenas de aviso interno, recomendando que o último a sair apagasse a luz. Para que o visitante não se sinta constrangido, volte sempre e não deixe o ambiente no escuro, recomenda-se: a) que o aviso seja colocado em local adequado, de preferência afastado do público externo; b) que seja mais claro, sem induzir as pessoas a saírem, mas sim a apagarem a luz se forem os últimos; exemplos: *O último a sair apague a luz, por favor;* ou: *Se você for o último a sair, apague a luz.*

O alcoólatra é um doente grave.
Grave mesmo é chamar de grave um doente que talvez tenha na tranquilidade sua principal característica e que de grave, quem sabe, nada tenha, nem mesmo a voz. A gravidade maior, no entanto, está mesmo na linguagem. Precisa ela levar em conta que o grave não é o doente, mas a doença. Assim: *O alcoolismo é uma doença grave.*

Por isso X Por isto.
São frequentes os pecados que se cometem contra o bom uso dos pronomes demonstrativos. Muitas vezes, não é por falta de conhecimento, mas por desatenção. É preciso explicar que a expressão *por isso,* por se reportar quase sempre a algo expresso imediatamente antes (tempo passado próximo ou próximo na frase), deve ser grafada com *ss.* Só poderá ser *por isto* quando se refere a algo que vai ser dito (futuro). Exemplo: *O réu não comparecerá por isto que vou mostrar agora.*

Neste dia memorável, a entidade comemorou seus 25 anos.
Usar os pronomes demonstrativos *este, esta* e *isto* com tempos verbais que remetem ao passado (pretéritos) nunca dá certo, originando sempre paradoxos, para não dizer frases cujo sentido o leitor só alcançará por dedução, e não pelo que está escrito. É o caso da frase. *Neste* indica tempo presente ou futuro, enquanto *comemorou* remete ao passado (pretérito perfeito). Há duas soluções: *Neste – comemora;* ou: *Nesse – comemorou.* Nunca é demais lembrar: usa-se *este, esta* e *isto* para tempo presente e futuro; *esse, essa* e *isso* para tempo passado próximo; e *aquele, aquela* e *aquilo* para tempo passado distante.

Atualmente, nesse pleito...
Antes que o orador prossiga, vamos dar-lhe uma aulinha: *atualmente* e *nesse* são inimigos, não conseguindo viver próximos, muito menos juntos. O primeiro indica tempo presente, atual, enquanto *nesse* refere

passado. Corrija-se o defeito, passando tudo para o tempo presente: *Atualmente, neste pleito.* Agora, sim, está tudo no mesmo tempo, o presente. Arruma-se de um lado, estraga-se de outro. No lugar do paradoxo, temos agora clássico exemplo de redundância. Por que *atualmente,* se *neste* já expressa a ideia de tempo presente? Assim sendo, é suficiente dizer: *Neste pleito.*

Saldo do acidente: 7 mortos.
Além das mortes, lamente-se o paradoxal acidente de linguagem por que passam muitos redatores. Todo saldo é positivo; é o que sobrou. Portanto, a rigor, o saldo de um acidente não é o número de mortos, mas o que sobrou de vivos. Há diversas opções para o caso: *Acidente mata 7;* ou: *Sete mortos em acidente,* ou ainda: *Resultado do acidente: 7 mortos.* Em técnica de contabilidade pode-se usar a palavra *saldo* mesmo quando este for negativo, mas obrigatoriamente seguida de *negativo: Saldo negativo.*

Mais barato que o Paraguai.
Quanto custa o Paraguai? Como esse país não está sendo vendido – nem admite receber propostas –, não se sabe. Como não se sabe, não se pode comparar seu fictício preço com o de qualquer mercadoria. Na verdade, o que a enorme faixa colocada na frente de uma loja quis informar é que o preço de suas mercadorias era mais baixo que no Paraguai. Verdade ou não, os consumidores só conferirão quando o apelo for corrigido: *Mais barato que no Paraguai.*

Governo desapropria terras improdutivas. Que fará com terras improdutivas, isto é, que são incapazes de produzir? Ou melhor, que farão os novos proprietários com terras que não se consegue fazer produzir? Apesar de consagrada com esse sentido, a palavra *improdutiva* vem sendo usada inadequadamente, devendo-se preferir o termo *inexplorada,* que expressa com precisão o que se pretende afirmar: *terras inexploradas.*

A temperatura está muito baixa para este verão. Só para este, ou para qualquer verão? Assim como ocorrem os *veranicos* de inverno, acontecem os *invernicos* de verão. O mesmo não pode suceder com a atenção de quem escreve: precisa estar sempre ligada, o que não aconteceu quando a frase foi escrita, pois do contrário teria sido publicada assim: *A temperatura está muito baixa para o verão.* O pronome demonstrativo localizou o verão: *este,* e não outro. Como não era propósito do redator fazer isso, não poderia tê-lo usado.

Vai entrar pela porta que saiu. Era o lema da campanha de um candidato a governador que já ocupara o cargo, do qual fora afastado durante a ditadura militar. O mote era inteligente e perspicaz, mas a linguagem saiu pela porta dos fundos, pois está a dizer que a porta saíra, e não o candidato. Sugere-se que nas próximas eleições se desfaça a confusão, corrigindo: *Vai entrar pela porta por que saiu;* ou: *Voltará pela mesma porta.*

O palestrante teve magnífica contribuição. Enquanto isso, o informante contribuiu com magnífico exemplo de paradoxo, pois simplesmente inverteu o sentido de tudo o que queria informar. Em vez de dizer que o ilustre palestrante contribuíra, acabou informando que recebera magnífica contribuição. Em apoio à verdade e à boa linguagem, corrija-se a informação: *O palestrante deu magnífica contribuição.*

Foi um período inflacionário.
Inflacionar o tempo era só o que faltava. Com certeza, o período não foi inflacionário, porque ele nada tem a ver com isso. Se no período ocorreu inflação alta, é outra história. Diga-se então: *Foi um período de inflação alta.*

A economia brasileira está à beira do abismo, por isso temos que dar um passo para frente.
Em caso como este, qualquer solução é menos ruim do que dar um passo à frente. Um passo para frente na beira do abismo é ato inconsequente, dramático, refletindo situação de total desespero. Como sair dessa? Para corrigir a linguagem, o melhor é parar para pensar e encerrar a frase na beira do abismo. Assim: *A economia brasileira está à beira do abismo.*

A situação estava tranquila, posto que o grupo era disciplinado.
O autor da frase é que não estava muito tranquilo, pois sua linguagem foi indisciplinada. Precisa saber: *posto que* é expressão sinônima de *embora,* e não de *porque.* Quando assimilar essa verdade, dirá: *A situação estava tranquila, porque o grupo era disciplinado.*

Natural do Paraná, é senador de São Paulo.
Nenhum Estado brasileiro tem senadores, nem mesmo São Paulo. O País, sim, tem senadores. Por isso, a bem da verdade, a frase precisa ser corrigida: *Natural do Paraná, é senador por São Paulo.*

Ele esperava na porta.
Impossível! O mesmo espaço não comporta dois objetos. Ou ele ou a porta... Pressupõe-se que ele estivesse esperando *à porta.* Assim não há prejuízos para ninguém.

O bom motorista mantém à direita.
Ao contrário do motorista, o autor da frase não tem bons hábitos, pois entre três opções escolheu justamente a única errada. É o preço da liberdade. Opções corretas: *O bom motorista mantém a direita,* ou *se mantém à direita.*

inteiro. Trabalhando melhor o texto, dirá: *Ele trabalha apenas um período*. Não se diz *período da manhã, da tarde, da noite?*

**A cobrança do
Banco Tal
tem tudo o que
os outros têm mais
a qualidade do
Banco Tal.**

O cartaz contendo esse apelo publicitário estava exposto em todas as agências de um grande estabelecimento bancário. Lendo com alguma atenção, conclui-se, contrariando o autor da frase, que todos os outros estabelecimentos concorrentes têm mais que o Banco Tal. Como solucionar o problema? De duas formas: inserindo uma vírgula após a forma verbal *têm*, ou passando a palavra *mais* para a linha seguinte, ou ainda as duas soluções simultaneamente. Ficaria assim:

*A cobrança do
Banco Tal
tem tudo o que
os outros têm,
mais a qualidade do
Banco Tal.*

A pena pode ser revertida em serviços comunitários. Pobres verbos *reverter, inverter* e *converter!* Frequentemente têm seu sentido *invertido, revertido* ou *convertido*. **Reverter** é *retroceder, voltar;* **inverter** significa *opor, alterar* ou *mudar para o sentido oposto;* **converter** tem o sentido de *transformar, mudar-se de partido, religião,* etc. Assim, a pena da frase não pode ser revertida, mas convertida, ou seja, transformada. Os substantivos *reversão, inversão* e *conversão* acompanham o sentido dos verbos.

Ele trabalha apenas meio período. Se trabalhar meia manhã, meia tarde ou meia noite, ou seja, a metade de um período, a frase estará perfeita. É provável, no entanto, que o autor da frase quisesse dizer que o felizardo trabalhava período

Pare fora da pista. Este aviso de trânsito, tão consagrado quanto equivocado, se fosse interpretado ao pé da letra pelos motoristas que tran-

sitam pelas rodovias brasileiras, provocaria enormes congestionamentos fora das pistas, pois trata-se de ordem para parar. Isso só não acontece por dois motivos: um pouco porque aqui não se respeitam as leis do trânsito e outro tanto pelo inusitado da ordem. Sugestão: *Não pare na pista.*

O prefeito mandou arretar a estrada. *Arretar* tem os sentidos de *retroceder* e *sustar a marcha*. Como a intenção do prefeito não era nenhuma delas, nem a que o leitor mais *atento* pode estar imaginando, conclui-se que a intenção era mesmo *endireitar* a estrada. Então só falta *endireitar* a frase: *O prefeito mandou endireitar a estrada.*

E o prefeito cumpriu sua promessa: paralepipeidou as ruas da cidade. E o autor da frase precisa urgentemente fazer e cumprir uma promessa: parar de agredir o idioma com neologismos grosseiros. O melhor conselho que se lhe pode dar é que não aventure impunemente em searas que não conhece e criando situações constrangedoras para o prefeito de sua cidade. Este seguramente se limitou a *calçar* as ruas da cidade.

Outro prefeito teria apedrejado a estrada. Para que não se pense estar o prefeito raivoso com a agora estrada sem curvas e que por isso estivesse atirando pedras contra a estrada, é bom que se esclareça que o erro de comunicação foi do autor da frase, pois criou um sentido caricaturesco, para não dizer ridículo, ao usar o verbo *apedrejar,* em vez de seu desconhecido *apedregulhar.*

Não existe língua pátria, mas sim língua mátria. O conceito emitido pelo educador seria pelo menos discutível, mesmo que não usasse o neologismo *mátria*. Também poderia ser festejado se fosse poesia, como na música de Caetano Veloso: "A língua é minha pátria, e eu não tenho pátria, tenho mátria, e quero *frater*". As chamadas *frases de efeito* carregam consigo o perigo do ridículo. Portanto, basta ao autor da frase trocar *mátria* por *materna*.

Desde o ponto de vista teórico, a ação é imprescritível. A sor-

te do jurista é que os erros de português não são imprescritíveis. Seguramente por influência do espanhol, tornou-se comum ilustres brasileiros usarem inadequadamente a palavra *desde,* que denota sempre o sentido de movimento, de espaço ou de tempo, o que não acontece na frase, que deve ser corrigida: *Do ponto de vista teórico, a ação é imprescritível.*

O número de casos diminuiu completamente. E a capacidade de raciocínio do autor da frase sofreu sensível redução. Se diminuiu completamente, é porque não houve caso. Sabe-se, no entanto, que a verdade não era essa e não era intenção afirmar a inexistência de casos. Assim sendo, a frase deveria ter sido, por exemplo, esta: *O número de casos diminuiu sensivelmente.*

A doutrina esotérica deve ser difundida entre todos os povos. Eis aí grande paradoxo. Ao contrário de *exotérica, esotérica* (com *s*) era a doutrina secreta de filósofos antigos, comunicada apenas aos iniciados. Portanto, quando se refere à doutrina popular, é *exotérica* (com *x*): *A doutrina exotérica deve ser difundida entre todos os povos.*

Estamos na primavera, onde a vida renasce... Basta um mínimo de reflexão para que se conclua que a primavera não é lugar, e sim uma estação do ano; portanto, refere-se a um tempo. Assim, em vez de *onde,* deve-se usar *quando.* Aliás, o uso de conetivos inadequados para introduzir orações é um dos erros mais frequentes entre nós. É assunto complexo? Não. Basta um pouco de atenção.

Nasceu morto. É possível nascer morto? Nascer significa viver, e não morrer. E o natimorto? É o mesmo caso. Mas, até certo ponto, é o que acontece quando alguém morre antes mesmo de vir ao mundo. Não será argumento para quem defende que o período de gestação no útero deveria contar tempo de vida? Ou será demonstração de pobreza ou impotência dos idiomas em expressar certas situações? Seja como for, enquanto não surgir forma melhor, temos que conviver com expressões paradoxais como essa, ou mudamos os conceitos. Está lançado o desafio. Outra questão: qual a diferença entre um semivivo e um semimorto?

Estamos na antivéspera do Natal. Se a frase partisse de quem, à semelhança do peru, não gosta da véspera, até que se poderia entender sua posição contrária à véspera *(anti)*. Como não é o caso, evidente que houve apenas a troca equivocada de *ante* por *anti*, aliás muito comum de uns tempos para cá. Para não esquecer, basta lembrar a semelhança entre *ante* e *antes*.

Os vice-candidatos a presidente não são muito conhecidos. Era só o que faltava: criar a figura do vice-candidato nas eleições presidenciais brasileiras. Quem sabe, prevendo o desaparecimento dos candidatos titulares? Seria uma espécie de refil, para reposição automática... No caso, é claro que o comentarista se referia aos candidatos a vice-presidente. Então: *Os candidatos a vice-presidente não são muito conhecidos.*

É o primeiro título desde sua história. Mas não é a primeira vez que se lê frase confusa como esta só porque o autor *inventa* para fugir da simplicidade, quando esta geralmente é a melhor solução. Ao *inventar*, deveria incluir a palavra *início*: *Desde o início de sua história*. O melhor, no entanto, é ficar no simples *da*: *É o primeiro título da sua história.*

Terneiro vendeu bem. Atribuir a animais qualidades de vendedor é prática aceita em linguagem coloquial, apesar do absurdo que transforma o objeto em autor da ação. Quem vendeu? O proprietário, é lógico. Jamais o terneiro vende seu proprietário... A manchete do jornal poderia ser corrigida para: *Terneiro foi bem vendido;* ou: *Terneiro teve boa venda.*

O bicampeão do Estado de hipismo.
Era a manchete principal da página. Como será estar em estado de hipismo? Pior: que significará alguém ser bicampeão em situação de hipismo? Não é nada disso. Há apenas um paradoxo, aliás fácil de resolver, pois basta trocar a ordem das palavras: *O bicampeão de hipismo do Estado.* A ordem dos fatores altera ou não altera o produto?

O escritor morreu aos 47 anos de infecção generalizada.
Era a legenda da foto do escritor. Para que não se pense que o escritor resistiu durante 47 anos a uma infecção generalizada, que nesse período não se está incluindo o tempo que viveu sem infecção e para que se saiba sua real idade quando da morte, deve-se corrigir a frase, bastando introduzir uma vírgula: *O escritor morreu aos 47 anos, de infecção generalizada.* Fica melhor ainda se se alterar a ordem de partes da frase: *O escritor morreu de infecção generalizada aos 47 anos de idade.*

A vida pública e a privada.
Há palavras que, por terem mais de um significado, requerem cuidado no seu uso. *Privada* é uma delas. Para que não pensem tratar-se de sanitário, é importante não privá-la de companhia. No caso, da companhia da palavra *vida,* mesmo que esta fique repetida: *A vida pública e a vida privada.* Aliás, *privada* só admite andar sozinha no lugar mais privado que se conhece: a privada.

mercial é facilitada, mas provoca situações como essa. Ninguém revê, ninguém lê, o modelo vai se modificando, todos assinando ninguém sabe o quê. Portanto, antes de oferecer qualquer contrato para assinatura, convém verificar, ou, muito melhor, criar padrões de contrato capazes de prevenir essas situações. Mas, criado o problema, é preciso resolvê-lo, livrando Maria José do constrangimento. Assim, por exemplo: *Dias & e Dias e Cia., empresa desentupidora, e Maria José da Silva, bancária, solteira,...*

Vendo a gravação, não dá para distinguir. Ouvindo, talvez dê... Antes disso, é preciso distinguir *ver* de *ouvir*. Vamos *ver:* vê-se com os olhos, mas só o que é visível. Não é o caso do som, que é ouvido. Quando a gravação é deficiente, até ouvir fica difícil, mas é preciso tentar. Fácil mesmo é corrigir a frase: *Ouvindo a gravação, não dá para distinguir.*

Dias & Dias e Cia. e Maria José da Silva, a primeira desentupidora e a segunda solteira,... Assim iniciava o contrato de prestação de serviços, grosseiro, indelicado e *entupido...* É claro que se trata de modelo guardado no computador ou na gaveta. A prática co-

Ele foi com o trem. Terá ido na companhia do trem, o pobre homem? Para livrá-lo do perigo e para preservar a boa linguagem, deve-se dizer que *ele foi de* ou *no trem*.

Enquanto era interrogado, palitava o dente. A menos que tivesse apenas um dente, esse mal-educado foi vítima de erro de linguagem. Com certeza estava a palitar *os dentes,* ou *um dos dentes.* O mesmo vale, e como vale, para *escovar.*

O mercado apostou como o dólar aumentaria. Como não estava em jogo a maneira como o dólar aumentaria, não cabe usar *como,* que deve ser substituído por *que: O mercado apostou que o dólar aumentaria.*

Mosquitos e formigas morderam as crianças. Morde quem tem dentes, como o leão, o cachorro, muitos humanos, entre outros seres vivos. Formigas e mosquitos apenas picam.

Aqui nos estúdios o céu está estrelado. Das três uma: ou o estúdio estava montado ao ar livre, ou a decoração do teto reproduzia um céu estrelado, ou, mais provável, tratava-se de mais um pecado. Certamente o locutor queria dizer que no bairro onde se situava o estúdio o céu estava estrelado. Para afirmar isso, deveria ter dito, por exemplo: *Onde se situam nossos estúdios, o céu está estrelado.*

O ônibus passa na porta. Frequente argumento de venda de casas populares, caracteriza, na verdade, mais um pecado contra a língua. A intenção da construtora, claro, é informar que *o ônibus passa à porta.* E é assim que a frase deve ser construída. Do contrário, qual seria a vantagem em ter ônibus na porta, entrando na casa?

 # As duas equipes lutam para não fugir do rebaixamento. Enquanto isso, o comentarista luta com as palavras. A luta é inglória, pois a informação contraria seu pensamento. Por que as equipes lutariam para não fugir do rebaixamento? Como a intenção era afirmar o contrário, deveria ter dito: *As duas equipes lutam para fugir do rebaixamento.*

 # Levou um tiro nos trilhos. Tão infeliz quanto a vítima foi o responsável pela manchete. O certo é que o tiro não atingiu os trilhos de ninguém. A vítima estava sobre os trilhos da ferrovia quando levou um tiro. Tudo esclarecido, basta corrigir a manchete: *Estava nos trilhos quando levou um tiro.*

 # Haverá queda drástica do termômetro. Na busca de forma mais original para se referir à queda que haveria na temperatura, o meteorologista *se quebrou*, como poderia ter quebrado seu instrumento de trabalho, pois quedas drásticas quebram os termômetros. Ficou a lição: é necessário cuidado na criação de novas formas de linguagem, que podem ser variadas: *Haverá queda drástica da temperatura;* ou: *Os termômetros registrarão queda drástica da temperatura;* ou ainda: *A temperatura sofrerá queda drástica.*

 # Numa reação intempestiva, o parlamentar desferiu violento soco no colega. A frase não está clara, pois desferir soco é atitude violenta, agressiva, enquanto *intempestivo* tem o sentido de inoportuno, em momento inadequado, como se em outro momento o soco fosse adequado. É preciso corrigir: *Numa reação agressiva, o parlamentar desferiu violento soco no colega.*

Ultrapasse sempre pela esquerda. Para que o motorista não pense estar obrigado a *ultrapassar sempre,* mude-se a frase para: *Ultrapasse somente pela esquerda.*

Chutar de pé trocado. Expressão muito usada na linguagem futebolística, *chutar de pé trocado tem sentido dúbio.* Seria o caso em que o atleta, acostumado a chutar com determinado pé, eventualmente use o outro? Ou refletiria a situação em que ameaça chutar com um pé e acaba chutando com o outro? Nem um nem outro. Costuma-se entender por esta frase a situação em que o atleta chuta a partir da direita com o pé esquerdo, e vice-versa.

Vamos comer, tomar, beber, chupar ou lamber um sorvete? Perguntado sobre os motivos que o levavam a beber tanto uísque, alguém teria respondido: "Bebo porque é líquido; se fosse sólido, comê-lo-ia". A solução da dúvida começa exatamente por aí: sorvete é líquido ou sólido? Aceito como sólido, elimina-se a hipótese de *bebê-lo. Chupar* e *lamber* é certo que ferem os bons princípios da civilidade. Sobram *comer* e *tomar.* Alguém pode estar eliminando o verbo *tomar,* ou pensar que ele pode se referir apenas a líquidos, o que não é verdade. Entre *comer* e *tomar,* é preferível *tomar* sorvete, até porque sua passagem de sólido para líquido é instantânea.

Rodovia conservada pelo Departamento Tal. Não concordando com o conteúdo da informação que encontrou numa rodovia muito esburacada, o revoltado motorista refez a verdade, inserindo um pequeno advérbio: *Rodovia **mal** conservada pelo Departamento Tal.*

Comprei remédio para formiga. Enquanto a maioria combate os formigueiros, o autor, ou melhor, os muitos autores de frases com esta, amantes inveterados desses laboriosos bichinhos, preferem curá-los ou preveni-los contra eventuais doenças, ou esquecem que o combate é feito com veneno, e não com remédio.

Em boa hora as autoridades criaram a Delegacia da Mulher Feminina. Por sua conta e risco, o comentarista exagerou no feminino "da mulher" e acabou acrescentando, por extensão, a possibilidade de um dia ser criada a Delegacia da Mulher Masculina...

Fizeram de tudo com o Brasil. Procurando enaltecer grandes heróis nacionais, o autor da frase misturou-os aos corruptos da Pátria. Tudo porque usou a preposição errada: *com* em vez de *por*. É preciso colocar as coisas nos seus lugares: *Fizeram de tudo pelo Brasil.*

À medida em que o tempo passa, a situação se agrava. Como também se agrava a confusão envolvendo o uso das expressões *à medida que* e *na medida em que*. Na prática, são empregadas indistintamente. No entanto, *à medida que,* por conter a preposição *a*, reflete situação dinâmica, de movimento: *À medida que os convidados chegavam...* Contrariamente, *na medida em que,* pela presença da estática preposição *em*, implica situação igualmente estática: *São remuneradas na medida em que*

trabalham. O pior dos pecados com relação a essas expressões é misturá-las, como foi o caso da frase em epígrafe, em que o autor usou *à medida em que,* ora dinâmica *(à),* ora estática *(em).* Falta apenas corrigir a frase: *À medida que o tempo passa, a situação se agrava.*

Microfotografia X Fotomicrografia. É comum encontrar grandes fotografias, às vezes de página inteira, em livros científicos, seguidas de legendas informando tratar-se de *microfotografias,* ou seja, de pequenas fotografias. São, na verdade, grandes fotos obtidas a partir de microscópio. Então, é só corrigir: *fotomicrografia,* deixando-se a palavra *microfotografia* para designar pequenas fotos.

É um grande finalista. Mesmo eliminado das finais da competição, o jogador de basquete foi considerado pelo comentarista *um grande finalista,* quando pensava afirmar que se tratava de *grande finalizador,* ou seja, que finaliza bem, geralmente para dentro da cesta. Acontece! Até mesmo com quem está fora das quadras.

Botando as calças e calçando as botas. Segundo o Barão de Itararé, o português é o único idioma em que se botam as calças e se calçam as

botas. Sem dúvida, trata-se de interessante e gracioso trocadilho, apesar do inconveniente uso do verbo *botar,* que, formalmente, tem o único sentido de *expelir*: a galinha bota (expele) o ovo. A não ser que se queira afirmar que "se expelem as calças"... Na verdade, em linguagem coloquial está consagrado o uso do verbo *botar* com o sentido de *pôr,* tornando legítima essa constatação, que perderia toda sua originalidade se se trocasse *botando* por *pondo.*

As condições para as próximas horas indicam tempo bom. Para que não se pense que o locutor, com base nas condições futuras, possa prever o tempo das próximas horas, esclareça-se que o verbo *indicar* deve ser trocado por *ser*. Ou, se o usuário preferir, troque-se a posição das palavras na frase: *As condições para as próximas horas serão de tempo bom;* ou: *As condições indicam tempo bom para as próximas horas.* Assim melhoram também as *condições* de linguagem.

Equipe contou com dois jogadores expulsos. Inverteu-se o sentido, pois se os jogadores foram expulsos, a equipe na verdade não contou com eles. O comentarista errou *apenas* na escolha do verbo, pois em vez de *contar* deveria ter usado *ter*: *Equipe teve dois jogadores expulsos.*

Endemia X Epidemia X Pandemia. É cada vez mais frequente a confusão entre *endemia* e *epidemia,* sendo usadas em alguns meios como palavras sinônimas. Portanto, é oportuno esclarecer, antes que vire doença incurável. *Endemia* é a doença que existe constantemente em determinado lugar ou região, atin-

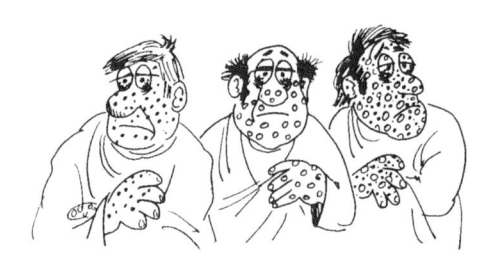

gindo pequeno ou grande número de pessoas; *epidemia* é a doença que surge rapidamente em determinada região, atingindo grande número de pessoas. Enquanto isso, considera-se *pandemia* a epidemia generalizada, que se alastra por todas as regiões (*pan:* todo).

O causador do acidente fugou do local.
É certo que *fugar* tem a ver com *fuga,* mas não significa *fugir,* e sim *afugentar.* Das duas uma: ou o repórter não sabe conjugar o verbo *fugir,* ou, cansado de usá-lo, optou, erradamente, por *fugar.* Qualquer que seja o caso, deve ficar com o sempre correto *fugir: O causador do acidente fugiu do local.*

Proibida a entrada de branco.
Ao se deparar com esse aviso afixado na entrada de um clube social, o cantor – negro – irritou-se com a discriminação racial de que os brancos estavam sendo vítimas, negando-se a cantar. Só o fez após a explicação de que não se tratava de proibição, mas de simples recomendação: as pessoas não deviam usar roupa branca, pois a pista era de chão batido e a poeira acabava sujando a roupa. A confusão não se repetiu mais, porque foi acertado o teor do aviso: *Evite usar roupa branca.*

Convidaria as seguintes autoridades a fazerem parte da mesa.
E por que não convida? É pecado mortal contra os bons princípios de qualquer cerimonial submeter as autoridades ao ridículo de terem publicamente condicionado o convite para participarem de mesa e, o que é pior, sem saberem das razões. Na verdade, não passa de verbo mal con-

jugado. O futuro do pretérito, antigo condicional, é vítima frequente de mau uso. Poucos se dão conta de que seu emprego tem que estar relacionado com alguma condição, daí *condicional*. No exemplo, seria admissível a seguinte situação: *Se estivessem presentes, convidaria as seguintes autoridades...* Como não é o caso, a frase precisa ser corrigida: *Convido as seguintes autoridades a fazerem parte da mesa.*

Equipe econômica toma forma de olho na política. Era a manchete principal de um jornal de grande circulação. Como a foto que ilustrava a manchete apresentava alta autoridade de olhos bem abertos, atentos, a primeira interpretação era de que a equipe assumia forma semelhante à de um olho na política. Mas que forma será essa? Examinando melhor, concluiu-se que a intenção era mesmo dizer que a equipe estava atenta à política. Assim, basta corrigir: *De olho na política, equipe econômica toma forma.*

São versos de uma beleza etérica. O poeta festejou o comentário à obra de sua lavra. Não sabe ele que não existe a palavra *etérica* e que o crítico acabou afirmando não haver beleza nos versos. Torcendo pelo poeta, vamos imaginar que o crítico apenas se equivocou, utilizando *etérica* em vez de *etérea*.

Então as ossadas sobreviveram! Foi a expressão de espanto de um dos participantes de debate sobre o massacre dos índios ianomâmis ocorrido em Roraima. Referia-se aos ossos dos esqueletos que, resistindo ao fogo, não chegaram a virar pó, segundo a tradição desses indígenas. No entanto, longe estavam da sobrevida...

Pecado n.º 4
AS PERIGOSAS SEMELHANÇAS

*Guardai-vos com cuidado do fermento
dos fariseus e dos saduceus.*
Mateus, 16:6

As semelhanças de grafia e de pronúncia entre palavras de sentidos diferentes e até mesmo opostos perturba o dia a dia de quem escreve e fala. Quantas vezes é *ratificado* aquilo que deveria ser *retificado*! Quantos *concertos* se realizam em lugar de *consertos*! E as *seções, secções, sessões* e *cessões*... Isso sem contar os *desencontros* de quem vai *de encontro a* ao invés de ir *ao encontro de*... Sem dúvida, os homônimos e parônimos são assunto dos mais propícios para se cair em pecado.

Semelhança entre Alemanha e Haiti. Na Copa do Mundo de 2014, que os brasileiros não esquecerão tão cedo, nosso País foi goleado pela Alemanha por 7 x 1. Em compensação, na Copa América Centenário de 2016, o Brasil goleou o Haiti pelos mesmos 7 x 1. Conhecido narrador esportivo brasileiro, querendo fazer uma brincadeira, caiu em gracioso pecado ao afirmar que era ótimo fazer a mesma goleada *em cima de um país que começa pela mesma letra* (A). Vai ver que no vocabulário dele não existe palavra iniciada por *H*. Aproveitando, corrija-se também o mau uso do pronome relativo *que*, pois não é o país que começa por determinada letra, mas o nome desse país. Então:...*em cima de um país cujo nome começa pela mesma letra.*

O autor desmistificou o herói. Como o herói deixou de ser um *mito*, foi ele *desmitificado*, e não *desmistificado*. Enquanto *desmitificar* significa desfazer o mito, *desmistificar* quer dizer desfazer o engano, a burla.

Chamavam atenção as largas listas de seu casaco. Também chama atenção a confusão que o colunista social faz entre *lista* e *listra*. *Lista* tem o sentido de relação: lista de nomes, de produtos, etc. Já *listra* é o nome que se dá às riscas, às linhas de cor diferente da predominante num tecido ou numa tela, como é o caso de casacos, camisas, vestidos, gravatas, etc. Portanto: *Chamavam atenção as largas listras de seu casaco.*

Vadear é próprio dos vadios.
Não! *Vadear* é atravessar a pé. *Vadiar* é que é próprio dos vadios, que têm vida ociosa, que vagabundeiam.

O ministro falará a cerca das prioridades do governo.
Além de torcer para que os projetos deem certo, espera-se que o faça com o *a* grudado na *cerca*; assim: *O ministro falará acerca das prioridades do governo.* Aliás, na esperança de que parem de errar a grafia dessa expressão, é necessário *cercá-la* completamente: tendo o sentido de *a respeito de*, como na frase acima, escreve-se *acerca de*; referindo-se a tempo passado, grafa-se a expressão com *h* e afastado da *cerca*: *há cerca de um mês já se falava no plano.* É sem *h*, com o *a* afastado da *cerca*, quando se refere a tempo futuro: *Daqui a cerca de dois anos estaremos novamente na disputa.* Esta última forma vale também quando se quer indicar distância: *Estava a cerca de 20 metros do prédio.*

É necessário se previnir contra os assaltos.
Até mesmo contra os pequenos grandes assaltos ortográficos que trocam o *e* pelo *i*. Autores mais prevenidos escrevem *prevenir*, e não *previnir*.

Se caso eu não puder vir...
Se por acaso o autor da frase voltar a usar a expressão, que faça a escolha entre uma das seguintes opções: *se acaso, se por acaso*, ou simplesmente *caso*. O que não pode é ser redundante, pois *se* e *caso* são sinônimos.

O tráfico das grandes cidades é estressante.
Mesmo sem entrar no mérito, o leitor da frase se depara imediatamente com uma questão intrigante: quis o informante se referir ao *tráfico* (qualquer negócio ilícito) ou ao *tráfego* (trânsito)? Inteligentes, todos acreditam que o informante cometeu pequeno deslize: quis referir-se ao *tráfego*, mas disse *tráfico*.

HABITAT, CAMPUS CURRICULUM ET PER CAPITA

 # Hábitat ou *habitat*? Aceitando-se a forma aportuguesada *hábitat*, deve-se usar acento, pois se trata de palavra proparoxítona; interpretando-a como palavra latina, não há acento, devendo-se usá-la entre aspas ou, de preferência, em *italic*, caracterizando, assim, palavra estranha ao português.

 # Câmpus ou *campus*? Repete-se o mesmo caso. Havendo resistência à tradução para *campo*, as universidades têm preferido a forma latina: *Campus Universitário*, mas nem sempre alertam para o fato de ser palavra estranha ao idioma nacional, usando-a entre aspas ou em *italic*. A tendência é que a palavra acabe integrada ao léxico português e, como tal, seja contemplada com acento circunflexo, pois se trata de paroxítona terminada em *us*. O plural de *campus*, no latim, é *campi*; em português, seguindo-se a mesma lógica, seria *câmpi*, com acento. O que não pode, em ambos casos, aportuguesar sem aplicar a regra de acentuação.

 # Currículo ou *curriculum*? No futuro, é provável que se use apenas a palavra *currículo*, plenamente integrada na língua. Mas, por enquanto, usa-se *currículo* mais com os sentidos de *curso, atalho* e *ato de correr*. Enquanto isso, com o sentido da expressão latina *curriculum vitae*, já está em curso a forma aportuguesada *currículo*, numa palavra só. Aproveita-se para lembrar que o plural da forma latina é *curricula*.

 # *Per capita*. Expressão latina de uso consagrado no português, teria como tradução literal *por cabeça*, usada apenas em linguagem coloquial. Para quem não gosta da forma latina, existe a opção, já consagrada, *por habitante*. Usando *per capita*, não custa insistir, deve se usar entre aspas, ou em *italic*.

Agora, no vestuário, vou alertar para os erros da equipe. Não se deu conta o treinador de que os problemas da equipe não estavam no *vestuário* (conjunto de roupas), pois camisetas, calções, meias e chuteiras, tudo estava em perfeita ordem. É claro que estava se referindo ao *vestiário*.

Seleção jogou mal frente aos argentinos. Não existe *frente a*. Então é *em frente aos argentinos*. Se tivesse jogado para uma plateia composta de argentinos contra outro adversário, a frase estaria correta. Como não foi esse o caso, e sim o jogo realizado contra os argentinos, a opção também está errada. Então aí vai uma forma correta e simples: *Seleção jogou mal contra os argentinos*.

O expectador saiu frustrado do espetáculo. Mais frustrado ainda fica quem zela pelo seu idioma quando se depara com palavra tão mal interpretada como *expectador* nesta frase. *Expectador* é o que tem expectativa, esperança; o assistente ou testemunha, como no caso da frase, é chamado de *espectador*, com *s*.

Viagem X Viajem. *Viajemos* um pouco: o substantivo é *viagem*, com *g*. A partir desse substantivo formou-se o verbo *viajar*, em que foi necessário mudar o *g* para *j*, em respeito ao princípio que manda escrever de acordo com a pronúncia; em toda a conjugação do verbo *viajar*, não há razão para mudar de *j* para *g* qualquer forma do verbo *viajar*, nem mesmo na terceira pessoa do plural do presente do subjuntivo, que é *viajem*, com *j*. Portanto, *viajem*, e façam boa *viagem*.

Essa senhora deveria ser menos resina. O irritado político estava se referindo à teimosia da senhora, mas acabou lhe atribuindo um defeito que seguramente não lhe chamou atenção: o de ser uma substância oleosa. Quando se acalmar, com certeza dirá que a senhora deveria ser menos *rezina*, ou seja, teimosa.

O locador destratou o negócio já acertado. Não deve o leitor pensar que o *otário*, ou melhor, o locatário, foi ofendido, insultado. Na verdade, o autor da frase se enganou por apenas uma letra, pois o que o locador fez foi *distratar*, ou seja, desfazer o trato. Assim, só falta corrigir a frase: *O locador distratou o negócio já acertado.*

O assassino exitou, mas confirmou ser o autor do crime. O repórter policial é que foi pouco *exitoso*. Não poderia sequer ter *hesitado* na grafia da forma verbal *hesitou*. Menos mal que não se *excitou* diante da confissão do criminoso. Para desfazer toda essa confusão, esclareça-se: *êxito* = sucesso; *hesitar* = titubear; *excitar* = exaltar, estimular.

Tive a súbita honra de conhecer o Senador. A ponto de ser acometido de um mal *súbito*, o emocionado vereador se enganou por uma letra apenas, pois, como quis dimensionar sua honra, deveria ter dito *subida* ou *elevada*, e não *súbita*.

A nota oficial foi vinculada em toda a imprensa. São muitos os usuários do português que, *desvinculados* do seu idioma, cometem essa gafe. Notícias, notas oficiais, publicidade, propaganda e outras matérias são veiculadas por meio de algum *veículo* de comunicação, como jornal, revista, rádio, televisão, mídia eletrônica, etc. Portanto, é preciso corrigir: *A nota oficial foi veiculada em toda a imprensa.*

Daqui há quatro anos haverá nova Olimpíada. Existe nesta frase uma contradição em relação ao tempo: começa no presente (*há*) e ter-

mina no futuro (*haverá*). Acontece que *há*, do verbo *haver*, em relação ao tempo, só pode ser usado para referir passado. Quando se quer fazer alusão a tempo futuro, usa-se a preposição *a*: *Daqui a quatro anos...* Querendo indicar distância, também se deve utilizar a preposição *a*: *Estava a dois metros*. Corrigindo, a frase fica assim: *Daqui a quatro anos haverá nova Olimpíada*.

Para desencargo de consciência...
Antes que a frase continue, deve-se avisar o autor de que *desencargo* quer dizer *desobrigação, sem compromisso,* quando, com certeza, quis se referir ao *alívio* de consciência; portanto, *descargo*.

Ele é um provalecido!
A irritação *prevaleceu*, levando o autor da frase a cometer o mesmo erro de muitos outros brasileiros que não sabem da inexistência do verbo *provalecer*, o qual deve sempre ser trocado por *prevalecer*. Portanto: *Ele é um prevalecido!*

As medidas do governo vão de encontro aos anseios da população.
Esta frase, dita por alta autoridade do Governo Federal, apesar de contrariar o pensamento de seu autor, acabou refletindo a verdade, pois o tempo mostrou que era isso mesmo. Acontece que *de encontro a* significa que é *em prejuízo de*. Quando se quer favorecer, deve-se ir *ao encontro de*.

Os votos foram depositados aparte.
Apartando o certo do errado, deve-se esclarecer que *aparte* é o que alguém pede e o orador concede, enquanto que nessa frase é *à parte*, já que se quis informar que *os votos foram depositados em separado, à parte*.

O maior problema do Brasil é a amoralidade.
Com certeza, o comentarista foi demasiado generoso, pois certamente acredita que o problema é mesmo o da *imoralidade*. É muito mais grave ser *imoral*, ou seja, ferir a moral, do que ser *amoral*, isto é, ser indiferente à moral.

A terraplanagem já está concluída.
Talvez porque o terreno já estivesse *plano*, o autor da frase tenha

se decidido pela palavra *terraplanagem*. Na verdade, apesar de essa palavra estar em vias de consagração, o correto é *terraplenagem*, pois deriva de *terraplenar*, ou seja, deixar *pleno* de terra.

 # Para o ministro o povo é apenas um assessório. E para o autor da frase a ortografia é apenas um *detalhe*, pois teria que ter grafado *acessório*, e não *assessório*. Quando for assessor ou assistente de alguém, então sim será um *assessório*. *Acessório* é algo complementar, um pertence de algum instrumento ou máquina.

 # A seleção não estava afim de jogar. E o comentarista não estava *a fim de* escrever corretamente, no que guarda alguma *afinidade* com os atletas, sendo, portanto, *afins*. Esclarecendo, deve-se informar que *afim*, com o *a* grudado no *fim*, tem o sentido de *semelhante, parecido, análogo*; daí *afinidade*. No caso da frase, o sentido é de *para, com o objetivo (de)*. Portanto: *A seleção não estava a fim de jogar*.

 # Dirija-se à sessão de cobrança. Como não se pode admitir que os funcionários do setor de cobrança estejam em permanente reunião, é evidente que a comunicação está errada. De *seccionar* deriva *secção*, que, por sua vez, originou a forma opcional *seção*, sinônimo de *setor, departamento*. *Sessão*, com *ss*, sempre implica reunião de determinado número de pessoas: sessão da Câmara de Vereadores, sessão de cinema, sessão de umbanda... Já *cessão* deriva do verbo *ceder*: cessão de direitos, de espaço...

 # Mesmo contrariado, o servidor informou estar ao par. Muito estranho esse servidor. Ou ele ou o autor da frase, ou, quem sabe, ambos não sabiam que *ao par* quer dizer estar de acordo. Com toda a certeza, quiseram informar que estavam *a par*, ou seja, cientes.

 # Trata-se de um ator muito xistoso. Um ator que contenha xisto é algo inédito na história da dramaturgia. Conhecem-se, isto sim, atores brincalhões, gozadores, ou, se preferirem, *chistosos*, com *ch*.

 # O presidente quer saber como a notícia vasou. Antes disso, é preciso esclarecer que o português também *vazou*. O verbo é *vazar*, isto é, com *z*, em toda a sua conjugação, enquanto o substantivo é com *s: vaso*. Como tudo o que *vaza* fica *vazio*, diga-se de passagem que todas as formas derivadas do verbo também são grafadas com *z: vazio, esvaziar, esvaziamento*, etc.

 # Acendeu ao cargo por méritos próprios. Para que não se pense que alguém ateou fogo na autoridade, corrija-se o verbo para *ascendeu* (subiu, elevou-se). Por extensão, também não se erre mais dizendo da *acensão* de alguém, mas sim da *ascensão*.

 # Lojas bem surtidas surtem bons resultados. O trocadilho que o comentarista quis aplicar reverteu em *aplicação* contra ele próprio. Deve inventar outra, porque essa não deu certo. Acontece que lojas bem *sortidas* (abastecidas) é que *surtem* bons resultados...

 # O empresário teve suas contas dessecadas. Para que não se pense que o empresário teve suas contas enxugadas, secadas, o que seria uma arbitrariedade digna das mais cruéis ditaduras, corrija-se a frase trocando *dessecadas* por *dissecadas*, isto é, analisadas detalhadamente.

 # Estória X História. Quando pescadores e caçadores exageram nos contos, aumentando muitos pontos, diz-se que estão contando *estórias*. Nas raras vezes em que contam verdade, contam *histórias*. Em outras palavras, *estória* é narrativa de ficção, enquanto a *história* é real, baseada em documentos.

 # Os Correios exigem que o envelope seja subscritado. Estamos diante de uma comunicação em que se cometem dois *pecados*: endereçar o envelope é uma necessidade muito mais do remetente do que da Empresa de Correios e Telégrafos, que, se assim não fosse, não teria para quem entregar a correspondência. Em segundo lugar, os Correios não exigem que o envelope seja *subscritado*, isto é, assinado.

 # O ácido ascético é prejudicial à saúde. E saiba o doutor que cometer erros tão grosseiros de grafia é prejudicial à imagem de quem escreve. Sempre que for ácido será *acético*; jamais *ascético*, e muito menos *asséptico*. *Asséptico* é relativo a assepsia, ou seja, quando isento de germes patogênicos. Dizendo respeito aos ascetas, ao místico, devoto, contemplativo, a palavra correta é *ascético*.

 # A defesa do réu vibrou com o diferimento do pedido. É a lei da vida: bom para uns, ruim para outros. No caso, bom para o réu e seus defensores, ruim para o português, que *difere* do mau uso da palavra *diferimento* na frase, pois sabe-se que, a bem da verdade, houve *deferimento* por parte do juiz. O autor da frase, é certo, errou por pouco: *apenas* inverteu o sentido...

 # O sedente solicita o protesto do título. Esta comunicação interbancária peca pelo excesso de sede de cobrança, atribuída àquele que *cedeu* o título. Esclarecendo melhor: *sedente* é o que tem *sede*, enquanto *cedente* é o proprietário do título que o *cede* ao banco, para que este efetue a cobrança.

 # A embaixadora acompanhou o embaixador. Como eram do mesmo país, a frase deixou dúvidas, pois não é possível que um país tenha dois embaixadores em outro país. Soube-se depois que, a bem da verdade, se tratava da *embaixatriz*, isto é, da esposa do embaixador. *Embaixadora* é a mulher que exerce a função de embaixador.

 # O Governo Federal está tachando demais. Se ficarmos na intenção do comentarista, acredita-se que todos os brasileiros estejam de acordo. Do ponto de vista semântico, no entanto, está tudo errado, pois o Governo Federal ainda não chegou ao extremo de *tachar* o povo brasileiro, ou seja, de introduzir percevejos ou pequenos pregos na população. O que faz, e com toda voracidade, é *taxar*, com *x*, isto é, aplicar *taxas* e mais *taxas*...

 # Fazenda delata prazo de pagamento. O rigorismo das autoridades fazendárias não chegaria ao absurdo de denunciar, acusar, o prazo de pagamento, como afirma o autor da frase. O que houve, a bem da verdade, foi uma generosa prorrogação (dilatação) no prazo. Portanto: *Fazenda dilata prazo de pagamento.*

 # A brocha do pintor estava muito gasta. Não se tem notícia de pintor que use prego – isto é, *brocha* – para pintar, nem mesmo quando muito gasto, mas sim pincel, ou seja, *broxa*.

 # O acusado descriminou todas as despesas efetuadas. Acuse-se o autor da frase, que, de forma absurda, livrou as despesas do crime, pois é isso que o verbo *descriminar* significa, ou seja, *inocentar, isentar de crime, tirar a culpa.* Como quis informar que o acusado discerniu, separou todas as despesas efetuadas, deveria ter usado o verbo *discriminar*, com *i*. É também o caso das conhecidas e maltratadas expressões *discriminação racial, discriminação religiosa*, entre tantas outras formas de *discriminação* que, de maneira equivocada, volta e meia viram *descriminação*.

 # O País vive uma somatória de crises. E o português também. Aliás, o português vive vários somatórios de crises. Mesmo porque não existe a palavra feminina *somatória*.

 # Este é um grande emprendimento. Seria maior ainda se estivesse grafado corretamente: *empreendimento*. Vale observar que em português todas as vogais pronunciadas devem ser escritas. Se pronunciamos *ee*, assim escrevemos.

 # A *grosso modo*, foi o que aconteceu. Para que ninguém pense ter o depoente omitido fatos e que o tenha feito de forma *grosseira*, elimine-se o *a* inicial da frase. Em outras palavras, não existe *a grosso modo*, mas sim *grosso modo*, expressão que deve ser grafada sempre entre aspas, ou em *italic*, por ser italiana, não estando incorporada ao português.

 # O engano passou desapercebido dos técnicos. O erro envolvendo o uso das palavras *desapercebido* e *despercebido* também passa *despercebido* da maioria dos usuários do português. Enquanto *desapercebido* tem o sentido de *desprovido, desprevenido, desguarnecido*, seu parônimo *despercebido* significa *não visto, não notado, não observado*.

 # O religioso caracteriza-se pela discreção. E o autor da frase pela *indiscrição* com o uso de palavras que não existem, como *discreção*; existe, sim, *discrição*, significando a qualidade de ser discreto. Porém, não deriva de *discreto*? Não, deriva do latim *discritio*. Palavra parônima de *discrição* é *descrição*, que é o ato de descrever.

 # Nestes termos, pede diferimento. Nunca foi tão fácil para a autoridade *diferir*. Ao solicitar que seu pedido não fosse atendido, o postulante obteve atendimento instantâneo, algo inédito na burocracia brasileira. Para evitar mal-entendidos como esse, é conveniente que se esclareça definitivamente: *deferir* (daí *deferimento*) significa *conceder, outorgar*. Portanto, pede-se *deferimento*. Quando se quer afirmar o contrário, divergir ou adiar, use-se *diferir* (daí *diferimento*), ou *indeferir* (daí *indeferimento*).

 # Em sua campanha eleitoral, o ex-presidente contou com vultuosos recursos escusos. Que o ex-presidente dispôs de recursos escusos está mais do que provado. Que os recursos não foram *vultuosos*, mas *vultosos*, é verdade que o informante desconhecia. Acontece que *vultuoso* quer dizer *vermelho, inchado* (provavelmente com caxumba...). *Vultoso*, por sua vez, deriva de *vulto*, nunca de *vúltuo*, palavra que todos sabem não existir.

A postos contra a fome e a miséria.
Apelo de meritória campanha popular, contém, no entanto, pecado contra o idioma nacional. Com o sentido de *preparados,* já que antigamente *apostar* tinha também o sentido de *preparar, apostos* deve ser grafado numa palavra só, sendo errado separar o *a* de *postos.* É também o caso da expressão *todos apostos,* ou seja, *todos preparados.*

O jogo foi beneficiente.
O português, no entanto, não foi *beneficiado,* pois a forma correta é *beneficente,* pois a raiz da palavra é *benefic.,* à qual se acrescenta o sufixo *ente.*

A corrupção sempre foi grande impecilho para o desenvolvimento do País.
Ao argumentar que a corrupção não foi descoberta pela Operação Lava-Jato, iniciada em 2015, o administrador de empresas foi um tanto desleixado ao usar *impecilho,* em vez da forma correta *empecilho.*

E mãe-d'água ocorre o uso de apóstrofe.
O sinal gráfico que ocorre em *mãe-d'água* é o *apóstrofo*. Apesar de existir, a palavra *apóstrofe* é pouco usada; expressa a situação em que alguém interrompe seu discurso para responder a uma interpelação.

A maioria prefere móveis invernizados.
Enquanto isso, a minoria usa a forma correta *envernizados*. Recurso de memória válido para não ter dúvidas, aplicável também a outras palavras, é lembrar que o verniz fica na superfície da madeira (daí *en*), não penetrando em seu íntimo.

O comentarista destorceu os fatos.
Enquanto isso, o autor da frase *distorceu* o adequado uso das palavras. A não ser com o eventual sentido de *endireitar* o que foi *torcido,* não existe *destorcer,* mas sim *distorcer.* Então, corrija-se: *O comentarista distorceu os fatos.*

A autoridade interveio no momento asado.
Para que não se pense existirem momentos que têm asas, corrija-se a palavra *asado* para *azado*, pois esta última é que expressa

a vontade do autor: momento oportuno, propício, *azado*.

 # Túnel Prefeito Marcello Alencar / Extenção: 3.394m. Placa colocada na entrada de um túnel. Essa importante obra viária teve seu brilho comprometido em função de um pequeno atentado contra a língua portuguesa. Para o pleno funcionamento do túnel, recomenda-se corrigir *extenção* para *extensão*.

 # O técnico estava com o ânimo arreado. O informante errou por pouco, pois apenas trocou uma letra: *arreado*, em vez de *arriado*. O sentido, no entanto, foi *apenas* invertido, já que *arreado* significa *aparelhado, com arreios*, e *arriado* quer dizer *desanimado, que desceu*.

 # O juiz decidiu pelo aresto dos bens. O autor da frase confundiu *aresto* com *arresto*. Teria acertado se tivesse escrito que o *aresto* do juiz decidiu pelo *arresto* dos bens, pois *aresto* significa *acórdão, decisão judicial*, enquanto *arresto* é sinônimo de *embargo, penhora*.

 # Essas medidas imanaram dos mais legítimos anseios populares. *Imanar* deriva de *íma*; daí ter o sentido de *magnetizar, atrair*, o que na frase não faz sentido. É evidente que o autor quis dizer *emanaram*, para dar o sentido de *originar-se de*.

 # O rico empresário imergiu do nada. Como não domina certos termos, o incipiente autor da frase deveria ter optado por verbos mais comuns, como *surgiu*, pois *imergiu* significa *penetrou, afundou*. Se, por necessidade muito pessoal, insistir em usar esse verbo, basta trocar o *i* pelo *e*: *emergiu*.

 # Ele é o az do basquete. Pouco familiarizado com o termo, o autor da frase demonstrou não ser um *ás* no português. Chama-se de *ás* o especialista em determinada atividade, bem como a carta de jogo que tem esse nome. *Az* tem o único sentido de *ala*.

Ele costuma assuar o nariz em público. O difícil é julgar quem é pior, o que *assoa* o nariz em público ou quem comete erro tão primário ao escrever. *Assuar* é vaiar, apupar, e *assoar* é limpar o nariz.

Os primeiros emigrantes alemães vieram em 1824. Seguindo no processo de migração entre *e* e *i*, o autor da frase se enganou. Quem chega é o *imigrante;* quem sai é o *emigrante*. Como se vê, *e* e *i* funcionam nesses exemplos como verdadeiros prefixos, em que o *e* tem o sentido de *sair* – de dentro para fora, ou de perto para longe –, enquanto o *i* carrega o significado de *entrar* – de fora para dentro, ou de longe para perto.

O governo arroxou os salários. O *arrocho* salarial a que, seguramente, o comentarista foi submetido, tornou-o *roxo, arroxado*... Para que não aconteça o mesmo com os leitores, vamos esclarecendo que com o sentido de *apertar muito* é *arrochar*, só se admitindo *arroxo*, com *x*, quando se refere à cor assim chamada: *roxo*. E antes que o português se *arroche*, corrija-se a frase: *O governo arrochou os salários*.

A categoria reinvindica melhores salários. A categoria deveria ter mais *categoria*, reivindicando em bom português: *A categoria reivindica melhores salários*.

O tráfico de drogas deve ser definitivamente prescrito. Eis uma questão sutil. *Prescrever* pode ser usado com o sentido de *receitar*, como é o caso do médico que *prescreve* medicamentos. Mas pode também ter o sentido de *anular, extinguir*. Seria este último o caso da frase? Não. Só pode ser *anulado, extinto,* aquilo que já foi legítimo. Não é o caso do tráfico de drogas, que nunca foi legítimo, legal. Portanto, o tráfico de drogas deve mesmo ser *proscrito*.

O Governador imitiu nota oficial. Com certeza o Governador *emitiu* nota oficial, pois publicou, expediu, ou seja, de dentro para fora. *Imitir* é fazer entrar, investir. É daí que surgem os substantivos *emissão* e *imissão,* cada qual com seu sentido derivado dos verbos *emitir* e *imitir*.

O iminente desembargador sempre zelou pela justiça. O mesmo não se pode dizer do autor da frase em relação à língua portuguesa, pois ele insiste em trocar o *e* pelo *i*, pois *iminente* é algo que está por acontecer, próximo, ao passo que *eminente* tem o sentido de *elevado, célebre, digno*.

O assaltante foi atuado em flagrante. E o autor da frase foi *autuado* em flagrante erro de português... Mas, bem que a confusão poderia ter sido ainda maior, pois são três as palavras possíveis de uso: *atuar, atoar* e *autuar*. De qualquer forma, não é difícil distinguir: *autuar* deriva de *auto*, daí *auto de infração, autuar; atoar* vem de *à toa*, significando *levar à toa, sem rumo, finalidade; atuar* quer dizer *agir, exercer alguma ação*.

A empresa foi vítima de expionagem industrial. E o português o foi de mais um descuido. *Expiar* significa *pagar, sofrer pena,* enquanto *espiar* tem o sentido de *espreitar, olhar;* daí *espionagem industrial.*

Este sabonete tem uma flagrância interessante. E o autor da frase foi *flagrado* em erro que deixa transpirar uma *fragrância* indesejável. *Flagrante* tem o sentido de *evidente,* originando também a expressão *em flagrante:* no momento exato, preciso. *Fragrante* e *fragrância* significam *aroma, perfume.* É o caso da frase.

As lâmpadas florescentes são mais econômicas. Só por serem floridas, não é possível que sejam mais econômicas. Por serem luminosas e conterem flúor – daí *fluorescentes* –, até pode ser.

A situação está russa. A aversão ao antigo regime russo criou muita confusão quanto à grafia dessa palavra. Na frase, não há referência àquele país, não se justificando a grafia com *ss*. Na verdade, o informante quis dizer que a situação estava *ruça*, isto é, pardacenta, grisalha, complicada...

Em seus discursos, ele costuma avocar os grandes heróis. Para que não se pense que ele costuma *atribuir-se* os grandes heróis, o autor da frase deveria ter usado o verbo *evocar,* que tem o sentido de *lembrar, recordar.*

Esta alteração ratifica o teor da ordem de serviço. Como? Sem dúvida, é inédito que uma alteração *ratifique*. Todas as alterações de que se tinha notícias *retificavam*, com *e*, ou seja, alteravam, mudavam...

Receba os estratos em seu celular. É certo que os serviços bancários são eficientes, contudo não a ponto de os bancos remeterem *estratos*, isto é, filas de nuvens para os celulares de seus clientes... Mandam, isto sim, *extratos* (resumos). *Extrato* é a essência de qualquer produto ou serviço; daí *extrato de tomate, perfume,* etc. *Estrato,* com *s,* é importante mais por causa de uma palavra muito utilizada que originou: *estratificação* (social), ou seja, a divisão da sociedade em *estratos,* camadas.

Os campos estavam branquiados de tanta geada. Os campos não têm brânquias e por isso mesmo não podem *branquiar*. A bem da verdade, a geada deixa os campos brancos; portanto: *Os campos estavam branqueados...*

O motorista teve sua carteira caçada. Como ninguém atirou na carteira, nem praticou o esporte da caça com ela, mude-se *caçada* para *cassada*. Assim a verdade se restabelecerá, pois a carteira foi apenas anulada, invalidada.

As selas dos presidiários são muito acanhadas. Exatamente por serem muito pequenas, as *celas* não comportam cavalos, muito menos arreios, *selas*. Sendo assim, vamos corrigir para: *As celas dos presidiários...*

O senso mostrou que as diferenças regionais se acentuaram. Para que a frase fosse perfeita, faltou apenas um pouco de *bom-senso*. Basta lembrar que *censo* é palavra de que deriva *recenseamento,* devendo, portanto, manter a letra *c*. *Senso*, com *s*, é sinônimo de *juízo*, como também é relativo aos sentidos.

Em vez de estudar, a maioria dos alunos passa o tempo folhando os livros. Não se sabe quem é o mais errado: o aluno ou o autor da frase, que deve ter feito o mesmo quando estudante. Na verdade, o que esses alunos fazem é *folhear*, já que *folhar* significa cobrir com folhas. Virar as páginas é ato que se expressa com o verbo *folhear*.

A estadia de V. Exa. em nossa cidade foi muito honrosa. Ao invés de homenagear a autoridade, o orador acabou ofendendo-a, pois *estadia* diz respeito a navio, caminhão ou qualquer outro veículo de transporte de carga, mas jamais a pessoas, sempre contempladas por seu parônimo *estada*.

É um jovem ainda insipiente em política. Sendo jovem, é porque ainda não teve tempo de aprender todos os meandros da política, não se podendo chamá-lo de *insipiente,* ignorante, mas sim de *incipiente*, com *c*, no sentido de *principiante*. É melhor dar tempo ao tempo...

A justiça infringiu duras penas aos estupradores. A justiça, na verdade, *infligiu* duras penas, no que agiu de forma absolutamente correta, ao contrário do informante, que acabou acusando a justiça de infratora. Piores do que ele são os informantes que usam os verbos *inflingir* e *infrigir*, que, *no frigir dos ovos*, não existem.

 # O traficante foi inquerido sobre seus companheiros. Não se pense que o traficante não foi querido..., nem que teve sua carga apertada. Com toda certeza, foi ele *inquirido*, ou seja, indagado, perguntado.

 # O gaiteiro foliou a gaita. Para que não se pense que o gaiteiro fez a gaita divertir-se, pular e dançar, diga-se que ele *foleou* a gaita, isto é, abriu o *fole*.

 # O remitente aguarda resposta até hoje. Sendo a pessoa que perdoa, cabe ao *remitente* dar resposta, e não aguardá-la. Quem escreve e espera resposta é o *remetente*.

 # O atleta serrou os punhos e vibrou intensamente. É inacreditável que o atleta tivesse chegado a esse ponto. Com certeza, limitou-se a *cerrar* (fechar) os punhos. *Serrar* significa cortar.

 # O secretário ficou roborizado com o que viu. Para que não se pense que o secretário virou *robô* ou que se fortaleceu com o que viu, mas que ficou *rubro*, vermelho, corrija-se imediatamente a frase: *O secretário ficou ruborizado com o que viu*, com *u*.

 # Foi um incidente causal. Com certeza o incidente foi *casual*, pois ocorreu por acaso; foi ocasional, incidental. Não se pode esquecer que *causal* é relativo a *causa*.

 # Trata-se de um processo maçudo. E o leitor da frase pensou tratar-se de um processo monótono (*maçudo*), quando, na verdade, se tratava de processo volumoso (*massudo*).

 # Termina a primeira estapa da partida. Recomenda-se ao locutor que aproveite o intervalo do jogo para procurar no dicionário a palavra *estapa*. Não encontrando, que procure *etapa*, esta, sim, a palavra correta.

 # A tendência do moderno comércio é o alto-serviço. O comentarista expressou louvável sentimento de preservação e valorização do idioma nacional ao não usar a expressão inglesa *self service*. No entanto, foi infeliz ao errar na tradução de *self*, que entendeu significar *alto, qualificado,* quando se sabe que seu verdadeiro significado é *auto, próprio.* Em busca de autoaperfeiçoamento, deverá passar a usar *autosserviço.*

O mandado do Governador é de quatro anos.

Sabendo que o autor se referia ao período de tempo, o leitor tratou de corrigir a frase para: *O mandato do Governador...* Para se referir ao ato de mandar, à ordem, é que o português coloca à disposição a palavra *mandado*; daí *mandado de segurança.*

O paciente acusou dores toráxicas.

E o português acusa dores gráficas. Apesar de derivar de *tórax*, com *x*, a palavra *torácico* e suas derivadas são grafadas com *c*, por se originarem da forma latina *thoracicus.*

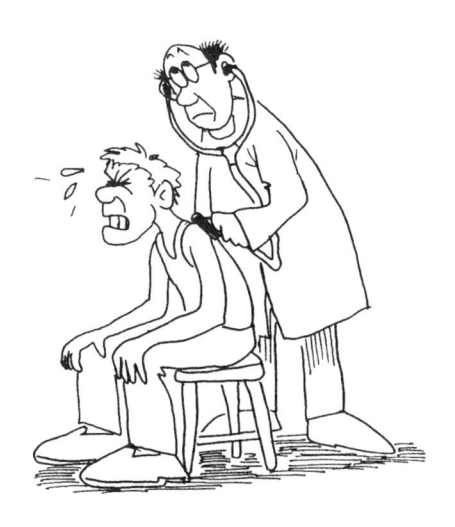

Demais X De mais.

É comum as pessoas, mesmo as cultas, confundirem essas duas formas, cuja diferença é sutil. Quando se opõe a *de menos*, a grafia correta é *de mais,* separado, como neste exemplo: *É uma questão de mais ou de menos valia.* Em todos os *demais* casos, a grafia correta é *demais*:

– Com o sentido de *excessivamente* (advérbio), *demasiado*: *Ela estava nervosa demais.*

– Significando *além disso* (advérbio sinônimo de *ademais*), de uso raro: *Demais não conheço esse sujeito.*

– Na acepção de *os outros, os restantes* (pronome): *Os demais não são conhecidos.*

Após os comprimentos, o ministro se retirou.

Por mais *compridos* que tenham sido os *cumprimentos*, o ato de saudar é também conhecido por *cumprimentar*, com *u*.

As cores da tela estão bem consertadas.

Com exceção desse crítico de arte, ninguém mais viu remendo (*conserto*) na tela. O que todos viram foi uma perfeita combinação de cores, que estavam bem *concertadas*, com *c*. Ainda bem que os críticos de música usam *concerto musical*, pois assim não há necessidade de *consertá-los*.

O lutador colocou seu título em cheque. Para que não se pense que o lutador preencheu o *cheque* (ordem de pagamento) colocando o título conquistado em vez do valor, corrija-se *cheque* para *xeque*, que significa *risco, perigo*. Também é grafado com *x* quando se refere ao chefe árabe e ao incidente do jogo de xadrez que leva esse nome.

O veranista foi vítima de uma insulação. Não! O veranista não foi isolado numa ilha (do latim *insula*). Foi, isto sim, vítima de uma *insolação*. É muito fácil de memorizar: deriva de *sol* – *insolação*.

Foi solicitada a interseção da polícia. E a polícia *intercedeu*; daí o correto ser *intercessão*. Existe *interseção* ou *intersecção*, mas para expressar o ato de *cortar*, como também o ponto em que se cruzam duas linhas, conhecido como *ponto de interseção* ou *intersecção*.

Esta casa só vende lustros importados. É impossível, até mesmo para os mais espertos comerciantes, vender períodos de cinco anos. Vendem mesmo *lustres*.

Aqui você come as melhores maças da cidade. Como se tratava de restaurante, o faminto entrou na certeza de que encontraria boas *massas*. E encontrou. Também não se surpreendeu com o fato de não haver encontrado clava alguma, ou seja, *maça*, com ç.

Brindamos a vitória com uma gostosa garrafa de cidra. Ninguém tem o direito de se opor a que o vitorioso autor da frase goste da

fruta *cidra*, mas o vinho espumante de maçã a que se refere é conhecido como *sidra*, com *s*.

 # O experto especialista foi brilhante. É verdade, mas foi ofuscado pela falta de *esperteza* do autor da frase, que acabou sendo redundante por causa de uma letra. Acontece que *experto* deriva do inglês *expert*, tendo o sentido de *especialista*. Em outras palavras, chamou-o de *especialista especialista*. Com certeza, na próxima vez será mais *esperto* e dirá que o *esperto especialista foi brilhante*.

 # A receita que deu errado. Famosa por acertar qualquer receita que encontrasse em livros e revistas, a cozinheira fracassara em diversas tentativas de produzir um doce a partir de receita encontrada em revista especializada. Leu e releu diversas vezes até descobrir: um dos ingredientes era *1 l de creme de leite*. Ela lera *um litro* onde a intenção do autor da receita era recomendar uma lata. Depois de ajustar a quantidade desse ingrediente, acabou produzindo um maravilhoso doce. Portanto, cuidado com as formas abreviadas.

 # As costureiras já estão cozendo as fantasias de carnaval. Como o português não se presta para fantasias de carnaval, deve-se *coser* (costurar), com *s*. Costureira só *coze*, com *z*, quando vai para a *cozinha*; para *cozer* (cozinhar), é claro.

 # O salário do professor é *indescente*. Enquanto o salário do professor é *indescente* (não desce), a frase é *indecente*, ou, se preferirem, indecorosa. Aliás, trata-se de uma situação sob todos os aspectos *indecente*, com *c*.

 # A atual conjetura econômica não permite descuidos. O bom português também não. Espera-se que na próxima vez o comentarista prefira usar a palavra *conjuntura* para se referir a *situação*, e pare de supor, de formular hipóteses ou *conjeturas*.

 # Ele siquer leu a Constituição. E o autor da frase sequer sabe que não existe a forma *siquer*.

Novo diretor foi empoçado.
A bem da verdade, diga-se que o diretor foi empossado, com *ss*, pois *empossado* deriva de *posse*. A não ser que, por uma infeliz coincidência, tenha formado *poça*...

Desiderato ou *desideratum*?
A escolher, desde que se dê o tratamento gráfico adequado. *Desiderato* é português; *desideratum* é latim e, como tal, deve ser grafado entre aspas ou em *italic*.

A metereologia indica tempo bom.
Espera-se que o autor também tenha dias melhores, pecando menos. Não existe *metereologia*, mas sim *meteorologia*, ciência que estuda os *meteoros*, ou seja, os fenômenos atmosféricos.

É necessário que o atleta tenha competividade.
E que não se esqueça de que quem compete tem que ser *competitivo*, derivando daí *competitividade*, e não *competividade*.

Nesse sábado o Papai Noel traz seus presentes do exterior.
Na chamada publicitária natalina, das duas uma: ou o tempo do verbo, presente (*traz*), está errado ou o demonstrativo *nesse* está no tempo errado, já que indica passado. Harmonizar presente e passado, tudo ao mesmo tempo, não é tarefa para mortais. Deve ser difícil até mesmo para o todo-poderoso Papai Noel. O contexto em que a campanha publicitária foi realizada esclarece tudo: houve a troca de apenas uma letra: *s* em vez de *t* no demonstrativo *nesse*. Para tirar nosso Papai Noel do embaraço, é necessário corrigir a frase: *Neste sábado o Papai Noel traz seus presentes do exterior.*

Embaixo / Em cima. Afirmar que as duas formas estão corretamente grafadas pode parecer paradoxal: tratamentos diferentes para situações iguais; dois pesos, duas medidas. Insista-se: um dos determinantes da grafia é a pronúncia. Assim, enquanto na palavra *embaixo* há unidade fonética, sendo o *em* atraído pelo *baixo,* o contrário acontece na locução *em cima,* em que tal unidade não se concretiza. Já no verbo *encimar* ocorre a unidade fonética, grafando-se por isso numa palavra só, com a transformação do *m* em *n*.

Todo o mundo sabia do horário de início das provas. A presença do artigo *o* na expressão *todo o mundo* altera substancialmente o sentido da frase, pois expressa que *o mundo inteiro* sabia, quando seu autor quis informar que *todos os interessados* sabiam. Portanto: *Todo mundo sabia do horário de início das provas.*

Todo o ser humano erra. Dos pés à cabeça? Todas as partes do ser humano erram? Não. O que o autor quis dizer é que todos erram, o que significa ser necessário eliminar o *o*: *Todo ser humano erra.* Assim, não se erra contra o português.

O aereoporto estava fechado. Aberto ao aprendizado e menos aéreo, espera-se que o autor passe a escrever *aeroporto*, em vez de *aereoporto*.

O *lazer* revolucionou a ciência. E o cientista tentou mudar os rumos dos idiomas ao confundir o justo *lazer,* da língua portuguesa, com o eficiente *laser,* do inglês.

 # As grandes obras se destacam pelas pequenas nuances. A frase teria sido ainda mais sábia e verídica se o autor tivesse trocado *nuances* por *nuanças*.

 # A homogenidade é característica das equipes bem-sucedidas. Assim como a atenção é característica dos profissionais competentes, inclusive dos comentaristas esportivos. Acontece que de *homogêneo* deriva *homogeneidade*, coerentemente mantendo o *e* da palavra primitiva. O mesmo vale para *heterogêneo*, donde deriva *heterogeneidade*.

 # A defesa do time estava vulnerada. Para que não seja *vulnerável*, a frase está exigindo o adjetivo *vulnerável*, e não o particípio passado do verbo *vulnerar*. A explicação é lógica e simples: ao dizer que a defesa do time estava *vulnerada*, o comentarista afirmou que ela já havia sofrido golos, o que na ocasião não correspondia à verdade; quis dizer que ela estava sujeita a isso.

 # Tampouco / Tão pouco. Sempre que for possível substituir por *também não*, será *tampouco*, pois é esse o sentido: *Ele tampouco virá*. Quando *tão* for advérbio, com o sentido de *tanto*, a forma correta é *tão pouco*: *O atleta era tão pouco conhecido, que sua vitória surpreendeu o mundo*.

 # Gente / Gentes. Com origem na linguagem popular, a palavra *gente* acabou assumindo oficialmente no padrão culto da língua portuguesa três significados novos semelhantes, não iguais. O mais comum é em substituição ao pronome pessoal *nós*: *A gente sabe* – Nós sabemos. Nesse uso é recorrente em alguns meios um erro que consiste em fazer o verbo concordar com o significado (*nós*), em vez de seguir a regra que o manda concordar com o núcleo do sujeito. Assim: *A gente sabemos*. Apesar da coerência, é errado. Outro uso comum da palavra *gente* é com o sentido de povo, de grupo de pessoas, caso em que vem sempre acompanhado de um ou mais dos assessores do substantivo: adjetivo, pronome, artigo ou numeral: *A gente do campo, essa gente da cidade*. Existe ainda o emprego de *gente* com o significado de *pessoas*, situação em que pode ser usado tanto no singular quanto no plural e vem sempre acompanhado do artigo definido feminino. *Toda a gente* e *Todas as gentes* são ambas formas corretas e que significam a mesma coisa: *Todas as pessoas*.

O momento que / O momento em que / No momento em que.
Três formas possíveis, dependendo das circunstâncias, prestam-se a frequentes pecados contra a língua. Para entender, nada melhor que partir de exemplos: 1. *O momento em que estamos*; quem está, está *em* algum momento. 2. *O momento que vivemos*; quem vive, vive algum momento, e não *em* algum momento. 3. *No momento em que chegamos*; o fato de iniciar a expressão com *no* implica sempre o uso de *em*.

Estádio ou estágio? Depende. *Estádio* e *estágio* podem até ser sinônimos. Isso ocorre quando têm o sentido de *fase*: *A doença está em estágio* (ou *estádio*) *avançado*. No sentido de *período de experiência* é sempre e somente *estágio*. Na acepção de *campo de jogos*, a forma correta é *estádio*.

Estamos todos enganjados nessa luta. É o que precisa ocorrer com relação à língua portuguesa: é necessário que nos *engajemos* na luta pelo seu correto e eficiente uso. Assim, estaremos todos *engajados* na mesma luta. Para que não fique dúvida: apesar da semelhança, não existe *enganjar*; *engajar* sim.

Os grevistas depedraram dezenas de ônibus. Pode-se *depredar*, ou seja, roubar, saquear, destruir, quebrar, etc. sem utilizar *pedra* alguma. Ocorre que a palavra não deriva de *pedra*, não existindo até o momento a palavra *depedrar*, mas sim *depredar*. Quando se quer afirmar que algo foi atingido por pedras, usa-se *apedrejar*. Da mesma forma, não existe *pedrador*, mas *predador*.

Frouxo / Froixo / Floxo / Froxo. Com exceção de *froxo*, as demais podem ser usadas, até mesmo a forma arcaica *froixo*. *Floxo* é usado mais no Rio Grande do Sul, enquanto a forma preferida é *frouxo*.

O óleo fez o carro deslisar na pista. E o desconhecimento fez o autor da frase *deslizar* no português. Com certeza não mais cometerá deslizes, escrevendo, por exemplo, *deslizar* com *z*.

 # Senão ou sinão? *Sinão* serve apenas para designar um sino grande. *Senão* pode ser substantivo, significando *defeito, erro...;* conjunção, no sentido de *aliás, mas sim, do contrário, de outro modo;* e preposição, expressando a ideia de *exceção*. A locução adverbial, cuja grafia correta é *se não*, em duas palavras separadas, significa *caso não: Se não for, irei eu.*

 # Plancha ou prancha? Não há risco de cair em pecado, pois o usuário pode optar livremente.

 # O oftalmologista atestou estigmatismo. Ao contrário do que pretendia, o médico atestou uma propriedade visual, ao invés de um defeito. O defeito visual por deformação na curvatura da córnea chama-se *astigmatismo*. *Estigmatismo* é a propriedade de um sistema óptico ser estigmático, ou seja, que faz corresponder a um ponto ou objeto, uma imagem pontual.

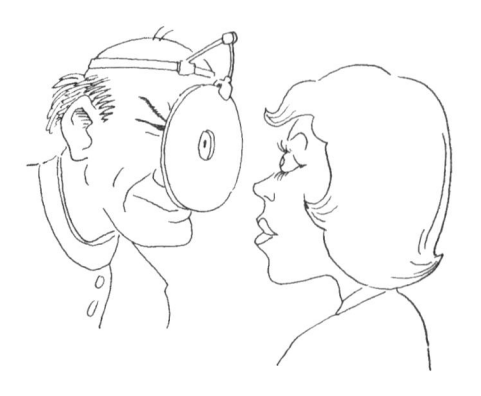

 # Poeta / Poetisa / Poetaço. Algumas correntes da crítica literária convencionaram chamar de *poetas* as mulheres autoras de importante obra poética, em substituição a *poetisas*. Como é natural, humano e compreensível, a maioria das autoras desse gênero literário julga importante sua obra, e todas pleiteiam para si o direito ao uso da nova terminologia, já que entendem pejorativa a forma *poetisa*. Resultado: não se usa mais *poetisa*, mas apenas *poeta*, para eles e para elas. E *poetaço* significará grande poeta? Pelo contrário, apesar das aparências, o sentido é pejorativo, pois todo *poetaço* é mau poeta. Para não correr risco, é melhor não usar.

 # Toda sesta, após a cesta, Maria vai às compras com a sexta. A confusão na frase é tão grande, apesar de causada por pequenos equívocos, que nenhum *Homo sapiens* poderia causá-la. São três palavras de pronúncia igual (homófonas), mas de escrita diferente (heterógrafas). A correção vai colocar tudo nos devidos lugares: *Toda sexta, após a sesta, Maria vai às compras com a cesta.*

É um sujeito muito laço.
A tentativa foi de desprezo, mas o resultado para o acusado não foi esse, pois *laço* tem o sentido de *nó*, enquanto *lasso* é que tem o sentido de *frouxo*. Foi o dia da caça.

A greve é problema insolvível nas verdadeiras democracias.
Claro, como não tem preço, a greve não pode ser paga. O que o comentarista quis dizer é que a greve é problema *insolúvel*, isto é, sem solução. Às vezes ocorrem problemas que abraçam os dois conceitos; a dívida interna brasileira, por exemplo, parece a muitos insolúvel e insolvível.

Macro / Micro / Mini / Maxi.
Esses três elementos, recebidos na língua portuguesa como se fossem prefixos, são motivo para muitos pecados, seja em relação ao emprego do hífen, seja quanto à necessidade de dobrar o *r* e o *s* quando o elemento seguinte iniciar por essas letras, com vistas a adaptar o princípio do português que manda escrever de acordo com a pronúncia. Exemplos: *microssistema, micro-ônibus, macroatacado, minissaia, minicurrículo, maxidesvalorização.*

Uni / Multi / Mono / Poli / Pluri.
Repete-se a mesma situação do caso anterior. Veja os exemplos: *unicelular, multinacional, mononuclear, polivalente, plurianual, multirracial, polissacarídeo.*

Bemvindo / Bem vindo / Benvindo.
Na maior parte dos acessos às cidades do País, assim como das organizações em geral, o visitante não é *bem-vindo*, ou melhor, é recebido em português errado. A única forma de receber bem é utilizando a forma *bem-vindo*. As demais são ofensivas.

As lactentes devem dar de mamar a seus filhos.
Impossível! Quem mama não está maduro para dar de mamar. Apesar de ser comum

encontrar essa informação em matérias da medicina pediátrica, *lactente* é quem mama. Quem dá de mamar é a *lactante*, a que produz leite e amamenta.

 # A reação foi incontinente. Se o autor quis informar que a reação foi sensual, nada a reparar na frase. Se a intenção era dizer que a reação foi pronta, tudo errado; a palavra correta seria *incontinênti*.

 # Confio na Previdência Divina. Se o religioso quis se referir à capacidade divina de prever, a frase é irreparável. Se, como parece provável, quis mencionar a sabedoria de Deus, é necessário mudar *Previdência* para *Providência*. Parece tratar-se de providência necessária.

 # Há muitos círios no Brasil. É certo que no Brasil há mais *círios* (velas de cera de grande porte) do que *sírios* (nascidos na Síria).

 # A resposta foi sútil e carregada de veneno. Foi também carregada de vício de linguagem, pois *sútil* significa que foi costurada, unindo pedaços de pano (roupa *sútil*). Para informar que a resposta foi perspicaz, maliciosa, deve-se usar *sutil*, sutilmente.

 # O colega é cocho de caráter. A frase do deputado teria sido antológica se o repórter que a transcreveu não tivesse atribuído ao caráter a necessidade de, à semelhança dos animais, ter no *cocho* o lugar próprio para se alimentar. Na verdade, o deputado quis afirmar que o colega era manco, *coxo* de caráter.

A festa terminou em grande reboliço. Com certeza muitos devem ter rebolado, mas se a situação ficou confusa, agitada, é porque a festa terminou, na verdade, em *rebuliço*. Usa-se *reboliço* apenas como adjetivo, expressando a ação de *rebolar*, enquanto *rebuliço* é sempre substantivo. Popularmente usa-se também *rebu*, forma reduzida de *rebuliço*.

A produção média é de 58 sacos por hectare. Como o produtor rural não plantava sacos, imagina-se que quisesse se referir à medida oficial conhecida como *saca*. Além de significar o receptáculo de produtos, *saco* também é usado como referência de medida de produtos agrícolas, mas indefinida e, em geral, menor que a da *saca*.

De certo não sabia. Como não sabia o articulista que *decerto*, advérbio com o sentido de *com certeza, por certo*, escreve-se numa só palavra: *Decerto*.

Cota ou quota? Cociente ou quociente? Quem anda atrás de pecados deve mudar de rumo, pois nessas palavras eles não ocorrem, a não ser que alguém invente acentos ou tremas. *Cota* e *quota* são sinônimos que podem ser usados opcionalmente. O mesmo acontece com *cociente* e *quociente*.

A Operação Lava-Jato está deixando alguns importantes políticos muito irriquietos. O próprio comentarista político pareceu estar contagiado, pois também está *irrequieto*. Prova disso é o fato de ter grafado a palavra com *i*. Quem sabe um dia todos respirarão aliviados e escreverão com a grafia correta: *irrequietos*.

Alguns nomes da lista estavam acrescidos de um asterístico. E a contravenção dos bicheiros acabou originando outra: o repórter inventou *asterístico*, palavra inexistente, devendo ser trocada por *asterisco*, diminutivo de *astro, estrela*. Quando fizer isso, aproveita para tirar o *um*, por desnecessário.

Corrigida, a frase ficará assim: *Alguns nomes da lista estavam acrescidos de asterisco.*

 # A CPI mostrará a verdadeira imundice em que se transformou a Comissão de Orçamento. Igualmente *imunda* ficará a língua portuguesa se continuarem consagrando formas erradas, como *imundice* em vez de *imundície,* forma correta mas quase abandonada.

 # A secessão no sindicato não será pacífica. Nervoso com a sucessão, o sindicalista inovou, trocando *sucessão* por *secessão*, que significa *separação*. Ou estaria torcendo pela divisão do sindicato?

 # As drogas a transformaram num buxo. Por equívoco, o rude colunista transformou a modelo em conhecido arbusto usado como ornamento nos jardins, mais conhecido como *buxinho*. O mais provável, no entanto, é que quisesse ter sido ainda mais cruel, chamando-a de *bucho*, ou seja, feia como o estômago dos animais.

 # O documento continha a rúbrica do acusado. Enquanto isso, o repórter, indevidamente, fez conter um acento em *rubrica*, sendo por isso acusado de pecado contra o português, pois não existe *rúbrica*, mas sim *rubrica*, sem acento.

 # Suas relações sempre foram conflituantes. Assim como o autor da frase, que vive em conflito com o português, principalmente em função de semelhanças. Precisa ele saber que não existem relações *conflituantes*, mas, sim, *conflitantes*, e que geram situações *conflituosas*.

 # O parlamentar vociferou verdadeiras excressências. A lamentar também o verdadeiro excremento ortográfico expelido pelo autor da frase, que tudo confundiu. Primeiro, quis usar a palavra *excrescência*, com *sc*, mas usou *excressência*, com *ss*. Segundo, ignora que o sentido desta palavra é *saliência, demasia*. Terceiro, quis comparar as palavras do parlamentar com matérias fecais, ou seja, *excrementos*.

 # É necessário investir em estradas vicenais. A intenção do parlamentar era valorizar as estradas *vicinais*, isto é, as que ligam localidades vizinhas, mas acabou enfatizando o que se renova de 20 em 20 anos, que é o que significa a palavra *vicenais*. Planos ou contratos *vicenais* são os que se renovam a cada 20 anos.

 # Foi apenas um se não. Se não foi outra coisa, foi apenas um *senão*. É fácil memorizar as duas formas: escreve-se *se não*, *se* e *não* separados, quando tiver o sentido de *caso não*; nas demais situações, a grafia será sempre *senão*, ou seja, *se* e *não* juntos.

 # O melhor super da cidade. Pode ser, mas o português não está à altura. Ao contrário do prefixo *super*, a forma abreviada de *supermercado* – *súper* – exige a presença do acento, pois é substantivo que se enquadra nas regras de acentuação: paroxítona terminada em *r*.

 # O espoucar dos foguetes. São poucos os que sabem não existir *espoucar*, mas, sim, *espocar*.

Os habitantes da Bavária são os bavaros. Os que vivem massacrando seu idioma bem que poderiam ser chamados de bárbaros. No caso, a dose foi exagerada, pois há dois pecados: o nome dessa região do sul da Alemanha é *Baviera*, e não *Bavária*; seus habitantes são os *bávaros*, e não os *bavaros*.

O turista pára para conhecer uma famosa para-psicóloga. É bom que o autor pare um pouco para analisar a questão da palavra *para*. Em duas das três vezes em que aparece há problemas de grafia: na primeira e na última; na primeira, trata-se da forma verbal *para*, que, segundo as normas da nova ortografia, perdeu o acento; na terceira, trata-se do falso prefixo *para*, que só não se aglutina à palavra que o segue quando esta se inicia por *h* ou *a* (vogal igual à vogal final do prefixo). Outro inconveniente: a repetição em sequência de *para* com grafia igual. Atente para a correção de todos os pecados mencionados: *O turista para a fim de conhecer uma famosa parapsicóloga.*

O escritor está em convalescência. O autor da frase também convalesce; sofre do mesmo mal de outros muitos brasileiros que pecam contra o idioma. Mudou *convalescença*, forma correta, para *convalescência*.

Dizem que o empresário é muito ávaro. Dizem também que o autor da frase desliza frequentemente na grafia das palavras, e comprovou a fama, pois perdeu tempo com acento indevido. O sinônimo de *pão-duro*, *mesquinho* e *sovina* é *avaro*, e não *ávaro*.

Os aficcionados do futebol. Não existem *aficcionados*, mas *aficionados*, palavra oriunda do espanhol que tem o sentido de afeiçoado, entusiasta.

 # A bomba estava dentro de um envólucro caprichosamente preparado. Quem escreve precisa se cuidar, sob pena de, também ele, ser caprichosamente envolvido. Não foi o caso, pois o autor trocou *invólucro* pelo inexistente *envólucro*.

 # As obras públicas em geral vão em rítimo lento. Procedente ou não, a crítica do comentarista também incorre em erro relacionado com o *ritmo*, pois indevidamente introduz mais um *i* na palavra, advindo daí outra consequência: de paroxítona a palavra é transformada em proparoxítona, gerando acento igualmente indevido. Nada disso teria acontecido se tivesse usado a forma correta: *ritmo*. Na verdade, a causa desse mal é a dificuldade que têm os usuários da língua portuguesa de pronunciarem sequências de consoantes. Outros exemplos em que ocorre essa dificuldade: *adevogado*, em vez de *advogado*; *pissicólogo*, em vez de *psicólogo*; *adapitar*, em vez de *adaptar*.

 # Os seguranças se revesam na guarda do monumento. O autor deve ter sofrido sério *revés* para deduzir que *revesar* deriva de *revés*. O certo é que *revezar* deriva de *vez* (um ou mais de cada vez), sendo por isso grafado com *z*. Não existe *revesar*, com *s*.

 # Costuma agir com muito descortínio. Eis uma qualidade que, com certeza, o autor da frase não tem: *descortino*. Como deriva de *descortinar*, e não de *descortiniar*, não pode ser *descortínio*, mas *descortino*.

Usufrutuário, usufrutário ou usofrutário?
Como o verbo de origem é *usufrutuar*, apenas *usufrutuário* pode ser correto, eliminando-se as demais hipóteses. Entre *usufruto* e *usofruto*, ou seja, para mencionar o benefício de que goza o usufrutuário, a forma correta, é lógico, só pode ser *usufruto*.

O atleta sofreu um entorce.
Pior o autor da frase, que provocou grave lesão na língua portuguesa. Além de errar a grafia da palavra *entorse* (que é com *s*, e não com *c*), resolveu torná-la masculina, e não feminina. Corrija-se: *O atleta sofreu uma entorse*.

O juiz não marcou o penalte.
O juiz não poderia mesmo marcar algo que não existe. O leitor já pensou na hipótese de se marcar penalidade máxima a cada pecado que se comete contra a língua? Quanta goleada! É preciso evitar tanto desastre, começando pelo esclarecimento de que não existe *penalte*, nem *penal*. A única forma correta em português é *pênalti*.

São valores intrínsicos ao homem.
A comunicação correta também. No entanto, esses valores só têm *valor* quando são *intrínsecos*, com *e*, pois os *intrínsicos*, com *i*, não existem.

Os deputados se degladiavam no plenário.
Quem *degladia*, em vez de *digladiar*, nada faz, pois não existe *degladiar*.

Ínterim ou interim?
É palavra proparoxítona, devendo por isso ser grafada com acento, não existindo, portanto, *interim*.

Foi paciente de uma tiroidectomia.
Errado! Deriva de *tireoide*, do grego *thyreoeidés*, devendo por isso ser corrigido para *tireoidectomia*, mantendo o *e*, assim como as demais palavras derivadas, como: *tireóideo, tireoidite, tireomegalia, tireotomia*, entre outras. Há dicionário que, com base no uso frequente em

alguns círculos médicos, admite *tiroide*, mas se omite com relação às palavras daí derivadas. É preciso respeitar a origem da palavra e, especialmente, a coerência. Acima de tudo, é preciso parar de consagrar equívocos, sob pena de criarmos um idioma sem lei.

 # Em geral, os gordinhos comem com muita esganância. Em geral, os menos atentos caem nos perigos das semelhanças. A autora da frase, por exemplo, se lembrou de *ganância*, forma correta para designar a ambição de ganho, e facilmente chegou a *esganância*, quando o correto é *esganação*.

 # O catéter é instrumento médico utilizado há muito tempo. O mesmo ocorre com a palavra, instrumento também há muito usado. Às vezes seu uso é bom, outras mau. No caso da frase em exame, pode-se facilmente diagnosticar problema de saúde: não existe *catéter*, mas, sim, *cateter*.

 # Garçon, garção ou garçom? *Garçon* não existe em português. Aliás, não existe em português palavra oxítona terminada em *n*, que costuma ser transformado em *m*. Por isso mesmo, a forma preferida é *garçom*, podendo-se usar também *garção*. Não esquecendo que *garção* serve igualmente como aumentativo de *garça*.

 # Ímpar ou impar. Antônimo de *par*, não é necessário tirar *par ou ímpar* para concluir que a forma correta é *ímpar*, com acento, já que se trata de palavra paroxítona terminada em *r*.

 # Infarto, enfarto, enfarte ou infarte? *Infarto* e *enfarte* são opções corretas. *Enfarto* e *infarte* são formas erradas. O melhor mesmo é que nada disso aconteça.

 # O ex-Presidente surgiu de sopetão. A frase do comentarista foi escrita logo após o *impeachment* do ex-Presidente Collor. Como deriva de *súbito*, a palavra certa é *supetão*. Por não existir, é errado *sopetão*. Aliás, no caso deu tudo errado, do surgimento do candidato a Presidente até a frase conclusiva do comentarista.

 # Quepe ou quépi? O boné usado comumente por militares chama-se *quepe,* e não *quépi.*

 # Seu discurso, Excelência, não passa de um bestialógio. No jogo das bestas, só podia dar empate. Se o recheio do discurso eram as besteiras, no retruque o nobre deputado reuniu-as todas numa só palavra, que, além de besta, não existe: *bestialógio*. O nome que se dá a um discurso desproposidado é *bestialógico*.

 # A bixiga não podia mais conter a urina. Pudera! Não há lugar para urina na *bixiga*, pois não existe reservatório com esse nome. Existe, isto sim, *bexiga*. Portanto: *A bexiga não podia mais conter a urina.*

 # Antes de se apresentar, o cantor reúne toda sua parafernalha. É o que falta a quem escreve frases como essa: reunir sua *parafernália*, isto é, seus objetos de trabalho, em que não pode faltar o dicionário, pois lá descobrirá que não existe *parafernalha*, e sim *parafernália*.

 # Os cortumes estão poluindo os rios da região. Assim como os muitos erros de grafia estão poluindo o português. Com o mínimo de raciocínio lógico, pode-se deduzir que do verbo *curtir* deriva *curtume*, e não *cortume*. Por que complicar?

 # A usina estorou. Menos mal que não *estourou*, pois se *estorou* é porque nada aconteceu, pois a palavra não existe. Existe, sim, *estourou*.

 # Os camioneiros são os principais alvos dos assaltantes. Enquanto isso, tenhamos como principal alvo a grafia correta das palavras. Nosso abnegado motorista conduz *caminhão*, e não *camião*, veículo desconhecido em nosso meio. Por isso, deve ser denominado *caminhoneiro*, e não *camioneiro*.

 # Camionete / Camioneta / Caminhonete. As três são corretas. Ocorre que, por influência do francês *camionnette*, admite-se *camionete* e *camioneta* como opções para a forma natural *caminhonete*. Mesmo assim, por uma questão de orgulho, devem-se evitar os galicismos e preferir sempre as formas genuinamente nacionais; no caso, *caminhonete*.

 # Marrom, marron ou marrão? Não existe *marron*. Como designativo de cor, também não existe *marrão*, sobrando como única forma correta *marrom*. Esclareça-se que existe *marrão* nos sentidos de *porco desmamado*, *martelo* e, no Rio Grande do Sul, de *gado selvagem*.

 # Os assaltantes estavam encapuçados. É preciso sugerir aos autores de frases como essa que tirem o capuz de sua mente e que raciocinem assim: a palavra original é *capuz*, derivando daí *encapuzar*, *encapuzado* e toda a conjugação do verbo com *z*, e não com *ç*. Pronto! Bastou o mínimo de raciocínio.

 # O desprendimento é sua maior virtude. A ortografia, com certeza, não está entre as virtudes do autor da frase. Falta-lhe conhecimento e *desprendimento*, com apenas um *e*, já que apenas um é pronunciado. Assim, está na hora de se *desprender* do outro *e*.

misturam partes delas; do cruzamento resultam pecados e mais pecados.

A educação no Brasil está em processo de deteriorização. A maior prova desse processo de *deterioração* é o fato de especialistas em educação, como o autor da frase, *deteriorarem* a língua portuguesa, criando novas palavras sem necessidade e sem utilidade. É preciso dizer-lhes que não existe *deteriorização* nem *deteriorizar*. Existe, sim, *deterioração*, derivado de *deteriorar*.

Ringue / Rinque. Andam confundindo *ringue* com *rinque*. *Ringue* é o nome que se dá ao tablado em que ocorrem lutas de atletismo, enquanto *rinque* corresponde à pista de patinação.

Esses são os gens dominantes. A frase também é dominada por um erro cometido por muitos brasileiros: usar *gen* em vez de *gene*, e *gens* em vez de *genes*.

Ele arrecém chegou. E o autor da frase não. A forma reduzida de *recentemente* é *recém*. Não existe *arrecém,* nem *a recém*.

Nossos serviços se adéquam às necessidades do cliente. Pena que não aconteça o mesmo com as comunicações, pouco adequadas à grandeza da organização bancária, que se viu às voltas com terrível pecado. Recomenda-se usar o verbo *adequar* só nas formas em que o acento tônico ocorre na desinência, ou seja, nas formas arrizotônicas (*adequamos, adequais*), recomendando-se mudar de verbo nas demais formas, como, por exemplo, *adaptar: Nossos serviços se adaptam às necessidades do cliente*. O motivo dessa recomendação de

Os candidatos têm entre 17 a 20 anos. Ao optar por *entre*, o repórter deveria ter usado *e* no lugar de *a: Os candidatos têm entre 17 e 20 anos*. Poderia ter optado por *de* e *a: Os candidatos têm de 17 a 20 anos*. Ao invés de facilitar, as opções muitas vezes atrapalham os pecadores, que

não usar o verbo *adequar* nas formas rizotônicas (as que têm o acento tônico na raiz) é que o acento tônico recairia sobre o *u*, resultando em cacofonias como *adequa, adeque*.

Dezoito / Dezaoito.
Poucos sabem que para as formas *dezesseis, dezessete* e *dezenove* existem as opções *dezasseis, dezassete* e *dezanove*. Mas, cuidado! Não existe a opção *dezaoito* para *dezoito*, como parece estar ocorrendo em alguns meios.

A reforma política vai em marcha ré.
Autores de frases como essa também parece estarem andando para trás. A forma correta dessa marcha é *à ré*, ou seja, marcha à semelhança de ré. São erradas formas como *marcha a ré, marcha ré, marcha-ré, marcha-a-ré* e *marcha-à-ré*, que seguidamente aparecem nas marchas e contramarchas das comunicações.

A atriz vestia em azul.
Vestia o que no azul? Por que alguns costureiros inventaram esse *em*, inútil e confuso? As formas simples sempre têm maior probabilidade de estarem certas: *A atriz vestia azul*.

Olhando para atrás, ficamos orgulhosos.
Sim, mas hoje as coisas não estão boas, pelo menos com relação ao português. A preposição *para* e o *a* de *atrás* têm a mesma função saudosista da volta ao passado. É por isso que se olha sempre *para trás*, e não *para atrás*.

Se não olharmos para frente, nada alcançaremos.
Agora que devia, nosso azarado redator não usou o *a*. Diferentemente do caso anterior, a expressão correta é *para a frente*, e nunca *para frente*. Dois pesos, duas medidas? Não. Acontece que o *a* dessa expressão tem função de vogal, enquanto na anterior o *a* de *atrás* teria função de preposição, já expressa em *para*, o que caracterizaria redundância.

 # A gradação alcoólica do vinho é superior à da cerveja. E a graduação do autor da frase foi alcançada não se sabe como. *Gradação* refere sempre aumento ou diminuição, progressão ascendente ou descendente. Na comparação do grau alcoólico entre o vinho e a cerveja, o autor quis se referir à *graduação*, isto é, à classificação na escala de graus alcoólicos. Como não se referia à variação dessa graduação, deveria ter escrito: *A graduação alcoólica do vinho é superior à da cerveja.*

 # A miúde ele sofre recaídas. Com certeza o autor da frase também as sofre *amiúde*, palavra única que se grafa com o *a* junto de *miúde*. Assim: *Amiúde*.

 # A baixo os corruptos. Além dos muitos corruptos que ocupam alguns dos mais altos postos no país, não se esqueçam de todos aqueles que corrompem o idioma; por exemplo, os que escrevem *a baixo* em vez de *abaixo*, e vice-versa. *A baixo*, com *a* separado de *baixo*, só se usa quando *baixo* se opõe a *alto*, como na frase: *Olhou-o de alto a baixo.* Nos demais casos, a grafia correta será sempre *abaixo*.

 # O delegado olhou-o de cima abaixo. Analisando a frase *de cima a baixo*, de lado a lado, não foi difícil detectar pecado. Quando o repórter informa que o delegado olhou o criminoso *de cima*, ele já nos garante que a autoridade policial não o fez apenas abaixo, ou seja, nas partes menos elevadas, mas também nas altas. O contrário de *alto* é *baixo*, e não *abaixo*. Para salvar a baixeza da frase, é necessário corrigi-la: *O dele-*

gado olhou-o de cima a baixo. Se a direção do olhar fosse contrária, seria: *O delegado olhou-o de baixo a cima.* Assim mantém-se a coerência.

O ministro prometeu observar o mal estado das estradas.
Está na hora de o autor da frase observar melhor seu mau português, corrigindo-se e evitando erros grosseiros. *Mal estado das estradas* é tão errado quanto *má educada*, *mal caráter*. Confundem-se adjetivos com advérbios, e vice-versa. Truque: *mal*, advérbio, opõe-se a *bem*, assim como *mau* e *má* se opõem a *bom* e *boa*, adjetivos. A dúvida só ocorre entre *mal* e *mau*; por isso, recomenda-se efetuar a troca por *bem/bom*; em caso de erro, a repulsa será imediata: *Bem estado das estradas?* Não, *bom estado das estradas.* Por isso: *O ministro prometeu observar o mau estado das estradas.*

Os partidos farão colisões.
Como é comum os partidos terem colisões, isto é, choques de interesses, a manchete nada de novo estaria dizendo se não fosse a intenção de dizer que fariam acordos, alianças, coalizões. Então: *Os partidos farão coalizões.* Passadas as eleições, é possível – provável, até – que essas coalizões acabem em colisões. Mas isso só o futuro poderá comprovar.

Abaixo de aspectos não revelados estavam escondidas as verdadeiras intenções do plano.
Sem intenções de segunda ordem, o autor da frase revelou não conhecer em detalhes os sentidos de certas palavras, que precisam ser explicados: em *abaixo* não se faz referência a outro fato ou objeto, ou seja, não se estabelece qualquer relação. Quando há inten-

ção de fazer isso, ou quando é isso que acontece, deve-se usar *debaixo*. Assim: *Debaixo de aspectos não revelados...*

O autor do antiprojeto fez veemente defesa.
Enquanto isso, o autor da frase cometeu erro grosseiro, sem defesa. Não havia projeto contra o projeto (*antiprojeto*), não podendo, portanto, ser defendido algo inexistente, muito menos com veemência. Anteprojeto é o que precede (*ante*) o projeto. Falta apenas corrigir: *O autor do anteprojeto fez veemente defesa.*

O goleiro ficou extático.
Admirado com a beleza do lance, é mais provável que o comentarista, mesmo transcorridas algumas horas, estivesse extático, ou seja, extasiado. O goleiro, na verdade, ficara estático, parado, sem se mexer. É necessário mexer na frase: *O goleiro ficou estático.* Quando deriva de *êxtase* é que se escreve *extático*.

Os convidados tilintavam de frio.
Despejando críticas sobre a má organização de uma degustação de vinhos realizada na Serra Gaúcha, o autor da matéria confundiu *tiritar* (tremer, bater os dentes) com *tilintar*, que tem o sentido de fazer soar campainhas, moedas, sinos e outros objetos que tilintam. Efeito do frio ou dos excelentes vinhos da região?

A Polícia Federal vai dessecar a vida pregressa do acusado.
Se fizer isso, a Polícia vai eliminar todas as pistas que possam revelar a verdade sobre o passado do cidadão, pois *dessecar* significa *tornar seco, duro, insensível*. É certo que ela pensa *dissecar*, ou seja, *analisar minuciosamente*. Por isso, o analista deveria ter escrito: *A Polícia Federal vai dissecar a vida pregressa do acusado.*

 # O secretário está na eminência de perder o cargo. E o redator está na *iminência* de ser impedido de escrever, porque lhe falta *eminência*, isto é, qualidade, altura, superioridade. Como quis dizer que a demissão do secretário estava por acontecer, deveria ter escrito: *O secretário está na iminência de perder o cargo.*

 # Nascem xipófagos. Impossível! Não existem esses seres, nem essa palavra. Sabe-se de casos de *xifópagos*, ou seja, de crianças que nascem ligadas.

 # O pião era mestre na arte de amansar cavalos. O certo é que o *pião* está mais para cavalo que para amansador, pois rodopia, gira, até amansar, ou seja, parar. O trabalhador braçal e o amansador são *os peões*, palavra que deriva de *pé*, que andam a pé. Também a peça de xadrez é *peão*, contrariando muitos enxadristas. Portanto: *O peão era mestre na arte de amansar cavalos.*

 # Covardemente, o rei se escondeu no passo. E o historiador precisa dar alguns *passos* a mais para evitar que erros de grafia consagrem equívocos relacionados com fatos históricos. Quando se refere ao palácio real, a palavra correta é *paço*, e não *passo*, que, entre os outros sentidos, tem os de *marcha*, *ação*, isto é, o contrário do que informa o autor. A bem da verdade, a frase tem que ser corrigida: *Covardemente, o rei se escondeu no paço.*

 # O conflito gerou um estado temerário. O autor da frase estava com tanto medo, que confundiu coisas opostas. Quis dizer que as pessoas estavam com medo, mas acabou classificando-as de audaciosas, atrevidas, que é o que são quando em estado temerário. Corrija-se sem medo: *O conflito gerou um estado de temor (temeroso)*.

Tenho que fazer o trabalho, pois é uma ordem.
Se é uma ordem, não tem *que* fazer, mas tem *de* fazer. A obrigatoriedade de fazer sempre é expressa por *de*, e não por *que*. *Que fazer* tem o mesmo sentido de *por fazer*. Assim: *Tenho de fazer o trabalho, pois é uma ordem*.

O negócio estava a cima de sua capacidade financeira.
Esse tipo de frase também está *acima* da capacidade do autor. *Acima* refere situação ou lugar mais alto, elevado, como é o caso da frase. Para registrar oposição a *baixo* é que se usa *cima*, e não *acima*, ou *abaixo*. Portanto: *O negócio estava acima de sua capacidade financeira*.

O réu abaixou a cabeça.
O autor da frase também deveria *baixar* a cabeça, pois quando se refere a qualquer das partes do corpo, o verbo é *baixar*, e não *abaixar*. Em situação intransitiva, isto é, quando não necessita de complemento, usa-se igualmente *baixar*: *O custo de vida baixou*. Nos demais casos é que se usa *abaixar*.

Óh, amigo, não desanime.
Diante de erros como esse dá vontade de desanimar. Os amigos do idioma usam *oh* sem acento, sozinho, seguido sempre de ponto de exclamação, e só quando querem exprimir espanto, alegria, repugnância e outros sentimentos muito fortes. Como vocativo, como apelo, precedendo substantivo, usa-se *ó* com acento e sem *h*, como na frase: *Ó, amigo, não desanime*.

A questão precisa ser examinada de dentro afora.
O mesmo acontece com a língua portuguesa. *Afora*, numa só palavra, tem o sentido de *além de*. Quando se opõe a *dentro*, ou seja, quando tem senti-

do contrário de *para dentro*, usa-se *a fora*, ou *para fora*. Assim: *A questão precisa ser examinada de dentro a fora.* Ou:... *de dentro para fora.*

Estelar x Estrelar. Enquanto *estelar* (do latim *stela*) é apenas adjetivo usado em relação às estrelas, *estrelar* é verbo que tem os sentidos de encher de estrelas, brilhar, trabalhar como estrela (no cinema) e de frigir ovos.

O Ministro chegou atrazado. Por entender que "tarde é melhor do que nunca", talvez o repórter se atualize, passando a escrever *atrasado* em lugar de *atrazado*. Caso se lembre de que deriva de *atrás,* e não do verbo *trazer,* tudo ficará mais fácil.

Os ovos são estalados ou estrelados? No frigir dos ovos, as duas coisas acontecem: inicia-se o processo *estalando*, isto é, quebrando os ovos, que depois são *estrelados*, ou seja, fritos. Enquanto frigem, *estalam*, o que quer dizer que produzem muitos estalos. Como se vê, o processo envolvendo a história do produto da nossa amiga galinha é simples, mas a linguagem, nem tanto.

Garagem ou garage? À vontade! Desde que não se usem as duas formas num mesmo texto, o que caracterizaria erro por incoerência, pode-se escolher entre uma e outra. Os defensores da supremacia da cultura francesa, é certo, preferirão sempre *garage*.

Estalo x Estralo x Estalido x Estampido. Motivo de muitas dú-

vidas, as quatro palavras precisam ser explicadas quanto ao seu verdadeiro sentido, já que não são sinônimas. *Estalo* é o nome que se dá ao ruído causado por algo que quebrou, estourou. *Estalido* é diminutivo de *estalo*, de pequenas proporções, pequeno. *Estampido* é o som repentino e forte, como o da explosão produzida por arma de fogo. O erro mais frequente ocorre no emprego de *estralo*, que serve apenas para designar uma espécie de formiga, apesar de o verbo *estralar*, sinônimo de *estralejar*, ter o sentido de *dar muitos estalos*.

Este assunto é de estrita responsabilidade do Governador. Errou o secretário, não em relação à responsabilidade do Governador, mas em relação a seus limites. Já que *estrito* refere algo exato, preciso, rigoroso, nada tendo a ver com os limites do poder; quis o entrevistado dizer que o assunto era *restrito*, isto é, limitado ao Governador. Pior seria *estreita*, pois estreitaria a autoridade do governante. *Restritiva* também não serviria, por ser tudo aquilo que restringe. Assim, a correção da frase se restringe a *restrita*.

O dia-a-dia do brasileiro está cada vez mais difícil. Inclua-se aí a dificuldade que têm certos autores de textos, que *dia a dia* tropeçam em pecados contra o idioma. Ainda não sabem, por exemplo, que na locução *dia a dia* não se usa mais os hifens, nem quando é transformada em substantivo. Para amenizar o *dia a dia* dos leitores, é preciso corrigir: *O dia a dia do brasileiro...*

É o coringa da equipe. Só se for de uma equipe de vela, pois *coringa* é um tipo de vela usado em embarcações. O atleta que serve para substituir outro com vistas a mudar o jogo é o *curinga*, nome dado também à carta do baralho, que, aliás, por semelhança de sentido, deu origem à utilização dessa palavra nos esportes coletivos em geral.

O vento forte zumbia no ouvido. Vento não é inseto para *zumbir*. O que faz é *zunir*. Assim: *O vento forte zunia no ouvido.*

Maugrado o estado em que se encontrava, o homenageado compareceu. Frase de muito mau gosto, pois afirma que o homenageado compareceu contra a vontade, contrariado com seu estado, sem contar a grafia numa só palavra da expressão *mau grado*, contrário de *bom grado*. O que o autor quis informar é que o homenageado compareceu apesar de seu estado. Como aventurou em searas pouco familiares, compareceu com *maugrado*, em vez de *malgrado*. Em homenagem ao português, corrija-se a frase: *Malgrado o estado...*

O escritor agradeceu a destinção. Enquanto isso, o *destinto*, isto é, o desbotado, descorado autor da frase está merecendo a penitência que distingue os grandes pecadores, pois, usando palavra inexistente, ofendeu o escritor e as boas comunicações. Seria *distinto* se usasse sempre *distinção*. Assim: *O escritor agradeceu a distinção.*

A modelo pousou para os fotógrafos. Se foi para obter fotografias em posição de descanso, deitada, ou para alegrar os fotógrafos, a frase está perfeita. Desconfia-se, no entanto, que o repórter quisesse se referir às poses da modelo. Para expressar isso, deveria ter usado o verbo *posar*: Assim: *A modelo posou para os fotógrafos.*

As rodas do carro patinavam muito.
Ao confundir patinação com automobilismo, o repórter deslizou mais uma vez. Precisa saber que *patinar* é deslizar sobre patins. *Patinhar* é girar as rodas sem andar, tendo como sinônimo *patejar*. É uma alusão aos patos, que agitam a água sem, necessariamente, sair do lugar.

O empresário foi atacado frente a sua casa.
Autores de frases assim não têm condições de enfrentar os desafios da linguagem. Precisam saber que a locução é *em frente a*, ou *em frente de*, e não *frente a*, não podendo confundi-la com o substantivo *frente*, nem com a expressão *frente a frente*. Na frase, o empresário foi atacado *em frente a* ou *em frente da* sua casa.

Os organizadores da amostra esperam novos recordes.
O autor da frase deu uma pequena *amostra* de suas dificuldades. Mostrou, por exemplo, sua desatenção com o sentido de palavras de uso frequente, transformando-o em recordista de pecados. *Amostra* tem o sentido preferencial de pequena porção que serve de sinal, modelo ou prova que se serve ou expõe. Para referir feiras e exposições com objetivos comerciais, o termo adequado é *mostra*. É assim que entendem *os organizadores das mostras*.

São muitos os casos de alpinia na região.
Como a fotografia não era da região dos Alpes, o leitor da legenda deduziu tratar-se de mais um deslize cometido contra as boas comunicações. E era. Seu autor queria referir-se à anomalia congênita caracterizada pela ausência de pigmentação, chamada *albinia* ou *albinismo*, palavras formadas a partir de *albus*, que em latim significa *branco*. Erros como esse são muitos, e precisam ser corrigidos: *São muitos os casos de albinia (ou albinismo) na região*.

O acidente foi provocado pela intensa serração.
E o autor da frase sofreu um acidente provocado igualmente por *serração*, ou seja, por um corte na linha do pensamento. Na verdade, *o acidente foi provocado pela cerração*, isto é, pela neblina.

Os espiritualistas orientais dizem que o Santo Padre tem boa áurea. Feminino do adjetivo *áureo*, *áurea* é sinônimo de *dourada*, relativo a ouro, com diversos sentidos daí derivados, mas nenhum relacionado com o ambiente psicológico e/ou espiritual expresso pelo substantivo *aura*. Portanto, o que os espiritualistas dizem é que *o Santo Padre tem boa aura.*

As críticas do deputado precedem. Como não foram feitas antes das de outros, pelo menos não foi isso que o autor da frase quis informar, as críticas, em realidade, *procedem*, isto é, têm fundamento, origem.

No final da prova, o atleta estava espavorido. Quis o repórter informar que o atleta, em função do grande esforço físico, estava ofegante, cansado, e não assustado, apavorado, que é o que significa *espavorido*. Na verdade, *o atleta estava esbaforido.*

Há muito o que fazer. É verdade. Para início de conversa, precisa-se corrigir a frase: *Há muito que fazer.*

Torço para o Flamengo. Para o Flamengo ganhar, ou para o Flamengo perder? Para evitar esse tipo de dúvida e informar que se torce sempre pela vitória de seu clube, deve-se usar *pelo*. Assim: *Torço pelo Flamengo.*

Após ao jogo,... *Após* não admite preposição, devendo-se corrigir esse início de frase: *Após o jogo.*

A princípio, sou contra qualquer mudança no regulamento. Apesar da correção do princípio, a frase precisa ser reparada, pois faltam-lhe os bons princípios da correta linguagem. No sentido de *em teoria, em tese, de modo geral,* usa-se a expressão *em princípio*, reservando-se *a princípio* para os casos em que se quer dar o significado de *no começo, inicialmente.*

A partida começa às cinco para as quatro. Como *cinco* se refere a *minutos* e não a *horas*, é fácil de entender que não pode ser *às*, mas sim *aos*. Assim: *A partida começa aos cinco para as quatro.*

Que horas começa a partida? A partida não começa hora alguma, nem minuto, nem segundo. Em outras palavras, para que se possa responder, é necessário que a pergunta seja correta: *A que horas começa a partida?*

A conclusão é equivocada, de vez que... Antes que ocorram outros equívocos, vamos parar para corrigir a expressão *de vez que* para *uma vez que*. Sempre que se quiser substituir as conjunções coordenadas explicativas *porque* e *pois,* pode-se fazê-lo usando *uma vez que*, mas nunca *de vez que.*

Após realizados os testes, o medicamento deverá ser lançado no mercado. *Após* não pode ser usado com o particípio, devendo-se recorrer à expressão *depois de*. Assim: *Depois de realizados os testes,...*

De que forma fica a poupança? Como a poupança não tem forma, convém corrigir. Faz-se isso poupando palavras: *Como fica a poupança?*

Ante ao exposto,... Não se deixe levar, como o autor da frase, que, quem sabe, confundindo com outras expressões como *diante de*, entre outras que exigem preposição, usou *ante ao*, quando o certo é *ante o exposto*.

Temos como preocupação maior a busca incessante pela verdade. Assim como nós temos a preocupação de buscar formas corretas de linguagem. É preciso, por exemplo, esclarecer que a busca é *da verdade*, e não *pela verdade*.

Os manifestantes posicionaram-se defronte ao prédio da Receita Federal. A expressão correta é *defronte de,* e não *defronte a*. Portanto: *Defronte do prédio do INSS.*

O acusado postou-se perante ao juiz. A linguagem também exige postura. *Perante* não requer preposição alguma, devendo-se, portanto, corrigir a frase: *O acusado postou-se perante o juiz.*

Pecado n.º 5

O MAU USO DO VERBO, DO SUBSTANTIVO E DE SEUS ASSESSORES

*E o verbo se fez carne
e habitou entre nós.*
João, 1:14

O verbo é tão essencial nas comunicações, que muitas vezes diz tudo. Quando se diz *chove*, a informação está completa.

Em regra, o verbo é o elemento centralizador do sentido da frase. Portanto, é fundamental que os comunicadores – e todos somos – exerçam domínio total sobre tão importante peça das comunicações. Na prática, verifica-se exatamente o contrário: os verbos são maltratados e pisoteados. Os erros são os mais variados, atingindo a conjugação, a concordância e a regência.

Enquanto o verbo expressa o que acontece com os seres e as coisas, o substantivo os designa. Portanto, o substantivo é também essencial. Não é por nada que leva esse nome, pois é *substancial* na produção de significado. Tem tanto poder que conta com quatro assessores, os quais só existem para servir o substantivo, razão por que sempre concordam com ele; são o adjetivo, o artigo, o pronome e o numeral. Diferente é o advérbio, que, por poder servir a três senhores: o verbo, o adjetivo e o próprio advérbio, não concorda com nenhum deles, permanecendo invariável.

Os casos a seguir ilustram o mau uso de verbos, substantivos, adjetivos, artigos, pronomes, numerais e advérbios.

Conjugações verbais equivocadas

A importância das conjugações verbais não está no fato de se saber ou não os nomes de todos os tempos e modos verbais, mas na necessidade de se usar o tempo correto para cada circunstância, sob pena de alterarmos o sentido da frase, ou até mesmo de esvaziarmos as afirmações de qualquer significado, obrigando o leitor ou interlocutor a adivinhá-lo.

Sabe-se de competentes profissionais de comunicação que utilizam corretamente todos os tempos verbais sem conhecê-los pelo nome. Como conseguem? Basicamente, prestando atenção ao sentido que querem dar à frase e, apenas secundariamente, estudando as conjugações. É claro, são profissionais que leem e escrevem muito.

Cantando e chorando

– Por que a galinha canta quando põe ovo?
– Porque o ovo é redondo. Se fosse quadrado, chorava.

Na Escolinha do Professor Raimundo todos riram. Foi uma ovação. Como no caso anterior, a troca do tempo verbal bem que poderia levar ao choro... Se pusesse ovo quadrado, a galinha *choraria*; como nunca o fez, não se pode afirmar que *chorava*. Em resumo, mais uma vez o português foi atingido, desta vez por um ovo...

Tu fostes.
Próximo da consagração, este pecado originou-se de uma forma brincalhona que uma recente geração encontrou no Rio Grande do Sul para fugir do tradicional *foste*. E caiu em terreno fértil, porque o pretérito perfeito do indicativo é o único tempo verbal cuja segunda pessoa do singular não termina em *s*. O certo é mesmo *foste* (tu); reservemos *fostes* para a segunda pessoa do plural (vós), por sinal em desuso. A regra vale, é claro, para qualquer verbo.

Contando com sua prestigiosa presença.
Muitas correspondências, convites, bilhetes e comunicações em geral encerram com esse tipo de frase, isto é, contendo apenas um verbo no gerúndio (*contando*). Quem escreve assim não se dá conta de que essa forma verbal exige sempre a presença de outro verbo, conjugado em outro tempo verbal, sob pena de só *ameaçarmos* dizer alguma coisa, mas não o fazendo. Geralmente, há duas opções: 1. Completamos a frase: *contando com sua prestigiosa presença, renovamos atenciosas saudações* (ou qualquer outro afeto, dependendo das circunstâncias). 2. Mudamos o tempo do verbo: *Contamos com sua prestigiosa presença*. Assim, o prestígio será estendido ao idioma.

Pobre moça!
– Desculpe fazê-lo esperar.
– Para ver você tão linda, eu esperava anos.

Esse diálogo, extraído de uma novela de televisão – das seis horas, é claro –, é exemplo clássico do abandono a que foi submetido o futuro do pretérito do indicativo (*esperaria*).

Ao dizer que *esperava*, o galã deixou claro que já não esperava mais, como se não valesse mais a pena. E a namorada? Bem, a bela jovem, como também não conhece conjugação de verbos, se encheu de vaidade e agradeceu o *elogio*.

Seje feliz!

Mas não assim. O certo é que se tornou mais fácil encontrar a felicidade do que a forma *seje* na conjugação do verbo *ser*. Se existisse o verbo *sejar*, até que poderia ser *seje*. Em resumo, use sempre *seja*.

Diga tu / Dize você.

A conjugação dos imperativos (afirmativo e negativo) é campo fértil para o cultivo de erros. Pode-se afirmar com tranquilidade que são raros os usuários da língua portuguesa que os utilizam corretamente. Erros como os dos exemplos são do dia a dia de todos os meios de comunicação. Muito usadas – afinal, quem não gosta de mandar (*imperare* – mandar) –, as formas imperativas não são difíceis, exigindo apenas muita atenção. O estudo do assunto não requer mais de dez minutos, ao passo que a atenção tem que ser permanente. *Dize tu* e *diga você* são as formas corrigidas dos exemplos acima.

Se eu fosse você, eu só usava...

Mais uma vez ele, o futuro do pretérito, que existe para ser usado, sob pena de se obterem frases em que uma ideia se choca com outra. *Usava* é pretérito imperfeito, isto é, indica passado. Se usava, por que não usa mais? No caso da frase, o apelo publicitário poderia ter surtido efeitos contrários aos almejados pela grande empresa de *lingeries* que veiculou pela mídia nacional extensa e intensa campanha que *tentou* induzir as consumidoras a não mais preferirem sua marca. Pena que não corrigiu em tempo: *Se eu fosse você, só usaria...* Mas, como a maioria dos brasileiros não sabe conjugar adequadamente os verbos, o pecado deve ter resultado em efeitos negativos apenas entre os que zelam pelo idioma nacional.

O governo tem intervido.

Se é correto ou não que o governo intervenha, não cabe discutir aqui. É necessário, sim, intervir na frase. O verbo *vir* e todos os seus derivados, entre os quais *intervir,* têm forma igual para particípio e gerúndio: *intervindo,* não existindo *intervido,* assim como não existe *vido,* mas apenas *vindo.* É por isso que se diz *bem-vindo,* e não *bem-vido.* Assim, frase *bem-vinda* é esta: *O governo tem intervindo.* Por falta de hábito, essa forma causa estranheza. Não resistindo, pode-se mudar: *O governo costuma intervir; em geral intervém;* entre outras opções.

Ele ainda não havia chego. O particípio do verbo *chegar* é *chegado. Chego* é apenas a primeira pessoa do singular do presente do indicativo. E chega!

Ainda que o caso não é de emergência, é preciso agir. Coitado do modo subjuntivo! Até parece que foi feito para não ser usado. É emergente que corrijamos: *Ainda que o caso não seja de emergência...* É assim que devemos agir...

Vem você também. Venha, mas venha com jeito, sem ferir princípios elementares do idioma. Apelo publicitário recente dos mais difundidos no País, contém pecado contra a formação do imperativo afirmativo. Havia duas opções: *Vem tu* (segunda pessoa) e *venha você* (terceira pessoa). Misturaram as duas, e deu no que deu: *Vem você.* Lamentável.

Se você ir, eu também irei. Abandonou-se o emprego do futuro do subjuntivo, buscando-se no fácil infinitivo a solução para mais uma forma errada. A forma correta é *se você for.* Se não for assim, é melhor que não se vá...

Pode vim. Parece mentira, mas é forma muito usada em linguagem oral. Antes que se passe para a escrita forma tão grosseira, vamos logo informando que o correto é *Pode vir.*

A previsão será de tempo bom.
O esperto informante do tempo se perdeu no tempo do verbo... Prever o tempo já é missão quase impossível; não é por nada que há muito se diz: *Se quiser mentir, fale do tempo*. A quem caberá prever a previsão do tempo? Convenhamos que se trata de assunto imprevisível. Corrija-se a frase: *A previsão é de tempo bom.*

Não quero que ele colora.
É melhor que não o faça, pois o verbo *colorir* não pode ser usado nas formas que, se existissem, terminariam em *a* e *o*. Vale o mesmo para *abolir, demolir e usucapir*. A solução passa pelo uso de forma composta: *Não quero que ele vá colorir.*

O ator não se conteu e soltou uma gargalhada.
Os leitores da crônica social também não se *contiveram* diante do pecado cometido contra a língua portuguesa. É necessário que autores de frases como essa se contenham. Basta saber que todos os verbos derivados de *ter* têm igual conjugação. Basta conjugar o verbo *ter* e antepor o prefixo: *con + teve = conteve*. O mesmo vale para os demais verbos derivados de *ter: deter, entreter, manter, obter,* etc. Portanto: *O ator não se conteve.*

Eles se entreteram com os palhaços.
Entreter também tem conjugação igual à de *ter*. Então, eles se *entretiveram* com os palhaços.

Eu me adequo às situações.
Nem *adequo* nem *adéquo*. O certo é trocar de verbo; *adequar* só deve ser usado nas formas arrizotônicas (não quer dizer que causam riso), isto é, nas formas em que o acento tônico não está na raiz, mas sim na terminação: *adequamos, adequais, adequei, adequaste, adequou*, etc. Na próxima vez, diga: *Eu me adapto às situações.*

Essa lei vigiu por muito tempo.
Cuidado, doutor! O verbo *viger* só pode ser usado nas formas em que após o *g* apareça a letra *e: vige, vigerá*, etc. Então, como faço? Troque pelo sinônimo *vigorar: Essa lei vigorou por muito tempo*. Ou use forma composta: *Essa lei esteve em vigor por muito tempo.*

As autoridades interviram.
O certo é que *intervieram*, porque todos os verbos derivados de *vir* tem conjugação igual à dele. É o caso de *advir, provir, sobrevir*, entre outros. Portanto: *As autoridades intervieram*.

Quero que a empresa dele fala.
Para falar a verdade, quem está por *falir* é o autor dessa frase, e não a empresa de que *fala*. Esclarecendo melhor – ou, melhor, esclarecendo tudo –, o verbo *falir* só pode ser usado nas formas aquelas – as arrizotônicas. Acrescente-se ainda que *falir* nada tem a ver com *falar*. O certo é que tem que trocar de verbo, como o popular *quebrar*. Assim, só falta corrigir a frase: *Quero que a empresa dele quebre*.

Embora sendo muito jovem, o piloto se impõe.
O experiente comentarista de automobilismo ainda não aprendeu que as conjunções concessivas exigem o verbo no subjuntivo. Assim: *Embora seja muito jovem, o piloto se impõe*.

Ele reaveu seus documentos.
Esqueceu-se o autor de que o verbo *reaver* segue a conjugação de *haver*. Isso significa que a forma correta é *reouve*: *Ele reouve seus documentos*. Diga-se de passagem que no caso do verbo *reaver* usam-se apenas as formas em que aparece a letra *v*. Assim sendo, formas como *reei, reás*, etc. não existem.

Precavenha-se contra os assaltantes. Não se *precavenha* nem se *precaveja*, mas *previna-se*. Precaver-se também só pode ser usado nas formas arrizotônicas: *precavemos, precaveis, precavi*, etc.

Alguns progredem, outros regredem. Enquanto isso, o português é agredido. Progride-se sabendo que os verbos *agredir, cerzir, prevenir, progredir, regredir* e *transgredir* mudam o *e* da raiz para *i* em todas as formas rizotônicas, isto é, as que têm o acento tônico na raiz: *progrido, progrides, progride, progridem;* nas demais, volta o *e*: *progredimos, progredi, progrediste*, etc. Corrija-se a frase: *Alguns progridem, outros regridem*.

Os professores exporam suas razões. Com certeza, os professores não eram de Português, pois esses teriam conjugado corretamente o verbo *expor: Os professores expuseram suas razões*. Sabem eles que todos os verbos derivados de *pôr* (*depor, repor, propor, expor...*) seguem rigorosamente a conjugação do verbo *pôr*.

Passiamos todos os dias. Se o verbo é *passear*, com *e*, por que mudar para *passiamos*, com *i*? O certo é mesmo *passeamos*. Mas não é *eu passeio*? Sim. Acontece que nos verbos terminados em *ear*, insere-se um *i* nas formas rizotônicas (não custa nada repetir: formas rizotônicas são as que têm o acento tônico na raiz): *passeio, nomeie*, etc. Em todas as demais formas, nada acontece de anormal. Até mesmo formas como *passeemos, nomeei*, etc. são normais.

PAULO FLÁVIO LEDUR

 # Para os senhores poderem verem melhor,... Para os senhores poderem entender melhor, interrompeu-se o discurso para dizer que dois verbos em sequência no infinitivo flexionado é erro que fere, embaralhando o ouvido, a visão e o bom entendimento da mensagem. Os senhores já devem ter corrigido: *Para os senhores poderem ver melhor,...*

 # Eu adero a todas as inovações. O melhor é aderir ao que é correto. Para o caso dessa frase, o correto é: *Eu adiro...* Isso porque verbos como *aderir, advertir, aferir, auferir, compelir, repelir* e outros mudam o *e* da raiz para *i* na primeira pessoa do singular do presente do indicativo e nas formas dela derivadas, que são o presente do subjuntivo, o imperativo negativo e as do imperativo afirmativo derivadas do presente do subjuntivo: *eu adiro, que eu adira, adira ele,* etc.

 # Aprazeu-me recebê-lo em minha casa. Por mais prazer que possa causar, é errado dizer *aprazeu,* já que o correto é *aprouve*. É o mesmo caso dos verbos *caber, trazer* e *saber,* que assumem forma completamente irregular no pretérito perfeito do indicativo e nos tempos dele derivados, ou seja, futuro do subjuntivo, pretérito imperfeito do subjuntivo e pretérito mais-que-perfeito do indicativo: *soube, aprouve, coubera, trouxesse.*

 # Poderia-se definir inteligência como a capacidade de saber escolher. Faltou inteligência para o autor da frase na escolha da conjugação correta do verbo *poder*. Os futuros, do presente e do pretérito, quando conjugados com pronome oblíquo, não admitem a forma enclítica (pronome após o verbo). Não havendo razão para a próclise (pronome antes do verbo), deve-se usar a mesóclise (pronome no meio do verbo). Assim: *Poder-se-ia definir inteligência como a capacidade de saber escolher.*

 # O erro atrae. É verdade! Pior ainda quando *atrae* com *e*. O certo é *atrai* com *i*. O mesmo vale para *inclui, dói, constrói, destrói,* etc. Já na terceira pessoa do plural do presente do indicativo estes verbos terminam em *em*: atraem, incluem, doem, constroem, destroem, etc., não havendo nisso irregularidade.

 # O jogador reteu a bola. É preciso que se diga ao comentarista que o verbo *reter* tem a mesma conjugação de *ter*. Portanto: *O jogador reteve a bola.*

 # Crescei-vos e multiplicai-vos. Esse pouco fiel leitor da Bíblia, devoto fervoroso do pronome oblíquo e excessivamente comprometido com o milagre da multiplicação, exagerou no crescimento ao utilizar o pronome *vos*, rejeitado pelo verbo *crescer*. Corrija-se a frase: *Crescei e multiplicai-vos.*

AS FORMAS REDUZIDAS DO PARTICÍPIO

Questão das mais polêmicas do nosso idioma, o uso das formas reduzidas do particípio causa muita insegurança e, em consequência, frequentes pecados. Apresentam-se, em ordem alfabética das formas reduzidas do particípio, alguns dos verbos que têm duplo particípio e seus respectivos usos:

Aceito: com os verbos de ligação – ser, estar, ficar, permanecer, andar, parecer, continuar (*foi aceito*). **Aceitado:** com os demais verbos (*tinha aceitado*).

Aceso: com os verbos de ligação (*estava aceso*). **Acendido:** com os demais verbos (*tinha acendido*).

Anexo: não pode ser usado como particípio, mas só como adjetivo. Portanto, se acompanhado de verbo, será sempre **anexado**.

Correto: também só pode ser usado como adjetivo. Como particípio, será sempre **corrigido**.

Eleito: com os verbos de ligação (*está eleito*). **Elegido:** com os demais verbos (*haviam elegido*).

Entregue: com os verbos de ligação (*estava entregue*). **Entregado:** com os demais verbos (*tinha entregado*).

Expresso: com os verbos de ligação (*estava expresso*). **Expressado:** com os demais verbos (*tinha expressado*).

Expulso: com os verbos de ligação (*foi expulso*). **Expulsado:** com os demais verbos (*tinha expulsado*).

Envolto: só quando tem o sentido de *enrolado* (*estava envolto no cobertor*). **Envolvido:** com os demais sentidos (*estava envolvido, havia envolvido*).

Extinto: com os verbos de ligação (*foi extinto*). **Extinguido:** com os demais verbos (*tinha extinguido*).

Ganho: sempre a forma preferida (*estava ganho; tinha ganho*). **Ganhado:** forma de uso raro, deve ser evitada.

Gasto: com os verbos de ligação (*está gasto*). **Gastado:** com os demais verbos (*tinha gastado*).

Impresso: com os verbos de ligação (*estava impresso*). **Imprimido:** com os demais verbos (*tinha imprimido*).

Incluso: só como adjetivo. Como particípio, será sempre **incluído**.

Inserto: com os verbos de ligação (*estava inserto*). **Inserido:** com todos os verbos, mesmo os de ligação (*estava inserido; havia inserido*).

Isento: só como adjetivo. Como particípio, será sempre **isentado**.

Limpo: com os verbos de ligação (*estava limpo*). **Limpado:** com os demais verbos (*tinha limpado*).

Morto: com os verbos de ligação (*estava morto*). **Matado:** com os demais verbos (*tinha matado*).

Pago: sempre correto (*estava pago; tinha pago*). **Pagado:** em desuso, aceitando-se apenas com os verbos *ter* e *haver* (*tinha/havia pagado*).

Pego: com os verbos de ligação (*foi pego*). **Pegado:** com os demais verbos (*havia pegado*).

Preso: com os verbos de ligação (*foi preso*). **Prendido:** com os demais verbos (*haviam prendido*).

Restrito: com os verbos de ligação (*era restrito*). **Restringido:** é sempre correto, mesmo com os verbos de ligação (*era restringido; havia restringido*).

Salvo: com os verbos de ligação (*estava salvo*). **Salvado:** com os demais verbos (*tinha segurado*).

Seguro: com os verbos de ligação (*foi seguro*). **Segurado:** com os demais verbos (*tinha segurado*).

Solto: com os verbos de ligação (*foi solto*). **Soltado:** com os demais verbos (*haviam soltado*).

Suspenso: com os verbos de ligação (*estava suspenso*). **Suspendido:** com os demais verbos (*havia suspendido*).

AS FORMAS REFLEXIVAS DOS VERBOS

É fácil de se entender. Mas não assim. O autor nada entendeu do que afirmou. *Entende-se* só é reflexivo quando o sentido remete a quem se comunica, nada tendo a ver com os outros, muito menos com a frase, que deve ser corrigida: *É fácil de entender.*

A greve não vai se acabar tão cedo. Pelo visto, os pecados também vão continuar, principalmente os que resultam da falta de atenção aos verbos reflexivos. *Acabar-se* é *acabar consigo.* Todos sabem que a greve não fará isso. Para acabar com o erro, procede-se assim: *A greve não vai acabar tão cedo.*

Ele machucou. A pergunta veio pronta: – *Machcou quem?* A resposta também: – *Ele próprio.* Para que não haja necessidade de perguntas e respostas esclarecedoras, é muito melhor ser claro, pensando na possibilidade de os verbos serem reflexivos, o que se faz com o pronome reflexivo: *Ele se machucou.* Ou: *Machucou-se.*

O prazo se expirou à meia-noite. É preciso insistir: a forma reflexiva do verbo reverte os efeitos da ação para seu próprio autor, o sujeito. O prazo não exerce ação alguma sobre si mesmo, não podendo, portanto, *expirar-se*, mas apenas *expirar*. Assim: *O prazo expirou à meia-noite.* Os redatores mais experimentados já tiveram os prazos de aprendizado dessas questões expirados há muito, mas continuam ferindo o idioma.

Os campeões se confraternizaram. Em *confraternizar* já estão implícitas as ideias de reciprocidade e de reflexividade. A ação reverte sobre todos os que participam da confraternização. Por isso mesmo deve-se eliminar o pronome reflexivo. Em outras palavras, não existe

confraternizar-se, sendo correto: *Os campeões confraternizaram.*

 # Internou no dia seguinte. Quem internou quem? Soube-se que o internado foi ele próprio. Em outras palavras, a ação refletiu-se sobre o próprio autor da ação, o sujeito. É quando se usa a forma reflexiva do verbo, introduzindo, para tanto, o pronome reflexivo. Assim: *Internou-se no dia seguinte.*

 # O atleta brasileiro sobressaiu-se entre todos. O verbo *sobressair* não pode ser pronominal, reflexivo, pois a ação de sobressair não pode reverter sobre o sujeito, o autor da ação, mas sobre outros. Em outras palavras, ninguém se compara consigo, mas sempre com outros, sendo melhor sobressair assim: *O atleta brasileiro sobressaiu entre todos.*

 # O empresário sentou no banco dos réus. Sentou quem no banco dos réus? Afinal, já são tantos os réus! Esclarecido que a vítima foi ele mesmo, concluiu-se pela necessidade do uso do pronome reflexivo. Assim: *O empresário sentou-se no banco dos réus.*

 # Mudou para Brasília. Mudou o que para Brasília? – Não, ele foi morar lá. Então, trata-se de forma reflexiva, ou seja, ele se mudou. Portanto: *Mudou-se para Brasília.*

 # O Prefeito está se exorbitando. O vereador também exorbitou, pois usou indevidamente a perigosa partícula *se,* que não se relaciona bem com o verbo *exorbitar,* que jamais assumirá a forma reflexiva. Então: *O Prefeito está exorbitando.*

 # O Prefeito exaltou. E o vereador, muito exaltado, foi vítima do mesmo mal. Exaltou de quê? De alegria, ou de tristeza? – Não, ele se exaltou. Então: *O Prefeito se exaltou.*

Custamos para conter os rebeldes. Quem custou conter? Nós ou os rebeldes? – Não, conter os rebeldes é que nos custou. Então, é necessário corrigir sua afirmação: *Custou-nos conter os rebeldes.*

É necessário que ele prive do álcool. Exemplo clássico de mau conselho este, pois, ao contrário do que se diz na frase, o alcoolista precisa se livrar do álcool, e não privar dele, ou seja, fazer-lhe companhia. Privando de melhor linguagem, o profissional da saúde deveria saber que *privar* tem sentido oposto ao de *privar-se*. Assim, é preciso corrigir a frase: *É necessário que ele se prive do álcool.*

Encontrei com ele. Objetos roubados, contrabando, drogas, o que foi que você encontrou com ele? Nada disso! Apenas me encontrei com ele. Então tem que dizer: *Encontrei-me com ele.*

Os exames iniciam hoje. Os exames iniciam o quê? Não, eles é que iniciam. Bem, então: *Os exames se iniciam hoje.*

A mostra inaugurou ontem. O que foi que a mostra inaugurou? Não, a mostra foi inaugurada. Se não inaugurou, mas foi inaugurada, a ação se refletiu sobre ela. Em outras palavras, de novo a forma verbal deve ser reflexiva: *A mostra se inaugurou ontem.* Preferindo a forma analítica da voz passiva, pode-se optar por: *A mostra foi inaugurada ontem.*

O Brasil classificou para a final. Classificou quem: Argentina, Alemanha, Chile? Não, ele classificou a si mesmo. Então, falta corrigir a frase: *O Brasil classificou-se para a final.* A omissão do pronome reflexivo é erro dos mais comuns, inclusive entre pessoas cultas. O uso desse pronome é necessário sempre que a ação do sujeito reflete sobre ele mesmo. Outros exemplos:

– *O paciente internou.* Forma corrigida: *O paciente internou-se.*

– *O devoto ajoelhou.* Forma corrigida: *O devoto ajoelhou-se.*
– *Hoje levantei cedo.* Forma corrigida: *Hoje me levantei cedo.*
– *Ele machucou.* Forma corrigida: *Ele se machucou.*

 # Ele se acordou tarde. Ninguém acorda a si mesmo, por mais dorminhoco que seja. Uma vez acordado, acordado está. Assim, diga-se: *Ele acordou tarde.*

Outros verbos que podem ser reflexivos

Examinam-se a seguir alguns casos, apresentando exemplos de uso corrente:

Acender: *A lâmpada acendeu-se;* mas: *Ele acendeu a lâmpada.*
Acordar: *Ele se acorda cedo;* mas: *Ele acorda os outros.*
Apagar: *A luz apagou-se;* mas: *Ele apagou a luz.*
Aposentar: *Ele se aposentou;* mas: *O INSS aposenta seus segurados.*
Aproximar: *Ele se aproxima de todos;* mas: *Ele aproximou as partes.*
Complicar: *Ele sempre se complica;* mas: *Ele complica a vida dos outros.*
Debruçar: *Ele se debruça na janela;* mas: *Ele debruçou o doente na cama.*
Deitar: *Ele costuma deitar-se cedo;* mas: *Ele deitou o doente na cama.*
Derreter: *O gelo se derreteu;* mas: *O calor derreteu o gelo.*
Desvalorizar: *A moeda brasileira se desvalorizava;* mas: *O governo desvalorizava a moeda.*
Desviar: *O jovem se desviou do caminho;* mas: *O vício o desviou do caminho.*
Distrair: *Distraiu-se muito;* mas: *O humorista distraiu os presentes.*

Divertir: *Todos se divertem;* mas: *O palhaço divertiu os presentes.*
Encerrar: *Encerrou-se no quarto;* mas: *Encerrou o menino no quarto.*
Encontrar: *Encontrou-se com o amigo;* mas: *Encontrou o amigo no cinema.*
Enrugar: *Enrugou-se todo;* mas: *Enrugou a testa.*
Esgotar: *As energias se esgotaram;* mas: *Ele esgotou as energias.*
Espatifar: *Espatifou-se no chão;* mas: *Espatifou o corpo no chão.*
Estragar: *Ele se estragou;* mas: *Ele estragou a vida do irmão.*
Esvaziar: *O tanque se esvaziou;* mas: *Ele esvaziou o tanque.*
Incendiar: *O prédio se incendiou;* mas: *O sujeito incendiou o prédio.*
Iniciar: *Iniciou-se a obra;* mas: *A empresa iniciou a obra.*
Irradiar: *A alegria se irradiou por toda a cidade;* mas: *O humorista irradiou alegria.*
Lembrar: *Lembrou-se de que poderia;* mas: *Lembrou que poderia.*
Levantar: *Ele se levanta cedo;* mas: *Ele levanta muito peso.*
Normalizar: *A situação se normalizou;* mas: *Ele normalizou a situação.*
Ombrear: *Ele ombreia com os melhores.* Não admite a forma reflexiva.
Oxidar: *O vinho se oxidou;* mas: *As altas temperaturas oxidaram o vinho.*
Proliferar: *As vilas proliferaram.* Não admite a forma reflexiva.
Quebrar: *A peça se quebrou;* mas: *Ele quebrou a peça.*
Rasgar: *As camisas se rasgaram;* mas: *Eles rasgaram as camisas.*
Refletir: *As luzes se refletem nas águas;* mas: *O relato reflete toda a verdade.*
Reproduzir: *É uma espécie que se reproduz rapidamente;* mas: *Ele reproduziu a obra com fidelidade.*
Romper: *O cano se rompeu;* mas: *Ele rompeu o cano.*
Sentar: *Sentei-me à margem do Rio da Pedra e chorei;* mas: *Sentei pedras e tijolos.*
Simpatizar: *Simpatizou com a ideia.* Não admite a forma reflexiva.
Sobressair: *Ele sempre sobressai.* Não admite a forma reflexiva.
Sujar: *Ele se suja muito;* mas: *Ele suja muita roupa.*
Valorizar: *Ele se valoriza;* mas: *Ele valoriza as coisas boas.*
Zangar: *Ele se zanga facilmente;* mas: *Costuma zangar os outros.*

O VERBO REGE

Se há assunto que atrapalha os comunicadores, é o da regência verbal. A causa maior da confusão talvez seja a terminologia que envolve o estudo do assunto, que, apesar de ser bastante lógica, leva os usuários a lhe atribuírem pouca importância. Desculpas à parte, a verdade é que se trata de aspecto de fundamental importância para uma comunicação correta e adequada. Por isso, convém explicar: há verbos autossuficientes. Quando se diz: *A criança nasceu,* a frase tem sentido completo, ou seja, o verbo não necessita de complemento. Já a frase: *Paulo convidou* carece de informações para ter sentido completo: convidou quem? Para o quê? Portanto, *convidar* é verbo que necessita de complemento.

Todos os verbos que não necessitam de complemento são chamados de *intransitivos*, o que, em outras palavras, quer dizer que eles não *transitam* em busca de algo que lhes complete o sentido. Outros, como *convidar*, *transitam* em busca de complemento ou complementos, sendo por isso chamados de *transitivos*.

 # Conheço leis. Eis um exemplo de verbo transitivo. A ligação entre o verbo *(conheço)* e seu complemento *(leis)* se faz diretamente, isto é, o verbo não requer preposição, sendo por isso chamado de *transitivo direto*.

Assim, o complemento leva o nome de *objeto direto*. Pelo fato de não requerer preposição, diz-se que o verbo não *rege* preposição, daí a expressão *regência verbal*.

 # Aspiro ar puro/Aspiro a um cargo. Outros verbos regem preposição ou não, dependendo do sentido que tiverem na frase. É o caso de *aspirar*. No sentido de *respirar* não rege preposição. Já no sentido de *pretender* rege a preposição *a*.

Preciso de coragem. O verbo *precisar* também é transitivo, pois *transita* em busca de complemento, mas é indireto, porque rege preposição *(de)* antes de seu complemento, que, por isso mesmo, é chamado de *objeto indireto*.

Convidei o presidente para a festa. Existem verbos pobres que *transitam* duas vezes; queremos dizer com isso que eles necessitam de dois complementos, um ligado diretamente *(o presidente)* e o outro indiretamente *(para a festa)*. O primeiro, a pessoa convidada, é *objeto direto*; o segundo, o motivo do convite, é *objeto indireto*.

Faça aquilo que você acredita. Quem acredita, acredita em alguma coisa, e não alguma coisa. Por isso, a frase precisa ser corrigida: *Faça aquilo em que você acredita.*

O processo consta de muitas laudas / Consta no processo que ele foi agredido. Existem ainda os verbos que, dependendo do sentido, regem uma ou outra preposição. No sentido de *ser formado, composto,* o verbo *constar* requer a preposição *de*. Na acepção de *fazer parte*, rege a preposição *em*, ou a contração da preposição *em* com os artigos *a* ou *o*.

Pronome oblíquo na função de complemento. Muito cuidado deve ter o usuário com o pronome oblíquo na função de complemento. *Lhe(s)* é sempre *objeto indireto*. Os demais *(o, a, os, as, lo, la, los, las, no, na, nos, nas)* cumprem função de *objeto direto*. Quer isso dizer que as palavras e expressões que cumprem função de objeto indireto, quando substituídas por pronome oblíquo, deverão sê-lo por *lhe* ou *lhes*. Cumprindo função de objeto direto, serão substituídas por algum dos demais pronomes acima, dependendo das circunstâncias:

Aspiro ar puro: Aspiro-o.

Obedeçam às autoridades: Obedeçam-lhes.

Ajudem os pobres: Ajudem-nos.

Observação: Quando o objeto indireto não é pessoa, substitui-se o pronome *lhe(s)* por *a ele(s), a ela(s)*: *Obedeçam às leis – Obedeçam a elas*.

Fugindo do pronome oblíquo.
Com poucas exceções, como a do Presidente da República Michel Temer, no Brasil, os usuários do idioma nacional fogem do pronome oblíquo, ao contrário de Portugal, onde seu uso é exagerado. Aqui, em muitas circunstâncias, é considerado pedantismo. Como no caso deste diálogo:
– *Chefe, o senhor vai designar o novo coordenador da área?*
– *Sim. Designá-lo-ei.*

Esse *designá-lo-ei* é considerado pedante no Brasil. Aqui se diria: *Designarei ele*. Esta forma escapa do pedantismo e cai em grosseira cacofonia. E agora? Quando todos souberem usar o pronome oblíquo, ninguém mais achará pedante dizer *designá-lo-ei*.

Também não se dirá mais:
– *Não encontramos ele,* em vez de: *Não o encontramos.*
– *Levar ele,* em vez de: *Levá-lo.*

Como se pode deduzir, regência verbal é assunto que merece os maiores cuidados. Em função de não terem esses cuidados, muitos comunicadores *marcham* a todo momento em relação ao assunto.

Todas querem o chefe.
Se o informante quer dizer que todas desejam o chefe, que estão apaixonadas por ele, a frase está absolutamente correta, e o problema é do chefe bem como a escolha, a não ser que queira todas. Agora, se quer informar que todas têm estima por ele, a frase está errada, e o chefe sem problemas de ordem sentimental. Neste caso, a frase correta seria: *Todas querem ao chefe*.

Acenei a mão para ela.
Quem acena, acena *com* alguma coisa: lenço, cabeça, mãos, etc. Assim, é preciso acenar *com* a mão, e não *a* mão.

Lutarei sem cessar pela discriminação da mulher.
Em busca dos votos femininos, a infeliz candidata a vereador *discriminou* mal as

preposições. Ao lutar contra os interesses das mulheres, levou apenas alguns votos de representantes machistas. Na próxima eleição promete: *Lutarei sem cessar contra a discriminação da mulher.*

A seleção perdeu dos Estados Unidos.
Para que o nosso castigado português não continue *perdendo* também, acerte-se o sentido da frase dizendo: *A seleção perdeu para os Estados Unidos.* Quem perde, perde *para alguém*, e não *de alguém.*

Milhares de pessoas assistiram o espetáculo.
Pode-se deduzir, sem medo de errar, que o espetáculo não foi bom. Por quê? Porque a gente *assiste* o doente, o que não está bem. Quando se é espectador, a gente *assiste ao* espetáculo. Então, bom espetáculo!

Qual é o vinho que você mais gosta?
Gosto de muitos vinhos. Depende da ocasião. E você, *de que vinho gosta?* Portanto, faltou na frase a preposição de: *Qual é o vinho de que você mais gosta?*

Deus lhe abençoe.
Quando Deus abençoa, abençoa *alguém* e não *a alguém*. A bênção é direta, assim como o *objeto é direto*. Portanto: *Deus o abençoe.*

A filha do empresário namorava com um presidiário.
Se o fato espantava o repórter, a frase espanta os cultores da boa linguagem, que costumam namorar formas corretas. Quem namora, namora alguém, e não com alguém. Além disso, é preciso esclarecer que lugar de rima é na poesia, a não ser que, ao rimar com *presidiário*, quisesse externar sua ira contra o *empresário*. Corrija-se tudo: *A filha do empresário namorava um preso.*

Deus o pague.
Quando paga, Deus age de forma contrária à do caso anterior, pois paga a alguém, através de *objeto indireto*. Então: *Deus lhe pague.*

Deus lhe/o ajude. Quando se trata de ajudar, Deus mostra toda sua bondade, aceitando as duas formas: ajuda *alguém* ou *a alguém*. Escolha entre: *Deus o ajude* e *Deus lhe ajude*.

Diga isso à pessoa que lhe está auxiliando. Quem auxilia, auxilia alguém, e não a alguém. Como *lhe* só pode ser usado na função de objeto indireto, é preciso trocar pelo pronome *o*. Assim: *Diga isso à pessoa que o está auxiliando.*

Conhecer português implica em muita prática. O autor da frase, por exemplo, precisa praticar mais, muito mais. Acontece que *implicar* no sentido de *exigir* não requer preposição. Portanto: *Conhecer português implica muita prática.*

O exame da questão implica em cuidado e paciência. Não querendo *implicar* com o verbo *implicar*, mas já o fazendo, não custa repetir que com o sentido de exigir ele é transitivo direto, não exigindo qualquer preposição. Então, corrija-se a frase: *O exame da questão implica cuidado e paciência.*

Procure informar-lhe da importância do assunto. Entre diversas opções, o *azarado* comunicador optou justamente pela forma errada. Quem informa, informa alguém de alguma coisa, ou informa alguma coisa a alguém. Em outras palavras, o verbo *informar* necessita de dois complementos: um objeto direto e outro, indireto, mas não de dois indiretos. Nunca se deve esquecer que *lhe* é sempre objeto indireto, já que *da* é a contração da preposição *de* com artigo *a*. Portanto: *Procure informá-lo da importância do assunto,* ou: *Procure informar-lhe a importância do assunto.*

Somos em cinco lá em casa. O verbo *ser* não rege preposição alguma. Portanto, antes que se consagre mais um erro, diga-se: *Somos cinco lá em casa.*

Os resultados do time favoreceram aos adversários diretos. O time teve mesmo muito azar por beneficiar seus principais adversários, mas o autor do comentário também. Para merecer melhor sorte, precisa ele saber que quem favorece, favorece alguém, e não a alguém. Assim, corrija-se: *Os resultados do time favoreceram os adversários diretos.*

O recordista surpreendeu ao mundo. Entusiasmado com o atleta sul-africano que quebrou o recorde dos 400m, o narrador não teve o mesmo desempenho, errando na regência do verbo *surpreender*. Corrijamos: *O recordista surpreendeu o mundo.*

Preciso de falar com você.
Será um prazer, mas em bom português, pois assim vai ser difícil nos entendermos. É verdade que o verbo *precisar precisa* da preposição *de*, mas dispensa-a antes de outro verbo. Portanto, se precisas falar comigo, vem, mas sem preposição. Aliás, outro cuidado é preciso com este verbo: no sentido de *determinar com precisão,* ele também não precisa de preposição: *É necessário precisar os fatos.*

Mário recorda do fato sempre que volta à cidade.
Quem recorda, recorda alguém ou alguma coisa; portanto: *Mário recorda o fato sempre que volta à cidade.* Se preferir usar a preposição *de*, o autor da frase poderá usar o verbo *recordar-se*, pois quem se recorda, recorda-se de alguém ou de alguma coisa: *Mário se recorda do fato sempre que volta à cidade.* A passagem de verbo transitivo direto para transitivo indireto quando do uso da partícula *se* é fato comum em nosso idioma.

Temos que convencer ao presidente.
Antes, temos que convencer o autor da frase a cuidar melhor da regência verbal, pois quem convence, convence *alguém*, e não *a alguém*. Assim sendo, *convença-se o presidente.*

Tenho um amigo que posso confiar.
Mais uma vez, a *regência rege* o sentido da frase. Quem confia, confia *em alguém.* Por isso: *Tenho um amigo em que posso confiar.*

Preços baixos nas marcas que você confia.
Caso idêntico ao anterior, a frase só fica confiável se se usar a preposição que o verbo *confiar* rege: *Preços baixos nas marcas em que você confia.*

O atacante chutou em gol.
Se interpretássemos fielmente o que muitos locutores de futebol dizem, partida alguma terminaria com o *placar em branco*, pois *em gol* significa *dentro do gol*; portanto: *Gol!...* Enquanto o atacante apenas tenta, diga-se que ele chuta *a* gol.

Gosto conversar com você.
Devagar com o andor! Quem gosta, gosta *de.* – Mesmo antes de outro verbo? – Mesmo antes do verbo. O que se disse a respeito do verbo *precisar* antes de outro não vale para *gostar*.

Comunicamos-lhe de que não haverá sessão.
Erro idêntico ao de caso anterior. Há dois objetos indiretos e falta o direto. Retirando a preposição *de*, a frase ficará correta: *Comunicamos-lhe que não haverá sessão,* agora com um objeto direto e

outro indireto, atendendo à exigência do verbo. Com o verbo *comunicar*, a pessoa a quem se comunica é sempre objeto indireto e o que se comunica, objeto direto.

O ministro disse de que a inflação baixaria.
Quem diz, diz *alguma coisa*. Portanto, *disse que a inflação baixaria,* sem *de.* Aliás, parece modismo entre muitos comunicadores acrescentar a preposição *de* a qualquer verbo.

Cada um é guindado ao estágio que fez jus.
Faça-se justiça. Quem faz jus, faz jus *a algo,* com preposição: *Cada um é guindado ao estágio a que fez jus.*

Comitiva gaúcha no Japão sentou na mesa.
Que vergonha! Que falta de educação! Aliviado com a posterior informação de que, na verdade, a comitiva havia sentado *à mesa,* o ouvinte de rádio voltou a confiar nas boas maneiras dos gaúchos.

A reportagem ouviu ao Dr. Fulano.
Quem ouve, *ouve alguém,* e não *a alguém: A reportagem ouviu o Dr. Fulano.* E se, em vez de ouvir, *entrevista*? A regência é a mesma: *A reportagem entrevistou o Dr. Fulano.*

Os corruptos esquecem de que a vida um dia acaba.
E o autor da frase esquece que o verbo *esquecer* não rege preposição. Talvez não saiba também que com *esquecer-se* a preposição deve ser usada. Assim sendo, pode-se escolher entre *esquecer que* e *esquecer-se de que: Os corruptos esquecem que a vida um dia acaba,* ou: *Os corruptos esquecem-se de que a vida um dia acaba.*

Professor, perdoe os alunos que erram.
Deve-se perdoar, sim, mas não insistir demais no erro. As pessoas são perdoadas com a preposição *a*; as coisas perdoadas o são sem preposição. Portanto, *o professor perdoa aos alunos os erros cometidos.*

Estabelecido à Rua do Bosque.
Quem se estabelece, o faz *em* algum lugar, em alguma rua, não *a* algum lugar, *a* alguma rua. Portanto, vamos *estabelecer* a forma correta: *Estabelecido na Rua do Bosque.* Para

citar mais alguns casos idênticos, convém esclarecer que o mesmo vale para *morar, residir, situar-se* e para o surrado e mal usado *sito: moro na Rua do Bosque; sito na Rua dos Andradas,* e não *moro à Rua do Bosque; sito à Rua dos Andradas.*

Sequestro acaba com três mortos e nove feriados. Esta manchete de jornal é exemplo dos mais bem-acabados do descuido a que é submetida a regência verbal. O sentido é confuso e paradoxal. É impossível imaginar o que significa *acabar com* três mortos. *Acabar com* nove feridos provavelmente signifique sua execução e morte. Na verdade, a notícia queria informar que o sequestro teve como resultado três mortos e nove feridos. Em síntese, quem gerou toda essa confusão foi a preposição *com*, indevidamente usada em lugar de *em*.

Os vinhos do Brasil figuram dentre os melhores da América do Sul. Melhores ainda seriam se figurassem *entre* os melhores. Os excessos induzem à desconfiança...

Sucedeu o pai no negócio. Trata-se de uma sucessão complicada. *Sucede* que o verbo *suceder* com o sentido de vir depois exige a preposição *a*. Portanto, *Sucedeu ao pai no negócio.*

O Governador lembrou da sua infância. O autor da frase também se lembrou da infância e cometeu erro infantil. Precisa lembrar-se de que quem lembra, lembra alguma coisa ou alguém, e não de alguma coisa ou de alguém, ao contrário da forma reflexiva, pois quem se lembra, se lembra de alguma coisa ou de alguém. Quando se lembrar disso, corrigirá: *O Governador lembrou sua infância;* ou: *O Governador lembrou-se da sua infância.*

Algumas agências de propaganda esquecem da gramática na elaboração de seus textos. Assim como o autor da observação, que esqueceu os detalhes relacionados com a regência do verbo *esquecer*. Quem esquece, esquece alguma coi-

sa ou alguém, e não de alguma coisa ou de alguém. O mesmo não acontece quando se opta pela forma reflexiva *esquecer-se*, pois quem se esquece, se esquece de alguma coisa ou de alguém. Se não se esquecer, o autor da frase, nas suas próximas críticas, optará entre: *Algumas agências de propaganda esquecem a gramática...* e: *Algumas agências se esquecem da gramática...*

Conquistou um lugar no sol.
O mesmo acontecerá com o autor da frase, que, não resistindo ao calor, morrerá torrado no sol. Corrigindo-se e sendo mais generoso com os outros, é possível que conquiste um lugar ao sol. Assim: *Conquistou um lugar ao sol.*

Seu intelecto equivale o de um passarinho.
E o passarinho está com novo concorrente: o autor da frase. O que equivale, equivale a alguma coisa, equivalendo a dizer que o verbo *equivaler* exige a presença da preposição *a*, no caso em fusão com o artigo *o*. Assim: *Seu intelecto equivale ao de um passarinho.*

A realidade que lhe cerca.
O que cerca, cerca alguém, e não a alguém. Como *lhe* só pode ser usado como objeto indireto, o pronome tem que ser *o* (se substituir palavra masculina) ou *a* (se substituir palavra feminina): *A realidade que o(a) cerca.*

Dons com que a vida lhe presenteou.
Quem presenteia, presenteia alguém, e não a alguém. Portanto, o verbo requer objeto direto, e não indireto. Assim: *Dons com que a vida o(a) presenteou.*

Os menores se habituam com o trabalho.
Além desse hábito, é importante, também, que se habituem à linguagem correta. Quem se habitua, se habitua a alguma coisa, e não com alguma coisa. Já que o autor não é menor – há muito –, deve-se habituar, com urgência, a dizer: *Os menores habituam-se ao trabalho.*

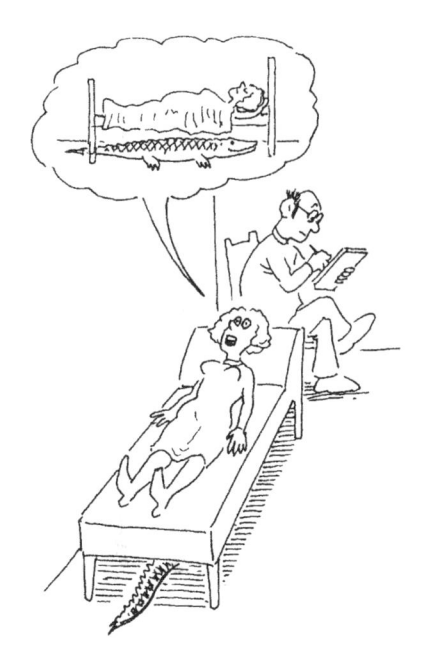

Consultei com um psicanalista.
É recomendável que, após essa consulta, consulte um profissional da linguagem, que certamente lhe esclarecerá que quem consulta, consulta alguém, e não com alguém. Depois passará a dizer: *Consultei um psicanalista.*

Consultei-me com um psicanalista.
De consulta em consulta, o pecador voltará ao professor. Este lhe dirá: "Você terá que escolher entre consultar a si próprio e consultar um psicanalista. Você decide." Aprendida a lição, é possível que decida optar pela mesma forma do caso anterior: *Consultei um psicanalista.* E chega de consulta!

A visão das pessoas sobre você não pode lhe prejudicar.
Quem prejudica, prejudica alguém, e não a alguém. Portanto, o verbo *prejudicar* exige objeto direto, e não indireto. Assim: *A visão das pessoas sobre você não pode prejudicá-lo.*

Sempre tratou com respeito aos mais humildes.
Quem trata, trata alguém, e não a alguém. Portanto, com esse significado o verbo tratar rege objeto direto, e não indireto. Assim: *Sempre tratou com respeito os mais humildes.*

Isso pode lhe conduzir ao consumo exagerado de energia.
Quem conduz, conduz alguém a alguma coisa, e não a alguém a alguma coisa. Portanto, o verbo *conduzir* exige um objeto direto e outro indireto, e não dois objetos iguais. Assim, é preciso corrigir a frase: *Isso pode conduzi-lo ao consumo exagerado de energia.*

A garota esperava-lhe nos finais de tarde.
Quem espera, espera alguém, e não a alguém. Portanto, com objeto direto, e não indireto. Assim: *A garota esperava-o nos finais de tarde.*

No que concerne os fatos ocorridos...
Antes de prosseguir, o orador deve ser alertado para o fato

de que a expressão *no que concerne* exige a preposição *a*. Assim: *No que concerne aos fatos ocorridos...* Agora pode seguir, de preferência sem erros de linguagem.

 # Isso a possibilita encontrar seu caminho. O que possibilita, possibilita alguma coisa a alguém. Portanto, o verbo *possibilitar* rege dois objetos, um direto e outro indireto, e não dois objetos iguais. Portanto, há que corrigir a frase: *Isso lhe possibilita encontrar seu caminho.*

 # Ele não sabe o que lhe aguarda. Assim como o autor da frase não sabe que *lhe* substitui sempre *a ele, a ela,* e não *ele, ela,* isto é, só pode ser usado como objeto indireto. Quem aguarda, aguarda alguém ou algo, e não a alguém, ou a algo. Por isso: *Ele não sabe o que o aguarda.*

 # Aproveitou da situação e se infiltrou. E mais um erro vem se infiltrando na boa linguagem. Quem aproveita, aproveita alguma coisa, e não de alguma coisa. Por isso: *Aproveitou a situação e se infiltrou.* Preferindo, pode-se usar *aproveitar-se,* caso em que as coisas mudam completamente, pois quem se aproveita, se aproveita de alguma coisa. No caso, opção igualmente correta seria: *Aproveitou-se da situação e se infiltrou.* Como se vê, ter opções é bom para quem sabe optar.

 # O Presidente chamou o Ministro no palácio. Quem chama, chama alguém a algum lugar, e não em algum lugar. Em outras palavras, na ida do Ministro a palácio, ocorre movimento. Situação de estaticidade se dará depois que o Ministro estiver em palácio, quando se usará *em*: *Está em palácio*. Para referir sua ida, o repórter terá que usar *a*. Assim: *O Presidente chamou o Ministro a palácio*. Deve-se também alertar o repórter para o fato de que *palácio* com o sentido de sede do governo não admite o uso do artigo; por isso, o correto será sempre *em palácio, a palácio, de palácio*.

O Presidente está para o Rio de Janeiro.
O verbo *estar*, como ele próprio informa, refere situação estática; não indica movimento, chocando-se com *para*, preposição que indica sempre movimento. A preposição correta para situações estáticas é *em*, que, ao se fundir com o artigo definido, vira *na* ou *no*. Assim: *O Presidente está no Rio de Janeiro*.

A multa não atinge a 10%.
Quem atinge, atinge alguma coisa, e não a alguma coisa. Por isso: *A multa não atinge 10%*.

Isso ajudará ao psicólogo a entender melhor cada situação.
Quem ajuda, ajuda alguém, e não a alguém, a fazer alguma coisa. Então, a frase precisa ser corrigida: *Isso ajudará o psicólogo a entender melhor cada situação*.

Este é o especialista que me referi.
É também um erro muito referido neste livro. Quem se refere, se refere a alguém, e não alguém, razão pela qual a frase precisa ser corrigida: *Este é o especialista a que me referi*. Opcionalmente, em vez de *referir-se*, pode-se usar *referir*. Quem refere, refere alguém. Assim, a frase passaria por outra correção: *Este é o especialista que referi*.

O candidato não atendeu os requisitos.
O autor da frase também não atende aos requisitos mínimos da boa linguagem, especialmente aos relacionados com a regência verbal. Com o sentido de *observar*, de *levar em conta*, o verbo *atender* exige sempre a preposição *a*, devendo a frase ser corrigida: *O candidato não atendeu aos requisitos*.

Seu comentário ajudará ao psicólogo a entender melhor o que você está querendo dizer. Quem ajuda, ajuda alguém, e não a alguém, a fazer alguma coisa. Assim: *Seu comentário ajudará o psicólogo a entender melhor o que você está querendo dizer.*

A crise pela qual o País atravessa. Quem atravessa, atravessa alguma coisa, e não por alguma coisa. Evitando que mais um erro se atravesse, deve-se corrigir de imediato: *A crise que o País atravessa.*

O juiz não atendeu ao apelo do réu. É preciso estar atento. Com os sentidos de *deferir* e *auxiliar*, o verbo *atender* não rege preposição. Corrigida, a frase fica assim: *O juiz não atendeu o apelo do réu.*

O pugilista teve facilidade para derrotar ao adversário. Mas o comentarista continua com dificuldade para derrotar seus vícios de linguagem. Quem derrota, derrota alguém, e não a alguém. Por isso: *O pugilista teve facilidade para derrotar o adversário.*

Os salários se relacionam à produtividade. Quem se relaciona, se relaciona com alguma coisa, e não a alguma coisa. Estabelecida a correta relação, basta corrigir: *Os salários se relacionam com a produtividade.*

De acordo com uma professora que conversei em Cachoeirinha,... Ou o colunista é um *conversador* e/ou conquistador, ou, então, errou a regência verbal, porque, até prova em contrário, quem conversa,

conversa com alguém, e não alguém. Para evitar mal-entendidos, corrija-se a frase: *De acordo com uma professora com que conversei em Cachoeirinha,...*

 # O Ministro comentou sobre o fato. E o repórter continua comentando de forma errada. Quem comenta, comenta algum fato, e não sobre algum fato. Sem maiores delongas, corrija-se a frase: *O Ministro comentou o fato.*

 # Estimo em vê-lo forte e saudável. Lamentavelmente, não se pode dizer o mesmo da linguagem do autor da frase, fraca, doente e tosca. Quem estima, estima alguma coisa, e não em alguma coisa, nem mesmo a alguma coisa. Portanto: *Estimo vê-lo forte e saudável.*

 # A atriz deu a luz a um menino. Quando uma mulher dá à luz, o que ela faz é trazer a criança para a luz. Não tem poderes, nem precisa, para dar a luz, até porque a luz existe, independentemente de sua vontade. Para salvaguardar a verdade, deve-se escrever: *A atriz deu à luz um menino.*

 # Fazemos isso para melhor lhe servir. Falta apenas fazer alguma coisa para melhorar a linguagem, e, consequentemente, servir os leitores. Quem serve, serve alguém, e não a alguém. Serve-se, portanto, com objeto direto, e não com *lhe,* que é sempre objeto indireto. Corrija-se: *Fazemos isso para servi-lo melhor.*

Não o duvido. Assim como ninguém pode duvidar de outros erros de quem afirma coisas desse quilate. Quem duvida, duvida de alguma coisa ou de alguém, e não alguma coisa ou alguém. Sem dúvida, é necessário corrigir: *Não duvido disso;* ou: *Não duvido de ti.*

Nos fins de semana muitos vão para a praia. Se vão apenas nos fins de semana, é porque vão à praia. Só vão para a praia os que forem para fixar residência. Em outras palavras, quem vai *para,* vai para ficar. Vai *a* quem vai temporariamente, que é o caso da frase: *Nos fins de semana muitos vão à praia.*

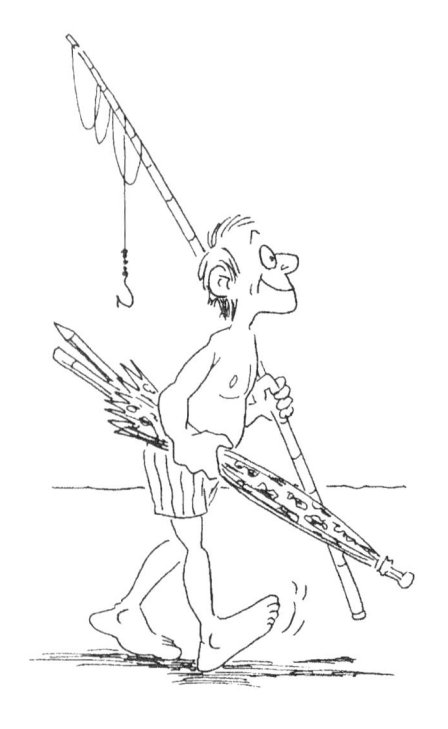

Obedeça sua sede. Faltou sede na campanha publicitária que procurava promover ainda mais um refrigerante mundialmente conhecido, pois o fez não obedecendo às normas da regência verbal. Seu autor ouviu o galo cantar, mas não sabe exatamente onde. Deve ter aprendido que o acento indicativo de crase é optativo antes de pronome possessivo feminino, mas que alguém tenha ensinado que se pode abrir mão da preposição *a*, exigida pelo verbo *obedecer*, não se pode acreditar. Quem obedece, continua obedecendo a alguém ou a alguma coisa, e não alguém ou alguma coisa. Obedecendo a isso, chega-se à forma correta: *Obedeça a* (ou *à*) *sua sede.*

 # É a primeira vez que o cantor vem no Brasil. Quem está, está em algum lugar, mas quem vem, vem a. Foi o caso do cantor. Para que não deixe de vir, deve-se saudar sua vinda em bom português: *É a primeira vez que o cantor vem ao* (ou *para o*) *Brasil*. Convém esclarecer que *em* indica sempre algo estático, enquanto as preposições *para* e *a* se referem a coisas dinâmicas, em movimento.

 # O deputado desfruta de muito prestígio na região. O mesmo não se pode dizer do comentarista, que vive pecando contra o idioma. Quem desfruta, desfruta alguma coisa, e não de alguma coisa. Portanto: *O deputado desfruta muito prestígio na região.*

 # Compartilhamos de sua tristeza. Sem dúvida, aí está um erro compartilhado entre muitos, o de achar que quem compartilha, compartilha com, ou, pior ainda, de. Sem complicar, deve-se simplesmente dizer: *Compartilhamos sua tristeza.*

 # O comerciante percebeu de que estranhos haviam entrado no prédio. E o repórter nem percebeu que havia se equivocado com mais uma regência verbal. Quem percebe, percebe alguma coisa, e não de alguma coisa: *O comerciante percebeu que estranhos...* Até que poderia ter optado pelo verbo *aperceber-se*, e neste caso ter usado a preposição *de*, pois quem se apercebe, se apercebe de alguma coisa: *O comerciante apercebeu-se de que estranhos...* Como se percebe, é necessário atenção.

 # Pisamos nossos próprios pés. Se os autores da façanha quisessem informar que machucaram seus próprios pés, a frase estaria correta. Mas, como a intenção foi informar que um dos pés pisou no outro, a frase tem que ser corrigida: *Pisamos em nossos próprios pés.*

 # O óleo que o caminhoneiro confia. Aos mais atentos ao teor da campanha publicitária ocorre perguntar: *A quem o caminhoneiro confia esse óleo.* Na realidade, a frase quer informar que o caminhoneiro é que confia no óleo. Quem confia, confia algo a alguém, ou, como no caso, quem confia, confia em alguém ou em alguma coisa. Portanto: *O óleo em que o caminhoneiro confia.* Aliás, na formação da imagem de qualquer produto, o bom português ajuda a conquistar a confiança.

 # Comuniquei o Presidente sobre o assunto. Alguém precisa comunicar ao assessor que quem comunica, comunica alguma coisa a alguém, e não alguém sobre alguma coisa. Preservando as boas comunicações presidenciais, o assessor dirá: *Comuniquei o assunto ao Presidente.*

 # O advogado tinha à mão os documentos solicitados pelo juiz. Ao que tudo indica, o advogado estava de posse dos documentos no momento em que o juiz os solicitou, razão pela qual a frase deve ser corrigida: *O advogado tinha na mão os documentos solicitados. Ter à mão* significa *ter ao alcance da mão,* diferente de *ter na mão.*

 # A autoridade escapou milagrosamente ao atentado. O informante deixou dúvidas sobre o atentado. Deu a entender que a autoridade evitara o atentado, que é o que significa *escapar ao atentado.* A leitura completa da notícia, no entanto, deu conta de que o atentado ocorrera, o príncipe não evitara, mas saíra ileso, o que muda a manchete: *A autoridade escapou milagrosamente do atentado.*

 # Foi um bonito gol pela forma que foi armado. À primeira vista, pode parecer que o pecado da frase esteja na falta de concordância entre *forma* e *armado.* No entanto, o que foi armado não foi a forma, mas o gol. O erro está mesmo no uso inadequado do conetivo *que,* que deve ser substituído por *como: Foi um bonito gol pela forma como foi armado.*

 # Foram declarações prestadas sobre forte emoção. Não fosse a generosidade dos leitores, a forte emoção teria virado profunda tristeza. É pouco comum prestar declarações *sobre* emoções, isto é, a respeito de emoções. Fazê-lo *sob,* ou seja, em situação de, sim, é o que resulta em notícias de impacto. Assim, só falta corrigir a frase: *Foram declarações prestadas sob forte emoção.*

 # Evento terminou com festa. A leitura completa da notícia acabou desmentindo a informação do título. A festa não havia sido prejudicada pelo evento. Pelo contrário, acontecera grande festa no encerramento. Ou será que o título estava certo? Nenhuma dúvida teria havido, nem choque entre as partes da notícia, se o autor da matéria tivesse trocado *com* por *em* no título: *Evento terminou em festa.*

 # Vim aqui para lhe abraçar. Quem abraça, abraça alguém, e não a alguém. Como esse alguém é representado pelo pronome oblíquo, este só pode ser algum oblíquo que represente objeto direto (*o, a, lo, la, no, na,...*), e não objeto indireto (*lhe*). Por isso, o abraço correto seria: *Vim aqui para abraçá-lo (abraçá-la).*

 # Deu para vencer da Venezuela. Mas ainda não deu para acertar a regência verbal. Vence-se alguém, e não de alguém. Portanto: *Deu para vencer a Venezuela.*

 # Pesquisa: quem os brasileiros votariam. Vota-se *em* alguém, e não alguém. Portanto: *Pesquisa: em quem os brasileiros votariam.*

 # Propriedade vizinha àquela que ocorreu a invasão. Para que o português não continue sendo invadido por erros primários, é preciso esclarecer que as invasões sempre ocorrem *em* algum lugar. Por isso: *Propriedade vizinha àquela em que ocorreu a invasão.*

 # Estamos falando desde o Maracanã. Falar *desde* algum lugar até que é possível, desde que o locutor esteja em movimento. No caso, ele começou a falar no Maracanã, de onde saiu sem parar de falar. Se deixarem, provavelmente dará volta ao mundo sempre falando... Brincadeiras à parte, os muitos locutores de futebol devem falar *do* Maracanã, *do* Mineirão, *do* Beira-Rio, *da* Arena... Assim, cansarão apenas as cordas vocais, preservarão as pernas e terão mais fôlego para suas narrações. Apenas para lembrar, *desde* também pode se referir a tempo: *Desde ontem.*

 # Você pode escolher o apartamento que quer morar. Para não parecer que quem escolhe é o apartamento, e não o morador, use-se *em*, mesmo porque quem quer morar, quer morar *em* algum lugar: *Você pode escolher o apartamento em que quer morar.* Para quem pode escolher, é importante que a escolha seja correta e em bom português.

 # O que mais se ouve falar no país é corrupção. Enquanto isso, com relação ao português, o que mais ocorre de errado diz respeito à regência verbal. No caso, ouve-se falar *de* corrupção: *O que mais se ouve falar no país é de corrupção.*

 # Estou convencido que passarei nas provas. Menos na de Português, a não ser que se convença *de* que: *Estou convencido de que passarei nas provas.*

 # Dispõem-se de marajás. Para ser perfeita, essa insinuante e criativa chamada publicitária careceu apenas de uma correção: *dispõe-se*, e não *dispõem-se*. Acontece que a presença da preposição *de* impede a concordância do verbo com o substantivo a que se refere (*marajás*). Isso ocorre sempre que a partícula *se* tem o sentido de *a gente*, em verbos que regem preposição. Outro exemplo: *Gosta-*

se, no entanto, precisa vencer seu grande inimigo: a regência verbal. Quem vence, vence alguém, e não a alguém. Então: *A seleção venceu seu maior inimigo.*

 # As inscrições devem ser feitas na região que a pessoa mora. E em português correto. Mora-se *em*. Por isso: *As inscrições devem ser feitas na região em que a pessoa mora.*

 # Sonho que se tornou em esplêndida realidade. Confundindo o verbo *tornar-se* com *transformar-se*, de igual sentido, o autor da frase desmanchou os sonhos dos professores de Língua Portuguesa, pois *torna-se* não requer a preposição *em*. Assim: *Sonho que se tornou esplêndida realidade.*

-se de vinhos brancos e não: *Gostam-se de vinhos brancos*. Não ocorrendo a presença da preposição, trata-se de voz passiva sintética. Exemplo: *Empregam-se professores de Português*, e não: *Emprega-se professores de Português*.

 # Em que pese aos resultados negativos... Às vezes acontece que, mexendo num lugar, é necessário arrumar outros estragos: *pese*, no singular em função da preposição, deve ir para o plural com sua retirada: *pesem*, em que pese a estranheza que isso causa em muitos ditos bons falantes do português. Apesar dos pesares, é necessário corrigir: *Em que pesem os resultados negativos...*

 # A seleção venceu ao seu maior inimigo. O autor da fra-

Assim, por exemplo: *Sem coragem, a Seleção não soube enfrentar o inimigo.*

Trata-se de convite feito de público.
Será convite feito de público ou de palavras? De palavras, é claro. *Feito de* expressa a origem de algo material: *O chocolate é feito de cacau*, por exemplo. A frase está a exigir *em*: *Trata-se de convite feito em público.*

O evento foi transmitido ao vivo e a cores.
E de preferência sem pecados, como o de usar *a* em vez de *em,* já que as cores são estáticas, ao contrário de *ao vivo,* expressão que denota algo dinâmico.

Prefiro o Flamengo do que o Corinthians.
Sem discutir o mérito da preferência, é preciso corrigir o pecado: *Prefiro o Flamento ao Corinthians*. Outro exemplo: *Prefiro o vinho à cerveja.* A preferência por *do que* em lugar de *à*, além de ferir o idioma, estragaria qualquer uma das bebidas.

O Ministro disse de que a inflação será contida.
Enquanto isso, o autor da frase não pode continuar dizendo *de que*, mas, simplesmente, *que*. Assim: *O Ministro disse que a inflação será contida.*

A Seleção enfrentou ao inimigo sem coragem.
Os autores de frases assim também precisam enfrentar a regência verbal com mais coragem: *A Seleção enfrentou o inimigo sem coragem.* Corrigido esse problema, outro se manifesta: quem é que não tinha coragem, a Seleção ou o inimigo? Para acabar com a ambiguidade, tem que modificar a frase.

A equipe atingiu ao clímax.
O mesmo não acontece com autores de frases como essa, que insistem em pecar contra a regência verbal. Quem atinge, atinge alguma coisa ou alguém, e não a alguma coisa ou a alguém. Em outras palavras, trata-se de verbo que não precisa de preposição: *A equipe atingiu o clímax.*

Esta é a única marquinha que você pode ficar do verão.
Sem dúvida, essa chamada publicitária de conhecido produto destinado às mulheres também deixou sua marquinha, indesejada marquinha. Ignorou que o verbo *ficar*, com o sentido que tem na frase, exige a presença da preposição *com*, devendo-se corrigi-la: *Esta é a única marquinha com que você pode ficar do verão.*

As duas empresas voltam operar juntas.
Falta apenas um *a* para que esse negócio dê certo: *As duas empresas voltam a operar juntas.*

A lei foi publicada às páginas 12 e 13 do Diário Oficial.
Espera-se que a publicação tenha ocorrido sem erros como o da frase: *às* em lugar de *nas*: *A lei foi publicada nas páginas 12 e 13 do Diário Oficial.*

Vencer ao Guarani / Enfrentar ao Vitória / Precisa encarar ele.
Em menos de dois minutos, o locutor, cometeu três verdadeiros atentados contra seu idioma. Quem vence, vence alguém. Portanto: *Vencer o Guarani.* Quem enfrenta, enfrenta alguém. Assim: *Enfrentar o Vitória.* Para encerrar o festival, fez o que muitos brasileiros ilustres fazem: empregar o pronome pessoal com fun-

ção de objeto. Isso a gramática proíbe e, em geral, vira cacofonia: *encarar ele*. Todas as pessoas de média cultura e de modo especial os comunicadores precisam *encarar* os pronomes oblíquos e passar a usá-los. Assim: *Precisa encará-lo.* – Não pode ser *encarar a ele?* – Não, porque quem encara, encara alguém, e não a alguém.

O juiz solicitou para que todos os repórteres saíssem. Devia ter solicitado também que procurassem ficar mais atentos à grave questão da regência verbal, mais uma vez atingida. Quem solicita, solicita alguma coisa, e não para alguma coisa. Assim sendo, elimine-se o *para*: *O juiz solicitou que todos os repórteres saíssem.*

Não sei o que ela gosta. Também não sabe que quem gosta, gosta de alguma coisa, e não gosta alguma coisa. Por isso, quem tem bom gosto já corrigiu: *Não sei do que ela gosta.*

O Governador costuma servir pessoalmente todos os convidados. Enquanto isso o informante presta um desserviço ao idioma, que seria mais bem servido se cuidasse da regência. Aliás, o verbo *servir* serve para observações mais detalhadas: quando se refere a pessoas, exige a preposição *a*: *O Governador costuma servir pessoalmente a todos os convidados.* Quando se refere ao poduto que é servido, não requer preposição: *O Governador costuma servir vinhos.* Referindo-se ao lugar onde se serve, exige a preposição *em*: *O Governador serve os vinhos na sala de jantar.* Pode ser intransitivo, isto é, autossuficiente, não precisar de complemento: *O Governador serve bem.* Por último, pode ser pronominal (*servir-se*): *O Governador se serve.*

É preciso atender bem aos clientes. Assim como é preciso estar atento à regência verbal. Quando se refere a pessoas, *atender* é verbo que se sente importante, dispensando a preposição *a*: *É preciso atender bem os clientes.* Referindo-se a coisas, em-

pobrece e precisa da preposição: *Costumo atender a todos os compromissos.*

 # Sou de opinião de que o Estado não deve intervir em questões religiosas. Aí sobra *de*, devendo-se corrigir: *Sou de opinião que o Estado não deve intervir em questões religiosas.*

 # O treinador conseguiu com que a equipe melhorasse seu moral. Outro que precisa elevar seu moral é o autor da frase. Ainda não conseguiu descobrir que o verbo *conseguir* não rege preposição: *O treinador conseguiu que a equipe melhorasse seu moral.*

 # Os candidatos debateram sobre os problemas mais relevantes do Município. Só não debateram regência verbal, o que se faz agora: debate-se alguma coisa, e não sobre alguma coisa: *Os candidatos debateram os problemas mais relevantes do Município.* Debate-se com alguém: *O candidato debateu o assunto com seu opositor.* Pode também ser intransitivo, autossuficiente: *Debate-se muito.* Por último, pode ser pronominal: *Debatia-se na cama.*

 # Precedeu ao general na presidência da estatal. Não! Não se pode preceder a outro. Quem precede, precede alguém. Portanto: *Precedeu o general na presidência da estatal.*

 # Masculino perde da Bulgária e entra em crise. Assim como estão em crise as boas comunicações. A manchete, por exemplo, ignorou que quem perde, perde para alguém, e não de alguém. Portanto: *Masculino perde para a Bulgária e entra em crise.*

 # O Presidente chamou à atenção do Ministro. Também é preciso chamar a atenção do autor da frase para o fato de que a expressão é *chamar a atenção*, e não *chamar à atenção*, nem *chamar atenção.*

 # Acusado, o deputado não se dignou a responder. E o informante não se dignou de usar regência correta. Quem se digna, se digna de, e não a. Assim: *Acusado, o deputado não se dignou de responder.*

 # Foi expulso porque ofendeu ao árbitro. Se todas as ofensas ao idioma fossem punidas com expulsão, não haveria mais ninguém no campo da língua portuguesa. Para não cair em pecado contra a regência do verbo *ofender*, autores de frase como essa devem se lembrar de que quem ofende, ofende alguém, e não a alguém. Assim: *Foi expulso porque ofendeu o árbitro.*

não se deu conta do erro, pois quem se dá conta, se dá conta *de* alguma coisa. Assim, quem se deu conta já corrigiu a frase: *O interlocutor deu-se conta de que estava errado.*

 # Marimbondo, único bicho que o presidente tem medo. O gracioso cartaz visto numa convenção partidária perdeu toda graça devido a um erro de regência. Talvez atemorizado pela presença do marimbondo, o criador da frase tenha se esquecido de que quem tem medo, tem medo de alguma coisa, e não tem medo alguma coisa. Portanto: *Marimbondo, único bicho de que o presidente tem medo.*

OS NOMES TAMBÉM REGEM

A ligação entre os nomes e seus complementos sempre se dá mediante o uso de alguma preposição. Já os adjuntos adnominais podem se ligar diretamente aos nomes ou mediante o uso de preposição. É isso que constitui a regência nominal, semelhante à verbal. Vejam-se alguns casos:

 # O interlocutor deu-se conta que estava errado. O mesmo não aconteceu com o autor da frase, que

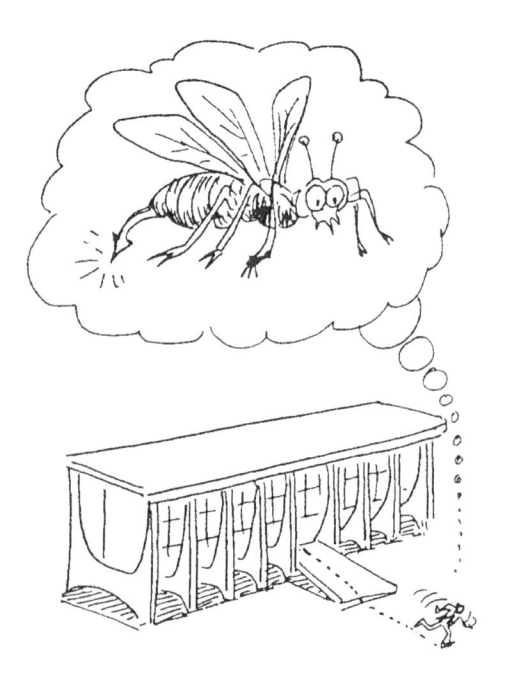

 # Devido problemas de última hora. Desculpa ou não pelo fracasso do evento, a verdade é que há na frase problema que precisa ser resolvido. Trata-se da falta da preposição *a*, exigida por *devido*: *Devido a problemas de última hora.*

 # Face o exposto,... Estamos aí face a face com pecado muito comum: a omissão da preposição, formando a contração *ao*, quando diante de palavra masculina, e *à*, crase, diante de palavra feminina. Assim: *Face ao exposto,...; face à situação.* Alternativa igualmente correta seria: *Em face do exposto,...*

DISCORDÂNCIAS VERBAIS

Os problemas de relacionamento dos verbos com seus coadjuvantes são os mais variados. Originam-se do desconhecimento das regras de concordância e principalmente dos frequentes descuidos dos comunicadores.

 # Variações em torno de um mesmo erro. Um dos erros de concordância mais comuns é o que envolve a *tríplice aliança* entre o verbo, o pronome pessoal e o pronome possessivo. O interessante é que há uma variação geográfica. Enquanto no Sul (Rio Grande do Sul e partes de Santa Catarina, Paraná e outros Estados) é comum ouvir a segunda pessoa do pronome pessoal *(tu)* combinada com a terceira pessoa do verbo *(tu tem razão)*, nas demais regiões a vítima é o pronome possessivo: *Você e teu amigo têm razão.* À semelhança dos pronomes de tratamento, *você* leva o verbo e o pronome possessivo para a terceira pessoa. Portanto, tem que ser *seu*, e não *teu*: *Você e seu amigo têm razão.* Preferindo-se o pronome pessoal da segunda pessoa *(tu)*, o possessivo também será de segunda pessoa: *Tu e teu amigo têm* (ou *tendes*) *razão.*

 # Se você não se cuidar, a AIDS vai te pegar. Essa frase fez parte da campanha de prevenção da SIDA – Síndrome da Imunodeficiência Adquirida (a sigla SIDA deveria ser a preferida, como é em Portugal, porque é formada pelas iniciais de língua portuguesa, mas os brasileiros preferiram AIDS, sigla formada pelas iniciais em inglês). Se a campanha auxiliou na prevenção da doença, prejudicou na da correção gramatical, pois incorre no mesmo erro de concordância do caso anterior. *Você* e *te* não se entendem. *Tu* e *te* sim: *Se não te cuidares, a AIDS vai te pegar.* É claro que a segunda pessoa *(tu)* está subentendida na frase. Preferindo a terceira pessoa, ficará assim: *Se você não se cuidar, a AIDS (SIDA) vai pegá-lo.*

Hão muitos problemas. Estamos seguros de que o leitor nunca leu ou escutou essa frase. Deve ter visto e ouvido *Há problemas*, que é o certo. A regra diz que o verbo *haver* com o sentido de *existir* e *ocorrer* é sempre impessoal (terceira pessoa do singular), e não apenas no presente do indicativo. Portanto, é tão errado dizer *Houveram problemas, Haverão problemas, Haviam problemas*, etc., quanto afirmar *Hão problemas*. Ser coerente ajuda muito.

Haja visto o entendimento nacional... A expressão é sempre *haja vista*, porque se formou a partir do substantivo *vista*, e não da forma verbal *visto*. O que pode variar é *haja* para *hajam*, desde que ocorra concordância com uma forma plural: *Hajam* (ou *haja*) *vista os entendimentos...* Por não ser coerente admitir a forma plural de *haver* impessoal, recomenda-se aqui não admitir essa opção de flexionar para o plural.

A autoridade disse que vai faltar alimentos. No momento, falta mesmo é conhecimento mínimo de concordância: – O que vai faltar? – Alimentos. Então: *A autoridade disse que vão faltar alimentos.*

Hoje quem paga sou eu / Hoje sou eu que pago. As duas frases informam a mesma mentira... A única verdade é que as duas são corretas quanto ao português. O pronome relativo *quem* torna o verbo impessoal, ou seja, o verbo fica estático na terceira pessoa do singular. Enquanto isso, o pronome relativo *que* permite a concordância do verbo com seu sujeito.

 # São 7 de setembro. A frase causa estranheza a muitos, mas não há o que estranhar, pois são transcorridos 7 dias do mês de setembro. Acontece que é frequente o uso da palavra *dia* antes do numeral, o que leva à concordância do verbo com ela: *É dia 7 de setembro.*

 # Estados Unidos é um grande país / Os Estados Unidos são um grande país. Ninguém tem dúvida quanto à verdade dessa afirmação. Poderia haver quanto à concordância. As duas formas são corretas. A utilização do artigo definido *os* na segunda opção define as coisas, não é mesmo? Se define e o faz no plural, é claro que o verbo deve ser conjugado no plural. A ausência do artigo na primeira das duas frases faz com que o verbo fique no singular.

 # É para mim fazer? Sim, mas em português correto. Quem fará? A resposta corrigirá a frase: *eu.* Assim: *É para eu fazer?*

 # Diminui as vendas no comércio. Principal título de publicação voltada a empresários do comércio, a frase reflete também a *diminuição* no conhecimento do bom português. Se os leitores concordaram com o fato, não se pode concordar com a *discordância* entre o verbo e o sujeito. – O que diminui? – As vendas. Portanto: *Diminuem as vendas no comércio.*

 # É preciso que hajam mudanças profundas no País. Nisso estamos todos de acordo. Precisamos, por exemplo, perder essa mania de flexionar o verbo *haver* nos sentidos de *ocorrer* e *existir*. Com esses sentidos, *haver* fica sempre na forma impessoal, ou seja, na terceira pessoa do singular: *há, havia, haverá, houve, haveria, haja, houvesse...* Portanto, que as grandes mudanças comecem com a correção da frase: *É preciso que haja mudanças profundas no País.*

 # Fazem 30 anos. Também o verbo *fazer* é impessoal quando indica tempo, seja ele cronológico ou meteorológico. Portanto: *Faz 30 anos. Faz 40 graus.*

Está terminando pacificamente as invasões. O mesmo não está acontecendo com as invasões de formas de linguagem equivocadas. No caso, o que está terminando? As invasões? Então: *Estão terminando pacificamente as invasões.* Se alguém ou alguma medida está provocando o fim das invasões, a frase muda. Por exemplo: *A promessa de assentamento está terminando pacificamente com as invasões.* Agora, o que está terminando com as invasões é a promessa de assentamento. Como se vê, basta um pouco de atenção para acabar pacificamente com os erros de linguagem.

É para ti teres uma ideia. Quem vai ter uma ideia? A resposta a essa pergunta corrigirá a frase: *tu*. Portanto: *É para tu teres uma ideia.*

Como não se eliminou esses problemas, nada feito. O verbo sempre concorda com o seu sujeito. Qual é o sujeito do verbo *eliminar*? Pergunte-se a ele: O que é que não se eliminou? Resposta: esses problemas. Portanto: *Como não se eliminaram esses problemas, nada feito.*

Bem-aventurado é você, que, servindo sem ser servido, estarás dignificando o ser humano e o ideal de servir. Meritório lema de entidade beneficente, contém, no entanto, pecado contra os bons princípios de concordância: *você estarás*. Há duas opções corretas: *você estará*, ou *tu estarás*. Assim: *Bem-aventurado é você (és tu), que, servindo sem ser servido, estará (estarás) dignificando o ser humano e o ideal de servir.*

Imagine as dificuldades! É verdade! Devem ser muito grandes as dificuldades de coordenação, de raciocínio, de bom-senso, etc., etc. de quem comete pecados tão primários de concordância. Não é necessário qualquer tipo de imaginação para saber que o correto é: *Imaginem-se as dificuldades!*

 # Se não ocorrer fatos novos... – Se não ocorrer o quê? – Fatos novos. Dentro desse raciocínio, se não ocorrerem fatos novos, o autor da frase começará a acertar: *Se não ocorrerem fatos novos...*

 # FH autoriza ministros a fazer campanha. Mas nunca autorizou os comunicadores a cometerem erros de linguagem. Quem vai fazer campanha? Os ministros. Então: *FH autoriza ministros a fazerem campanha.*

 # Sobrou duas toneladas de alimentos. Mas faltou conhecimento mínimo de regras de concordância. Que sobrou? Duas toneladas de alimentos. Então: *Sobraram duas toneladas de alimentos.* Não se pode esquecer que dois ou mais é sempre plural. Se fosse 1,9 tonelada, sim, o verbo ficaria no singular, porque menos de dois é singular.

 # Compreender-se-á então as características inatas. Quando o autor da frase compreender definitivamente que o verbo sempre concorda com seu sujeito, ele sempre procurará o sujeito e nunca mais cometerá pecados contra a concordância verbal. Assim: *O que é que se compreenderá?* Resposta: *As características inatas.* Então se corrigirá: *Compreender-se-ão então as características inatas.*

 # Se bebes para esquecer, pague antes de beber. Como estratégia para impedir a inadimplência, o aviso encontrado no bar foi muito criativo, mas a linguagem com certeza sofreu os efeitos da bebida, pois misturou segunda e terceira pessoas com a maior naturalidade, fato comum entre os menos afeitos ao correto uso do idioma. Sugere-se uma das seguintes opções: *Se bebes para esquecer, paga antes de beber;* ou: *Se você bebe para esquecer, pague antes de beber.* Assim como não convém misturar bebidas, a mistura de pessoas verbais resulta sempre em erros.

 # São bens de consumo durável. Mas esse nível de linguagem do comentarista não pode durar, sob pena de fracassar em pouco tempo. Pergunta-se: o que é durável, o consumo ou os bens? Responde-se: os bens. Conclui-se então que a frase precisa ser alterada: *São bens de consumo duráveis.*

Faltam fazer muitas coisas.
Conhecer regras de concordância, por exemplo. Antes de verbos no infinitivo, o verbo *faltar* é impessoal, ou seja, fica na terceira pessoa do singular. Assim: *Falta fazer muitas coisas.*

A escolha é sua: continua perdendo o cabelo ou use... Se depender da correção da frase, desconfie desse produto, que tenta conciliar coisas inconciliáveis: *seu* (terceira pessoa) com verbo na segunda pessoa (*continua*). Formas corretas? Agora, sim, a escolha é sua: *A escolha é sua: continue...;* ou: *A escolha é tua: continua...*

Sejam como divulgadores ou profissionais. Dispor de opções não é bom para quem não pensa. Esse consultor de empresas, por exemplo, não soube escolher, preferindo misturar. Escolha você, leitor, entre *sejam divulgadores ou profissionais* e *seja como divulgadores e profissionais.* Como se observa, a presença do *como* deixa o verbo no singular.

 # Para mim tanto fazem quatro como cinco anos de mandato. É certo, mas o que não se pode é flexionar formas invariáveis como *tanto faz*, expressão em que não se pode mexer, devendo a frase ser corrigida: *Para mim tanto faz quatro como cinco anos de mandato.*

 # Quando se analisa bem os fatos, a verdade pode ser outra. Por exemplo, analisando bem a frase, constata-se erro de concordância. O que é que se analisa bem? Resposta: os fatos. Portanto, o sujeito é *os fatos*, e o verbo precisa concordar com ele: *Quando se analisam bem os fatos, a verdade pode ser outra.* É simples assim.

 # Questiona-se pessoas que vivenciam esses assuntos. Vamos questionar: quem é que se questiona? Resposta: pessoas. Portanto: *Questionam-se pessoas que vivenciam esses assuntos.*

 # Relaciona-se os fatos mais marcantes. Marcante é a repetição cansativa do mesmo erro: a não obediência à regra que manda fazer a concordância do verbo com seu sujeito. O que é que se relaciona? Resposta: os fatos mais marcantes. Portanto: *Relacionam-se os fatos mais marcantes.*

 # Para que se possa enxergar as diferenças. E que é que se possa enxergar? Resposta: as diferenças. Portanto: *Para que se possam enxergar as diferenças.*

 # As tabelas apresentadas neste manual contém todos os dados. O verbo sempre concorda com seu sujeito. O sujeito de *contém* é *As tabelas apresentadas neste manual,* que tem como núcleo o substantivo *tabelas;* portanto, plural, o que exige a correção do verbo, que deve ir para o plural; isso se faz mudando o acento para circunflexo. Assim: *As tabelas apresentadas neste manual contêm todos os dados.*

 # Não se comprova diferenças significativas. O que é que não se comprova? Resposta: diferenças significativas. Portanto, corrija-se a frase: *Não se comprovam diferenças significativas.*

 # A tabulação dos dados permitem inferir se o paciente reagiu bem à medicação. O sujeito de *permitem* é *A tabulação dos dados.* Como o sujeito contém dois substantivos, poderia haver dúvida sobre qual deles é o núcleo do sujeito, o determinante. Não há dúvida que *dos dados* está subordinado a *tabulação,* que, portanto, é o núcleo do sujeito, devendo o verbo concordar com ele. Assim: *A tabulação dos dados permite inferir se o paciente reagiu bem à medicação.*

Se cuida, tá! Todo cuidado é pouco. Expressões populares como esta, por exemplo, estão sendo ouvidas frequentemente nos meios de comunicação, apesar de conterem dois erros primários: um de concordância, pois *se*, quando pronome oblíquo, o é de terceira pessoa, enquanto na expressão está sendo usada a segunda pessoa do imperativo; o outro erro é de colocação do pronome oblíquo, pois há uma regra proibindo iniciar qualquer frase com esse tipo de pronome. Então, vamos colocar as coisas nos seus devidos lugares: *Cuide-se, tá!*

Se Vossa Excelência não entendeu, o azar é teu. E o feitiço virou-se contra o feiticeiro, pois o azar atingiu o autor da frase, que misturou forma das mais solenes (*Vossa Excelência*) com outra das mais informais (*teu*). Para não cometer erro tão grosseiro terá que escolher entre o formal e o informal: *Se Vossa Excelência não entendeu, o azar é seu;* ou: *Se não entendeste, o azar é teu;* ou ainda: *Se você não entendeu, o azar é seu.*

Foi sugerido alguns ajustes. – O que é que foi sugerido? – Alguns ajustes. Então: *Foram sugeridos alguns ajustes.*

A presença de extremos níveis de ação e emoção exigem atenção. Pergunta para encontrar o sujeito do verbo: O que é que exige atenção? Resposta: a presença de extremos níveis de ação e emoção. Como se vê, há no sujeito quatro substantivos que poderiam ser candidatos a núcleo do sujeito: *presença, níveis, ação* e *emoção*. Mas há um que é o determinante, o que centraliza a essência do significado, que é *presença*. É com ele que o verbo deve concordar: *A presença de extremos níveis de ação e emoção exige atenção.* Esclarecendo melhor: o substantivo *níveis* subordina-se a *presença,* enquanto *ação* e *emoção* têm *níveis* como determinante.

 # Nenhuma dessas críticas descaracterizam a teoria. Vamos novamente atrás do sujeito. O que é que descaracteriza a teoria? Resposta: nenhuma dessas críticas. Há dois candidatos a núcleo do sujeito: *nenhuma* (pronome que substitui o substantivo *crítica*) e *críticas*. O determinante é *nenhuma,* ao qual se subordina *críticas*. Portanto, é com *nenhuma* que o verbo tem que concordar: *Nenhuma dessas críticas descaracteriza a teoria.*

OUTRAS DISCORDÂNCIAS

Além do verbo, as discordâncias também atingem outras palavras. Aí vão alguns casos:

 # Elas são menas agressivas. Pode-se até concordar com o fato, mas não se esqueça que *menos* é advérbio, ou seja, não varia. Em outras palavras, não existe *menas.*

 # Elas são meias nervosas. Novamente o advérbio é atingido por mudanças inadmissíveis. Nunca é demais insistir: advérbio não varia. Corrija-se a frase para: *Elas são meio nervosas.*

 # Ela ri bastante e bastantes vezes. Rir faz bem, mas não se pode rir do correto português dessa frase. Acontece que *bastante* também pode ser advérbio e adjetivo. Existe um truque para isso: Troque por *muito*. Se o resultado for *muito*, não varia; se a troca resultar em *muitos* ou *muitas*, usa-se *bastantes*. Vamos testar? *Ela ri muito (bastante) e muitas (bastantes) vezes.* Como se depreende, mesmo brincando se aprendem bastantes coisas.

 # Precisa-se de meio garrafas. Essa não! Nessa frase *meio* não é advérbio, mas adjetivo. Assim sendo, concorda com seu substantivo (garrafas) em gênero e número: *Precisa-se de meias garrafas*. E, já que se precisa, aí vai um truque: Sempre que é possível trocar palavra *meio* por *um tanto*, trata-se de advérbio e por isso não varia: *Elas são um tanto (meio) nervosas.* Em *Precisa-se de meias garrafas*, essa troca não funciona: *Precisa-se de um tanto garrafas...* Por isso flexiona de acordo com o substantivo a que pertence.

Muito obrigado, querido. É assim que muitas mulheres se dirigem amavelmente a seus afetos. Mas, tudo tem seu lado ruim. No caso, o mau português. Acontece que na palavra *obrigado* se subentende o verbo *estar: Estou muito obrigada, querido*. Portanto, a mulher diz sempre *obrigada*, qualquer que seja a circunstância.

Obrigadão, querido. É assim que muitas mulheres, quando muito agradecidas, se dirigem a seus queridos. Comparado com o caso anterior, aqui piorou, pois, além de usar o masculino, a forma é aumentativa. Se quiser aumentar o agradecimento, que tal usar *obrigadona*? É provável que, com razão, as mulheres não simpatizem com essa forma, caso em que se recomenda utilizar *muito obrigada*.

Salvas as jogadas de efeito, o jogo foi muito ruim. Ruim foi também o comentarista, pois ignora que com o sentido de *exceto* a palavra *salvo* é invariável. Assim: *Salvo as jogadas de efeito, o jogo foi muito ruim*.

Os invasores quebraram todos os vasos de cristais. Há diversos tipos de cristais. Portanto, podem existir vasos em que tenham sido empregados vários cristais. No caso da frase, era impossível ao autor saber disso, motivo pelo qual deveria ter se limitado ao uso do termo genérico *cristal*. Assim: *Os invasores quebraram todos os vasos de cristal*.

Essa garota vai fazer carreira rápida. Se o locutor pretendesse prever que a carreira seria curta, estaria tudo correto. Mas não foi isso. Quis dizer que a garota chegaria rapidamente ao estrelato. Por isso, a frase deve ser corrigida: *Essa garota vai fazer carreira rápido*. Outro truque: troque-se pela forma adverbial terminada em *mente: rapidamente*. Se funcionar, é porque se trata de advérbio, que é sempre invariável. É o caso dessa frase.

Razão pelas quais não acredito em estatísticas. Pareceu a to-

dos que as razões do especialista não eram muito claras. Sequer sabia se era uma razão apenas ou mais. Se era só uma, devia ter dito: *Razão pela qual*. Caso fossem mais, teria sido coerente dizendo: *Razões pelas quais*.

Elas estão só no sacrifício. Se para elas sobra somente e sempre o sacrifício, a frase está correta. Parece, no entanto, que o autor quis dizer que elas estavam *sozinhas* no sacrifício. Neste caso, corrija-se a frase: *Elas estão sós no sacrifício*. Aí vai mais um truque: troque *só* por *somente* ou por *sozinho*. Se a troca resultar em *somente*, trata-se de advérbio, e advérbio não varia. Resultando em *sozinho*, é adjetivo, e adjetivo varia. É o caso da frase em análise. Mas não é o caso desta: *Só (somente) elas estão no sacrifício*.

Estejamos alertas. É verdade. Vale também para o português. *Alerta* é advérbio, e – que chatice! – advérbio não varia. Portanto: *Estejamos alerta*.

Os automóveis custam caros. Se depender do português, o autor da frase também pagará caro. Na frase, *caro* é advérbio, e, insistindo mais uma vez, não varia: *Os automóveis custam caro*. Trocando de verbo, tudo muda: *Os automóveis são caros*. Agora *caro* é adjetivo, concordando, por isso, com o substantivo *automóveis*. Evidentemente, nada mudará se alguém achar baratos os automóveis, pois o português não tem preço...

É meio-dia e meio. Que horário é esse? Meio-dia mais meio-dia? Estamos às voltas novamente com *meio*, que no caso significa *metade*, sendo adjetivo; portanto, tem que concordar com o substantivo a que se refere; esse substantivo é a palavra *hora*, subentendida. Falta apenas corrigir a frase: *É meio-dia e meia*.

Convidamos V. Sa. e Exma. esposa... Muito usada em convites, essa forma é discriminatória. Por que

a mudança no tratamento? O tratamento menor (*Senhoria*) para ele e o maior (*Excelência*) para ela bem que poderia gerar desconfianças. Isso só não acontece porque estão todos solidários com o erro de concordância. O certo é que precisamos corrigir. Se o convidado, por força do seu alto cargo, tiver que ser distinguido com o tratamento *V. Exa.*, esse pode ser estendido à esposa: *Convidamos V. Exa. e Exma. esposa;* ou, preferindo, pode-se trocar *Exma.* por *Digníssima*. Tratando-se de cargo menor ou de cidadão comum, em que o tratamento correto seja *V. Sa.*, não corresponde *Exma.* para referir a esposa, e sim *Digníssima,* ou *Ilma.* Assim *Convidamos V. Sa. e Digníssima (ou Ilma.) esposa.* E quando a autoridade é a esposa? Então é necessário inverter as posições, pois, neste caso, a extensão do convite é para o esposo, enquanto ela é a convidada de origem: *Convidamos V. Exa. e Exmo. (ou Digníssimo) esposo.* Tratando-se de cargo menor ou de cidadão comum, o procedimento é o mesmo: *Convidamos V. Sa. e Digníssimo (ou Ilmo.) esposo.* A troca de *esposo* ou *esposa* por *família* ou *familiares* na abrangência do convite em nada altera as respectivas concordâncias.

 # Vossa Excelência esteve aqui e foi diplomada. A frase fez parte de uma saudação ao Presidente da República interino Michel Temer, que poucos dias antes havia tomado posse. É equívoco comum achar que *Vossa Excelência* é feminino; afinal, as duas palavras da expressão terminam em *a*... Ocorre que se usa tanto para homem quanto para mulher, não tendo, portanto, gênero definido, fazendo com que a concordância se dê pelo sexo, que no caso era masculino. Corrija-se a frase: *Vossa Excelência esteve aqui e foi diplomado.*

 # Eles estão melhores preparados. Menos em questões de língua portuguesa, em que precisam se preparar melhor. Na frase, por exemplo, aprender um pequeno truque poderá ajudar muito: *melhor* pode ser advérbio e adjetivo. Sendo adjetivo, pode variar; se for advérbio, é invariável. O truque consiste em trocar por um advérbio: *bem,* por exemplo. Se a troca der certo, *melhor* é advérbio, sendo invariável. É o caso da frase, que deve ser corrigida para: *Eles estão melhor preparados.* Melhor ainda seria optar por *mais bem: Eles estão mais bem preparados.* Vamos à contraprova? Eliminando-se da frase a palavra *preparados,* a situação muda, pois a troca de *melhor* por *bem* não vai dar certo, sendo, portanto, adjetivo, que concorda com o nome a que se refere *(eles): Eles estão melhores.* Na troca pelo adjetivo correspondente a *bem,* que é *bom,* também ocorreria a flexão, pois *bom* sempre é adjetivo: *Eles estão bons.*

Assim os vinhos serão melhores apreciados. Caso idêntico ao anterior, por pouco não deteriora os preciosos vinhos a que se refere. Pelas mesmas razões, a degustação será bem mais interessante se for expressa em bom português: *Assim os vinhos serão melhor apreciados.*

Eu vou te contar pra você e teus colaboradores. A julgar pelo nível de linguagem, boa coisa não contará. *Você,* pronome de tratamento na sua origem, requer verbo e pronome possessivo na terceira pessoa: *seus.* Em *te,* além de repetir o mesmo pecado contra a concordância: *te* e *pra você* são sinônimos no pecado. Além disso, deve o autor desmanchar a impressão de egoísmo ao usar *eu* sem necessidade. Em *vou* subentende-se o pronome pessoal. Assim, antes que conte, é preciso corrigir as impropriedades: *Vou contar pra você e seus colaboradores;* ou: *Vou contar para ti e teus colaboradores;* ou ainda: *Vou contar pra você e colaboradores.*

Os governos municipais, estaduais e federais do Brasil... Antes que o orador continue, vamos esclarecendo que o Brasil tem apenas um governo federal. Então, deve começar de novo e, pensando um pouco melhor, dizer: *Os governos municipais, estaduais e federal do Brasil...*

Quando o pronome de tratamento concorda com a imodéstia.
Históricos rivais na cidade, dois vereadores conseguiram a façanha de, em vinte anos de vereança, jamais obterem qualquer tipo de apoio um do outro. Até que no último ano de mandato, projeto de um deles favorecia os negócios do outro, que pediu um aparte e exclamou:

— É a primeira vez, na história desta Câmara, que a opinião de Vossa Excelência coincide com a de Minha Excelência.

Antes que se consagre, esta imodesta forma de tratamento (*Minha Excelência*) deve ser trocada por *minha (coincide com a minha)*. De outra parte, esclareça-se que o tratamento recomendado para vereadores é *Vossa Senhoria*. Nessa mesma linha de raciocínio está o chavão *minha modesta pessoa*, que nada tem de modesto.

Proibido a plastificação.
Alguns documentos circulam pelo território nacional contendo essa proibição. É hora de dar o troco: são proibidos erros de português em documentos oficiais. Entre três possibilidades, escolheram a única errada. Escolham: *Proibido plastificação;* ou: *Proibida a plastificação.*

Se você não for, vou te buscar.
A frase foi do filho. O pai corrigiu: *Se você não for, vou lhe buscar.* É quando se aplica a máxima: "Pior a emenda que o soneto". O filho errou porque tentou combinar *você* (3.ª pessoa) com *te* (2.ª pessoa). O pai, porque atribuiu ao verbo *buscar* um objeto indireto (*lhe* é sempre objeto indireto), quando este verbo não rege preposição: quem busca, busca alguém, e não a alguém. Afinal, o que é certo? Para quem estiver pensando que as possibilidade de acerto estão todas esgotadas, sugerem-se duas formas, a escolher: *Se você não for, vou buscá-lo,* ou: *Se não fores, vou te buscar.*

Se você ainda não sabe que dia é hoje, repete com a gente.
Chamada de campanha institucional de um sindicato, amplamente veiculada, contém erro de concordância dos mais comuns em todo

o território nacional: tentar a concordância do pronome *você* com a segunda pessoa do singular do imperativo afirmativo (*repete*). Não pode! *Você* quer o verbo na terceira pessoa do singular: *repita*. Por isso, quem sabe, na próxima campanha todos repetem juntos, sem medo de errar: *Se você ainda não sabe que dia é hoje, repita com a gente*. No entanto, não querendo abrir mão da forma verbal *repete*, pode-se trocar *você* por *tu*; neste caso, o verbo *saber* entra na *dança*, mudando para *sabes*. Assim: *Se tu ainda não sabes que dia é hoje, repete com a gente*.

Condições "sine qua non".
Cada um é responsável por suas aventuras. O autor da frase, por exemplo, não conhecendo profundamente o latim, deveria ter evitado o uso de expressão latina sem necessidade. O resultado foi um pecado à moda antiga, em latim. O plural de *sine qua non* é *sine quibus non*. Portanto, há razões para evitar o uso de expressões em língua estrangeira quando desnecessário.

São apenas frases de efeitos desastrosas.
Os desastrosos foram os efeitos, e não as frases. Portanto, o adjetivo *desastrosos* é propriedade do substantivo *efeitos*, devendo com ele concordar: *São apenas frases de efeitos desastrosos*.

Usou frases de efeitos.
Diferentemente da anterior, nesta *de efeito* tem função de advérbio, não podendo flexionar. Os efeitos não estão qualificados.

Os atletas foram os mais esforçados possíveis.
Não é possível flexionar a expressão *o mais possível*, devendo a frase ser corrigida: *Os atletas foram os mais esforçados possível*.

A medida torna dispensável os referidos documentos.
O que se torna dispensável? – Os referidos documentos. Então eles são dispensáveis. Princípio primário de concordância, mas o autor foi traído pela falta de atenção. Corrigindo: *A medida torna dispensáveis os referidos documentos*.

Alguma coisa de boa deverá acontecer.
Seria ótimo, por exemplo, se acontecesse um pouco de atenção com a linguagem. Os mais atentos se dão conta de que a presença do *de* não permite qualquer flexão do adjetivo *bom*, seja para o feminino, seja para o plural. Das duas, uma: ou se retira o *de*, ou não se faz concordância: *Alguma coisa boa de-*

verá acontecer; ou: *Alguma coisa de bom deverá acontecer.*

Eles vêm diretos da Espanha.
Com eles vinha o autor da frase, que foi direto para o pronto-socorro linguístico. Aprendeu, então, que *direto* é advérbio sempre que for substituível por *diretamente*, sendo por isso invariável: *Eles vêm direto (diretamente) da Espanha.* Quando a troca não dá certo, trata-se de adjetivo, flexionando normalmente. Exemplo: *Foram diretos e objetivos na sua fala.* Vale o mesmo para qualquer adjetivo sujeito a ser advérbio.

O material não está com nós.
É claro que o erro na frase não está em *nós,* que muitos insistem em mudar para *nóis,* com direito a chiado e tudo... O que não pode é separar *com* de *nós,* sendo obrigatório usar *conosco,* assim como tem que ser *comigo, contigo, consigo, convosco.* O que também não pode é, por semelhança, trocar *com* por *sem,* pensando inverter o sentido, como teria feito conhecido jogador de futebol: *Comigo ou sem migo o time é sempre o mesmo.*

Trabalho feito em conjuntamente.
Em locuções adverbiais, é comum encontrar a preposição *em,* mas *em* acompanhando advérbio terminado em *mente* é impossível. Mesmo assim, há duas opções para o caso: *Trabalho feito em conjunto;* ou: *Trabalho feito conjuntamente.*

Os documentos em anexos.
A presença de *em* nas expressões *em anexo* e *em apenso* torna-as advérbios e, como tais, invariáveis: *Os documentos em anexo.* Eliminando-se o *em, anexo* e *apenso* viram adjetivos, devendo flexionar normalmente: *Os documentos anexos, apensos...* Não acontece o mesmo com *incluso?* Não exatamente. *Incluso,* em função da presença de *in,* rejeita a locução com *em.* Em outras palavras, não se pode usar *em incluso,* sobrando apenas a forma adjetiva, flexionada: *Os documentos inclusos.*

Um conjunto de regras devem ser observados. Até mesmo as de concordância. *Observadas* concordaria com *regras*, deixando a frase correta. *Observado* também seria correto, pois concordaria com *um conjunto*. O justo, mas azarado, comentarista optou *justamente* pela forma errada, que não concorda com nada: *observados*.

As crianças vão juntas, ou vão junto? Depende. Quando se quer anunciar que as crianças vão em bloco, umas acompanhando as outras, o correto é dizer que *vão juntas*. No caso da família que vai sair acompanhada das crianças, diz-se que as crianças *vão junto*.

Cerca de 376 deputados se manifestaram favorável ao *impeachment*. O informante cometeu dois pecados contra o português, os dois via falta de bom-senso. *Cerca de* significa *mais ou menos*. Mais ou menos 376? Será possível 375,5 ou 375,6 deputados? É claro que não. Quando se quer demonstrar imprecisão, não se podem usar números precisos. No caso, seria 370 ou 380. Pior ainda foi o erro de concordância que limitou 346 deputados a apenas um (singular). Os deputados foram *favoráveis*, e não *favorável*. Com certeza, o comentarista não gosta de deputados...

Singular X Plural

A flexão de número, incluindo a correta formação do plural, bem como a opção adequada entre singular e plural, é assunto que gera variados pecados contra o idioma nacional. É do dia a dia do brasileiro encontrar flexões equivocadas, originadas muitas vezes da falta de atenção e outras tantas de um mínimo conhecimento dos princípios básicos de flexão de número.

 # Ocorrem muitas pseudos-irregularidades. Não é o caso do bom português, em que não existem falsas irregularidades. Ou é, ou não é. Na frase, *pseudo* é prefixo. Como tal, não flexiona, nem mesmo quando fica separado por hífen da palavra a que pertence. Corrigindo, não as irregularidades, mas a linguagem, a frase fica assim: *Ocorrem muitas pseudoirregularidades.*

 # O goleiro ficou parado debaixo dos paus. Consagrado vício da linguagem futebolística, mais do que uma questão de linguagem, é erro matemático. Quantos paus estão acima do goleiro? Apenas um. Há, isso sim, dois paus laterais, pelo que se deduz estar o goleiro entre dois paus, mas debaixo de apenas um. Portanto, antes que os paus comecem a despencar sobre os goleiros brasileiros, corrija-se a frase: *O goleiro ficou parado debaixo do pau.*

 # As megas potências. Antes de mais nada, é necessário corrigir esse megaerro de flexão. *Mega* é prefixo que se une a outras palavras e que não pode flexionar. Assim: *As megapotências econômicas.*

 # Os políticos devem ser mais autênticos, ou sejam, mais honestos. E o autor da frase precisa ter mais cuidado com certas expressões que não podem flexionar. É o caso de *ou seja*, que não admite a forma plural *ou sejam*. É também o caso de *isto é*, que não pode passar para *isto são*.

 # É só fazer a prova dos nove. Essa prova utiliza o nove mais de uma vez, motivo por que o numeral deve ser referido no plural: *É só fazer a prova dos noves.*

 # Assisti a vários curta-metragens. Para que não se pense serem *curtos* os conhecimentos de flexão por parte do comentarista de cinema, deve ele corrigir *curta-metragens* para *curtas-metragens*. O adjetivo (*curta*) que faz parte de um composto flexiona de acordo com o substantivo a que se refere.

 # No Vale dos Sinos predomina a indústria do calçado. Para não parecer que os sinos existentes antigamente no vale foram substituídos por indústrias de calçados, deve-se corrigir a expressão *Vale dos Sinos* por *Vale do Sinos*, até porque se trata de rio chamado *Rio dos Sinos*, derivando daí *Vale do Rio dos Sinos*, que evoluiu para *Vale do Sinos*, por eliminação de *Rio dos*, e não *do Rio*.

 # São homens de bens. Antes de corrigir a frase, é necessário saber de seu autor se ele está se referindo a homens que possuem muita riqueza (substantivo *bem*), ou a homens de bom caráter (advérbio *bem*). Se for a primeira hipótese, a frase estará correta: *São homens de bens* (de riquezas). O mais provável é que esteja se referindo a homens de bom caráter, caso em que a frase deve ser corrigida para: *São homens de bem.* Tudo porque o advérbio não pode flexionar.

 # Feliz férias. Engraçado! Certas pessoas desejam *boas férias,* mas quando trocam de adjetivo (*boas* para *felizes*), não fazem a flexão. É necessário ser coerente, dizendo: *Felizes férias.*

Os salva-vida tiveram muito trabalho. Pelo visto, os professores de português também ainda terão muito trabalho, especialmente na questão das flexões. O ideal seria que esses profissionais da água não precisassem salvar vida alguma, mas sabe-se que salvam muitas. Por isso, sejamos justos e digamos: *Os salva-vidas tiveram muito trabalho.*

A base da empresa são os minis negócios. E o negócio deste livro é corrigir até mesmo os minierros cometidos contra o português. A exemplo de casos anteriores, o prefixo *mini* também não flexiona, além de se unir à palavra que segue, às vezes sem hífen e outras com: *mininegócios, mini-hélices.*

Ele tem a habilidade de um bom saca-rolha. Melhor ainda se, diferentemente do autor da frase, souber que todo bom saca-rolhas não é descartável, servindo para sacá-las em grande quantidade e por muito tempo; então, corrija-se para *um bom saca-rolhas*, a não apenas *um bom saca-rolha*.

Brasil melhorou seu desempenho nas Olimpíadas de 2008. Apesar dos inúmeros esclarecimentos prestados por alguns profissionais de imprensa mais conscientes de suas funções, muitos, como o autor desta manchete, insistiam em

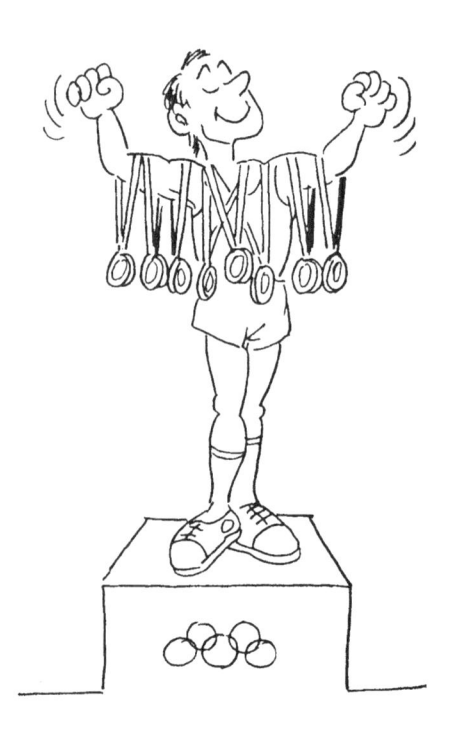

chamar a competição de *Olimpíadas*, quando o correto é denominá-la *Olimpíada*, pois é um substantivo coletivo que designa todo o conjunto de modalidades esportivas em disputa. Usa-se *Olimpíadas* para referir mais de uma edição dos jogos: *A história das Olimpíadas; as Olimpíadas de 2004 e 2008.* Esclareça-se ainda que a expressão *jogos olímpicos* é correta sempre que se referir a mais de uma modalidade esportiva: *Os jogos olímpicos de 2016*, pois em cada edição da Olimpíada ocorrem muitos jogos.

Os bicampeões das Libertadores.

Assim era a inscrição das peças que promoviam a façanha do clube. Sem querer diminuir o mérito da conquista, um aparente pequeno erro de flexão acabou gerando mistério, confusão e inverdades nessa afirmação. Como pode um clube ser bicampeão, ou seja, duas vezes campeão, de todas as Libertadores, se existe apenas uma competição com esse nome? O máximo humanamente possível é ser campeão sempre, isto é, ganhar todas as vezes que a competição se realiza. Tudo aconteceu porque não se subentendeu a presença da palavra *taça*. Feito isso, fica fácil entender que o correto é: *Os bicampeões da Libertadores*.

O Brasil desenvolveu mais suas costas.

Aí o economista inverteu as coisas. Quis dizer que nosso País desenvolveu *sua costa*, isto é, seu litoral, mas acabou dando as costas à verdade, informando aos leitores que o desenvolvimento se deu no outro extremo, ou seja, nas *suas costas*. Para repor a verdade, basta corrigir a flexão: *O Brasil desenvolveu mais sua costa*. Explique-se melhor: *costa*, no singular, tem o sentido de litoral; *costas*, no plural, refere-se sempre à parte do corpo que tem esse nome, não admitindo singular.

A eleição deste ano é muito importante.

Também é importante que se diga a verdade. Não se tratava de apenas uma eleição, mas de muitas, de muitos prefeitos e muitíssimos vereadores. Portanto, tudo no plural: *As eleições deste ano são muito importantes.* Ficará tudo no singular quando se quer referir apenas uma eleição: *A eleição do Prefeito, do Presidente...*

 # Que tal minhas lojas? Que tal lembrar que a palavrinha *tal* flexiona para *tais* quando acompanha substantivo no plural? Assim: *Que tais minhas lojas?*

 # O jogo de dama é um bom exemplo. Melhor ainda se expresso em bom português. Como o jogo envolve mais de uma dama, é preciso corrigir: *O jogo de damas é um bom exemplo.*

 # O projeto quer limitar horas extra. Também é preciso, urgentemente, criar projeto de lei que limite os erros de linguagem. Quando *extra* é forma reduzida de *extraordinário*, flexiona, concordando com o substantivo a que se refere. É o caso: *O projeto quer limitar horas extras.* Quando prefixo, é claro, não flexiona: *Informações extraoficiais.*

 # Só faltou pedir perdão de joelho. Quem pede perdão dessa maneira, o faz *de joelhos*, e não *de joelho*, a não ser que o suplicante tenha apenas um joelho. Dispondo de dois, terá que usá-los, sob pena de não merecer o perdão.

A geografia já teve diversos mapas-múndis neste século. Assim como o estudo da geografia mostra as mudanças que houve, os idiomas apresentaram grande evolução, mas nunca admitiram flexões erradas, como *mapas-múndis*, pois o correto é *mapas-múndi*. Por quê? *Mundi*, no latim, significa *do mundo*, e não apenas *mundo*. Traduzindo para o português, seria *mapas do mundo*. Portanto, usar *mapas-múndis* seria como admitir *mapas dos mundos*.

O deputado teve alguns males-entendidos. O autor da frase também não entendeu ainda que no composto *mal-entendido*, *mal*, por ser advérbio, fica sempre no singular: *O deputado teve alguns mal-entendidos*.

Os chassi são adulterados. Assim como as normas de flexão. O plural de *chassi* é *chassis*. Então: *Os chassis são adulterados*.

Quanto é 2 + 2? Tão velho quando a pergunta é o erro que ela contém. Dois é plural; somando com outros dois, é certo que não se estará diminuindo o resultado. Portanto, a pergunta tem que ser formulada no plural: *Quantos são 2 + 2?*

Por si só descobrirão as formas corretas. Menos o autor da frase, que precisa descobrir que, no plural, *só* flexiona para *sós* sempre que tiver o sentido de *sozinhos* ou *sozinhas*. É o caso da frase: *Por si sós (sozinhos) descobrirão as formas corretas*.

Déficit X Superávit. Sempre que se vai usar qualquer dessas palavras no plural, surge a dúvida. Sem medo de errar, deve-se acrescentar *s*: *Déficits, superávits*. Se parecer estranho, tente outras formas, e verá que serão ainda mais estranhas.

O plural das bananas. As palavras compostas que designam as diversas variedades de bananas incomodam os usuários da língua por-

tuguesa quando há necessidade de flexionar para o plural. Quando a segunda palavra do composto expressa outro produto em função de alguma semelhança, esta não flexiona, apesar de alguns dicionários admitirem a flexão. Quando há preposição no meio, a segunda palavra também não flexiona. Aproveite para fixar que qualquer nome composto de planta ou animal é grafado com hífen. Confira o quadro a seguir:

Singular	*Plural*	*Forma admitida*
Banana-anã	Bananas-anãs	
Banana-branca	Bananas-brancas	
Banana-comprida	Bananas-compridas	
Banana-d'água	Bananas-d'água	
Banana-da-terra	Bananas-da-terra	
Banana-do-brejo	Bananas-do-brejo	
Banana-figo	Bananas-figo	Bananas-figos
Banana-inajá	Bananas-inajá	Bananas-inajás
Banana-maçã	Bananas-maçã	Bananas-maçãs
Banana-mãe	Bananas-mãe	
Banana-nanica	Bananas-nanicas	
Banana-ouro	Bananas-ouro	Bananas-ouros
Banana-prata	Bananas-prata	Bananas-pratas
Banana-roxa	Bananas-roxas	

As flexões das cores. Apesar do uso frequente, os nomes das cores, de modo especial nas flexões de gênero e número, atrapalham, devido às variações que ocorrem. Nos compostos só varia o segundo elemento quando os dois são adjetivos: *verde-amarelos, verde-amarelas, verde-claros, verde-claras.* Os dois ficam invariáveis quando se estabelece uma ideia de semelhança ou comparação, o que ocorre quando um dos elementos é substantivo ou quando o segundo elemento não diz respeito a cor, mas a algo que tem essa cor: *olhos verde-mar, vestidos azul-marinho.* O quadro apresenta alguns casos:

Nome da cor	Masculino plural	Feminino singular (pl.)
Amarelo	Amarelos	Amarela(s)
Amarelo-creme	Amarelo-creme	Amarelo-creme
Amarelo-enxofre	Amarelo-enxofre	Amarelo-enxofre
Amarelo-gema	Amarelo-gema	Amarelo-gema
Amarelo-ouro	Amarelo-ouro	Amarelo-ouro
Alvi-azul	Alvi-azuis	Alvi-azul(is)
Azul	Azuis	Azul(is)
Azul-celeste	Azul-celeste	Azul-celeste
Azul-claro	Azul-claros	Azul-clara(s)
Azul-marinho	Azul-marinho	Azul-marinho
Azul-turquesa	Azul-turquesa	Azul-turquesa
Marrom	Marrons	Marrom(ns)
Rubro-negro	Rubro-negros	Rubro-negra(s)
Verde	Verdes	Verde(s)
Verde-amarelo	Verde-amarelos	Verde-amarela(s)
Verde-claro	Verde-claros	Verde-clara(s)
Verde-mar	Verde-mar	Verde-mar

Acompanhe no tira-teima.
Não existe *tira-teima*, mas *tira-teimas*. É o mesmo caso de *tira-dúvidas, tira-linhas, toca-discos, porta-malas, porta-joias, quebra-cabeças*, entre muitos outros. Acontece que o segundo elemento desses compostos sempre tem sentido plural, transformando-os em substantivos de dois números, ou seja, de formas iguais para singular e plural.

Também serão conhecidas as rainha e as princesas. Das duas uma: ou o nervoso repórter se deixou levar pelo plural da forma verbal (*serão conhecidas*), ou se concentrou demais no encanto das candidatas. Seja como for, a rainha será apenas uma, não cabendo usar o artigo no plural (*as*). Mais tranquilo, dirá: *Também serão conhecidas a rainha e as princesas.*

Os sem-terra invadiram mais uma fazenda. Apesar de consagrada nacionalmente, a expressão *sem terra* é um equívoco. O coerente seria *sem-terras,* assim como são certas as formas *sem-fios, sem-números, sem-termos, sem-razões.*

Já comentei miles de vezes. Com certeza, esse comentarista já pecou contra a língua outras tantas vezes, pois não existe *miles*. Possivelmente quisesse se referir a *milhares,* ou, quem sabe, *milhões*. Se for isso, só falta corrigir a frase: *Já comentei milhares (milhões) de vezes.*

A natureza pintou diversos arcos-íris no céu. Eram tantos, que o narrador exagerou, flexionando indevidamente. A forma correta de *arco-íris* é sempre a mesma: *arco-íris,* valendo para singular e plural.

Estarei vendo bem, ou estará meu óculo vencido? Se está ou não enxergando bem, é questão que o oftalmologista poderá esclarecer. Cabe aqui alertar o empolgado mas confuso repórter para a necessidade não de óculos, mas para o erro de flexão que envolve o uso dessa palavra: não existe *óculo*, mas sim *óculos*, sempre no plural.

Os guardas-chuvas são tão necessários quanto os guarda-noturnos. É igualmente necessário fazer as flexões corretas, sob pena de estragar os efeitos das frases de efeito. Além de tudo, o autor da frase foi azarado, pois errou a flexão das duas palavras que têm *guarda* em seus compostos. Quando se origina do verbo *guardar*, essa parte do composto não flexiona: *os guarda-chuvas*. Sendo substantivo, a flexão é normal: *os guardas-noturnos*. Mais exemplos: *os guardas-florestais*, mas *os guarda-costas*.

MASCULINO X FEMININO

Também a flexão de gênero é motivo para muitos pecados contra o idioma. De modo especial, a denominação de funções, cargos e títulos ocupados por mulheres é assunto polêmico, parte pela pouca tradição desse fato entre nós e, quem sabe, parte pela cultura machista ainda reinante. O uso do feminino nessas situações é pacífico em outros idiomas, como, por exemplo, o espanhol.

V. Exa., Senhor Deputado, está equivocada. Equivocado também está o autor da frase, que acabou trocando o sexo do colega. Levado pela ideia de feminino que o pronome de tratamento *V. Exa.* pode falsamente transmitir, acabou usando *equivocada*, em vez de *equivocado*. Se fosse deputada, sim, seria *equivocada*.

Cabo / Caba.
Por que não *caba*? – Não, isso é ridículo. É preferível deduzir que é novo e que por isso parece ridículo. A mesma reação acontece quando se lança uma moda revolucionária. Não que ela seja ridícula, mas sim nova, revolucionária. Passa um tempo, e todos adotam, achando-a linda, maravilhosa... Trata-se de questão meramente cultural.

Sargento / Sargenta.
Por que não *sargenta*? A título de informação, esclareça-se que as corporações militares brasileiras adotaram as formas compostas *sargento feminino, cabo feminino,* etc.

Champanha ou champanhe?
As duas formas são aceitas, em que pese os franceses propugnarem pela exclusividade de uso dessa denominação para referir os espumantes elaborados na região de Champagne. Se o uso do termo fere legislação vitivinícola internacional, no Brasil ele está inteiramente consagrado, apesar de em alguns meios estar ocorrendo a troca dessa denominação por *espumante*. O pecado contra o idioma nacional ocorre mesmo é no gênero, pois muitos pecadores usam o termo feminino: *a champanha, uma champanha.* Como se supõe o termo masculino *vinho* (champanha ou champanhe é um tipo de vinho), trata-se de substantivo masculino: *o champanha* ou *champanhe,* um *champanha* ou *champanhe.*

O testemunho deu importante testemunha.
Tudo errado! Tudo trocado! O depoimento que alguém dá é que se chama de *testemunho*. Quem dá o testemunho é *a testemunha*, substantivo sempre feminino. A frase correta é esta: *A testemunha deu importante testemunho.*

Grama X Grama.
Causa de muitos pecados, o substantivo *grama* pode ser masculino ou feminino, dependendo do sentido. Com o sentido de relva, pasto, é feminino: *a grama que se pasta...* Como unidade de peso, é sempre masculino: *o grama de ouro, duzentos gramas de queijo...*

 # Tenho muita dó dos corruptos. As razões do aparentemente estranho sentimento foram convincentes. O que causou estranheza foi o fato de o comentarista não saber que *dó* é palavra masculina, não importando tratar-se do sentimento de compaixão ou da primeira das notas da moderna escala musical. Portanto, tenha *muito dó*.

 # O atleta tem o agravante de não ser primário. A agravante do comentarista é a mesma. Precisa saber que *agravante*, além de adjetivo, pode ser substantivo feminino, e não masculino.

 # As alergias em geral provocam muito comichão. O doutor precisa saber que *comichão* que se preza é sempre feminina. Portanto: *As alergias em geral provocam muita comichão.*

 # Bem-vindo, senhora deputada. Mas em bom português: o adjetivo concorda sempre com o substantivo a que se refere. Por isso o adjetivo *bem-vindo* concorda com *senhora deputada*: *Bem-vinda, senhora deputada*. No plural: *Bem-vindas, senhoras deputadas*.

 # O assaltante apontou a arma para a caixa. E o repórter policial atirou na língua portuguesa. A moça que presta serviço de caixa é o caixa, palavra que, com esse sentido, é sempre masculina.

 # A deputada é uma sósia da atriz. Devidamente identificada a deputada, só falta avisar o colunista de que a palavra *sósia* é sempre masculina, mesmo quando usada em relação a mulheres, pois é substantivo, e não adjetivo. Portanto: *A deputada é um sósia da atriz.*

 # O Ministro não soube explicar o gênese da corrupção. Bem mais fácil é explicar a gênese do erro contra a língua cometido pelo comentarista: confundiu o primeiro livro do *Pentateuco* de Moisés (o *Gênese*) com o substantivo feminino *gênese*. Portanto: *O Ministro não soube explicar a gênese da corrupção.*

 # O ex-dirigente está internado na CTI do hospital. Para escapar de internação para a recuperação da correta linguagem, o autor da frase deve fixar que CTI é a sigla de Centro de Tratamento Intensivo, portanto *o centro,* e não *a centro.* O pecado encontra explicação – sem perdão – no fato de há pouco tempo a forma mais utilizada ter sido UTI, ou seja, Unidade de Tratamento Intensivo, portanto feminino.

 # Depois tive uma filha temporona. É claro que a mãe não quis ofender a filha usando palavra inexistente. Apenas ignorava, à semelhança de muitos outros brasileiros, que o feminino de *temporão* é *temporã.*

É a soprano mais afinada que se conhece. As palavras *soprano* e *contralto,* apesar de referirem vozes femininas, são sempre masculinas, motivo por que a frase precisa ser corrigida: *É o soprano mais afinado que se conhece.*

Quero uma guaraná. Até mesmo em respeito a esse produto genuinamente brasileiro, é preciso saber que *guaraná* é substantivo masculino em todas as suas acepções: arbusto, semente ou bebida. Assim: *Quero um guaraná.*

O entorse no joelho tirou-o da competição. O autor da frase não sofreu entorse alguma, mas torceu o gênero do substantivo feminino *entorse,* distensão violenta dos ligamentos de uma articulação. Corrigindo: *A entorse no joelho tirou-o da competição.*

Uma palavra especial para as senhoras confrades. Que seja especial, mas não errada. Assim como os senhores são confrades, as senhoras da confraria se sentirão melhor se forem tratadas no feminino, e o feminino de *confrade* é *confreira*, assim como *freira* é o feminino de *frade*. Corrija-se a frase: *Uma palavra especial para as senhoras confreiras.*

O alface é um calmante natural.
Quem sabe não fará bem aos muitos autores de frases que usam *alface* como substantivo masculino. Poderão se acalmar e tratar com carinho feminino produtos de efeito tão oportuno. Em síntese, diga-se sempre: *a alface*.

A maestra foi exuberante.
E o português do observador, decepcionante. Opondo-se à maestria da regente, errou no que qualquer crítico de música não pode errar, nem técnica nem socialmente: o feminino de *maestro* é *maestrina*, e não *maestra*, palavra que existe no espanhol, mas não no português.

A Internacional X O Internacional.
Seguidamente surge a dúvida com respeito ao gênero de clubes de futebol. Salvo uso consagrado em contrário, deve-se verificar o nome completo da agremiação. Se é sociedade, associação, etc., será *a Internacional*; é o caso da Associação Atlética Internacional, de Limeira (SP). Se o nome incluir o sentido de clube, o clube atlético, etc., será o *Internacional*, como é o caso do Sport Club Internacional, de Porto Alegre (RS). Deve-se seguir o mesmo critério com todas as agremiações. Há casos em que o uso contraria a norma, como, por exemplo, Sociedade Esportiva Palmeiras; portanto, *a Palmeiras*. Os palmeirenses concordarão?

 # Neste rádio só dá música erudita. Estranho aparelho! Mais estranho só mesmo ouvir isso de locutor de emissora dedicada exclusivamente à cultura. A linguagem está completamente desafinada com programação tão erudita. Acontece que *rádio* é palavra masculina quando tem os sentidos de aparelho e de meio de comunicação, mas é feminina quando se refere a determinada emissora. Portanto, em nome da cultura e das boas comunicações, deve-se corrigir a afirmação: *Nesta rádio só dá música erudita.*

 # A lotação foi assaltada. Assim como o português. *Lotação*, com o sentido de veículo de transporte coletivo, é palavra masculina, devendo a frase ser corrigida: *O lotação foi assaltado.* Com os demais sentidos, sim, é feminina: *A lotação do veículo, da sala, do estádio,* etc.; *a lotação do servidor,* etc.

 # Colocaram-se em prática formas chãos. Quem escreve também precisa pisar em chão firme. Para sair do feijão com arroz, faz-se necessário ter domínio vocabular. O autor da frase, por exemplo, tratou *chão* como substantivo, o que normalmente é. No caso, entretanto, usou-o como adjetivo. Ora, todo adjetivo flexiona, não só o número, mas também o gênero, devendo mudar seu *invento* para *formas chãs.* Assim: *Colocaram-se em prática formas chãs.* Não gostando, ponha os pés no chão e mude para: *Colocaram-se em prática formas simples.*

 # As ilhéus são fiéis a sua aldeia. Enquanto o estudioso não é fiel à flexão da palavra *ilhéu,* que tem como feminino *ilhoa.* É estranho, mas não ofende.

 # A atriz parecia uma moleque no palco. O autor da frase também fez molecagem com seu idioma. Deveria saber que o feminino de *moleque* é *moleca.*

 # Vossa Excelência, senhora deputada, é ateu. Não se sabe ao certo se o sacrílego orador pecou por ignorar a norma de concordância dos pronomes de tratamento (*Vossa Excelência*), ou se desconhecia o feminino de *ateu*. O certo é que errou, devendo corrigir-se: *Vossa Excelência, senhora deputada, é ateia*. Pode parecer horrível, mas a língua não reservou melhor forma para as senhoras ateias. *Atea, atia, atoa,* etc. não seriam piores?

Esses números trapalhões

Assim como as letras, os sinais de pontuação e outros, também os números compõem a simbologia dos idiomas, interferindo cada vez mais na vida de quem escreve e fala. São a essência de muitos textos, devendo-se empregá-los com absoluta precisão, sob pena de consequências trágicas nas comunicações. São muitos os deslizes que se cometem: confundem-se muitas vezes os numerais com os artigos indefinidos; troca-se o gênero; as informações são sub ou superdimensionadas; atribuem-se sentidos que não têm; etc. Segue amostra do repertório mais recorrente.

 # Exame não confirma uma fratura. O título da matéria referia-se à lesão de um jogador da Seleção Brasileira de futebol. A informação deixava em aberto a possibilidade de mais de uma fratura, quando seu autor quis informar que não houvera fratura. A ambiguidade se deve a *uma*, que pode ser interpretado como numeral ou artigo indefinido. Deve ser influência do inglês, que costuma usar o artigo antes de qualquer substantivo, até mesmo no tradicional *The end* dos finais de filmes, que bem traduzido para o português resulta no simples *Fim*. A solução para a ambiguidade é simples: basta eliminar o *uma*, culpado pela confusão: *Exame não confirma fratura*.

 # Bimensal X Bimestral. Ao contrário do que muitos pensam, estas palavras têm sentidos diferentes, e muito diferentes. *Bimensal* quer dizer duas vezes por mês, enquanto *bimestral* significa de dois em dois meses.

 # Um bilhão. A rigor, *um bilhão* significa *duas vezes um milhão,* ou seja, *dois milhões;* portanto, bem menos que dois mil milhões. Aliás, muitos contabilistas preferem chamar de *dois mil milhões* o que a maioria expressa por *dois bilhões.* Parece ser a opção mais oportuna, principalmente se levarmos em conta que nossos vizinhos, de fala espanhola, atribuem ao *bilhão (billón)* o sentido de *um milhão de vezes um milhão,* em vez de *um mil vezes um milhão,* que é o sentido com que nós usamos *bilhão.* Isso em tempos de integração em torno do Mercosul conta muito, pois ameaça o bom entendimento nos negócios bi ou multilaterais. Apenas para lembrar: os que atribuem a *bi* o sentido de *duas vezes seguidas* estão diante de uma situação estranha: *duas vezes seguidas um milhão.*

 # O paciente tinha um fígado afetado. Encontrada em artigo científico de revista especializada, a frase insinua que o referido paciente teria mais de um fígado, coisa inédita em seres humanos... Portanto, o autor deveria ter informado que o paciente tinha *o* fígado afetado, e não *um* fígado, até para não ter que ouvir a pergunta a respeito da situação do outro fígado.

 # Bi, tri, tetra, penta... Na origem, estes falsos prefixos tinham o sentido de *dois, três, quatro, cinco...,* assumindo mais tarde também a acepção de *duas vezes, três vezes...* Já existe quem queira atribuir-lhe o sentido de *duas vezes seguidas, três vezes seguidas...* Não estarão exagerando com o dinamismo dos idiomas?

Assalto a banco: um milhão e dois feridos.
A manchete, encontrada há algum tempo em importante jornal, deixou incrédulos seus fiéis leitores. E não era para menos, pois o número de feridos superava o total da população da cidade na época. Ao ler o texto na íntegra, soube-se que, a bem da verdade, os assaltantes haviam roubado R$ um milhão e que duas pessoas tinham sido feridas. Só falta corrigir a manchete: *Assalto a banco: R$ um milhão roubado e dois feridos.*

Jornal tem um novo visual.
E os demais visuais do jornal continuam os mesmos? O uso inadequado do numeral (ou artigo) *um*, já se sabe, continua o mesmo. Corrige-se a frase eliminando o *um*: *Jornal tem novo visual.*

Deseseis era meu número.
Menos mal que o número do cronista *era* esse. Espera-se que tenha mudado para *dezesseis*, isto é, com grafia correta. Aliás, é muito fácil memorizar: *dezesseis* é a soma de *dez* e *seis*. Por que mudar *dez* para *des*? Dobra-se o *s* para acertar a pronúncia, já que o *s* isolado tem som de *z* quando está entre duas vogais.

Ele tem um duplo interesse.
É *um* ou *duplo*? As duas ao mesmo tempo, é certo que não. No caso, é evidente que o comunicador quis dizer que *ele tem duplo interesse.*

Roubar a solidariedade é um duplo crime.
Era o título de um meritório artigo publicado em jornal de grande circulação em que o autor manifestava sua revolta contra a audácia de ladrões que haviam levado as roupas resultantes de uma campanha de doação para a população carente. A lamentar também a inclusão desnecessária e até mesmo prejudicial de *um*. Por que *um* se era *duplo*? O artigo teria sido perfeito se seu título fosse: *Roubar a solidariedade é duplo crime.*

Treis mil reais.
Prevenindo-se contra eventuais falsificações de cheques, os usuários escrevem *treis*, em vez de *três*, pois para passar de *três*

a *treze* não há maior dificuldade, a não ser o acento circunflexo, que teria que ser eliminado, caracterizando rasura e, consequentemente, a anulação do cheque. No entanto, não convém correr esse risco, porque os caixas de banco nem sempre sabem ou estão atentos a isso.

 # Quinhentas milhões de ações foram lançadas no mercado. À semelhança de *milhar*, também *milhão* é substantivo masculino, valendo, portanto, a mesma regra do caso anterior: *Quinhentos milhões de ações...*

 # Ele é um ambidestro. Ninguém pode ser dois ou mais ao mesmo tempo. Ao dizer que ele é um, admite-se a possibilidade de que ele fosse dois ou mais. Então, elimine-se esse *um*, mesmo porque, no mínimo, ele é desnecessário.

 # Duzentos mil laranjas apodreceram. O azarado usuário do português errou de novo. Acontece que *mil* não é substantivo, mas numeral. Como tal, a concordância tem que ser feita com o substantivo que segue o "complexo numérico" *duzentos mil*. Então, corrija-se a frase: *Duzentas mil laranjas apodreceram.*

 # Hum milhão de reais. Em documentos preenchidos de próprio punho, em letra *script,* convém cometer esse absurdo da grafia do numeral *um* com *h*, pois é fácil realizar o milagre da multiplicação, transformando *um* em *cem*. Preenchido em qualquer máquina de escrever ou em letras maiúsculas, a segurança abre mão desse absurdo gráfico, devendo-se eliminar o *h*.

 # Duas milhares de crianças foram atendidas. *Milhar* é substantivo masculino; por isso, o numeral que o acompanha também deve ser usado nesse gênero: *Dois milhares de crianças foram socorridas.* O fato de a expressão ser seguida de um substantivo feminino (*crianças*) não interfere, porque *dois* está ligado a *milhares*, e não a *crianças*. Aliás, jamais se ouviu alguém dizer: *uma milhar de crianças...* Assim como *dois/duas*, também *um/uma* são numerais. Portanto, alguns milhares de pessoas deveriam ter mais coerência.

Neste momento, a temperatura é de 16,8 décimos. Ao dizer assim, o congelado locutor transformou a agradável temperatura de 16,8 graus num gélido 0,168 grau.

China tem um novo Presidente. A manchete do jornal dá a entender que a China tem mais de um Presidente e que um deles é novo, quando, a bem da verdade, o país tem apenas um Presidente, recém-eleito e que por isso é novo. Para corrigir, basta eliminar *um*.

Catorze (quatorze) / Cinquenta. Enquanto o usuário pode escolher entre *catorze* e *quatorze*, o mesmo não acontece com *cinquenta*, única forma correta. Não existe *cincoenta*.

A informação tinha um grande valor jornalístico. Para não diminuir o valor jornalístico da informação, para que não se induza o leitor a pensar que as informações têm normalmente mais de um valor jornalístico e até para não *jogar fora* preciosos espaços, economizando palavras, o *um* deve ser eliminado, com o que a frase ficará muito melhor: *A informação tinha grande valor jornalístico.*

O Brasil precisa dar um giro de 360 graus. O comentarista não se deu conta de que, ao dar um giro de 360 graus, o País em seguida voltaria à situação em que se encontrava antes do *fantástico giro*. Como, se-

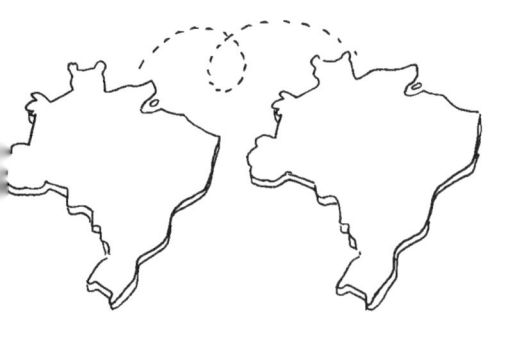

guramente, pensava numa mudança completa, imagina-se que desejasse sugerir um giro de apenas 180º.

 # Motos voadoras são um novo show. Com certeza, sem cometer muitos pecados, como o de continuar usando inadequadamente o *um*, sobrando na frase: *Motos voadoras dão novo* show.

 # A operação contou com seiscentos policiais. A grafia de *seiscentos* é outra fácil de memorizar, tão fácil que não deveria precisar de policiamento. É a simples soma de *seis* e *centos*, bastando unir as duas partes, sem mexer em nada: *seiscentos*. Aliás, prestando atenção aos elementos que formam os compostos, em especial as expressões numéricas, é mais difícil errar do que acertar.

 # Cerca de 1,5 milhões de pessoas passam fome na região metropolitana. Apesar do número assustador de famintos da grande metrópole, o substantivo *milhão* só flexiona para *milhões* no plural, isto é, a partir de *dois: dois milhões*. Portanto: *Cerca de 1,5 milhão de pessoas...*

 # O artigo 16.º da lei garante esse direito. Garante o direito a que se refere o jurista, mas não o de errar de forma tão grosseira o uso do numeral. Na enumeração de artigos, em que estes precedem o numeral, usa-se o ordinal até 9, mudando depois para cardinal: *artigo 1.º, 2.º...,* mas *artigo 10, 11...* Quando o numeral precede o artigo, sim, deve-se sempre usar o ordinal: *16.º artigo*. O mesmo vale para parágrafos e capítulos. No caso dos parágrafos, pode-se optar pelo sinal de parágrafo: §, formado por dois SS entrelaçados na vertical e que deriva do latim *signum seccionis* (sinal de seção). Esse símbolo não deve ser usado quando se trata do parágrafo conhecido como *único*. Nesse caso o certo é escrever tudo por extenso: *parágrafo único*.

 # A Lei n.º 6552 prevê esses casos. Mas não prevê equívocos na grafia de número. Com exceção dos números indicativos de ano, telefone, casa, sala, apartamento, telex, fax, nos demais casos deve-se sempre separar por ponto, de três em três, de trás para frente: *3.000.000, 30.000...* É o caso da frase, em que faltou a separação: *A Lei n.º 6.552 prevê esses casos.*

 # O 01 de maio foi comemorado com muitos protestos. O leitor leu o *zero* de *01 de maio?* É claro que não. Se não leu, por que o autor escreveu? Então o certo é *1 de maio?* Também não. Todo dia primeiro do mês é *primeiro,* e não *um,* ou seja, o numeral é ordinal, e não cardinal. A partir do segundo dia usa-se o cardinal: 2, 3...

 # 23 feridos é o resultado do acidente. Em função de não existir algarismo maiúsculo (versal ou caixa alta), é condenável iniciar frases com numeral, devendo-se encontrar outra solução: *Resultado do acidente: 23 feridos.* Quando, em último caso, não for possível, o numeral deve ser escrito por extenso: *Vinte e três,* pou-

com certeza todos leram simplesmente *quinze*. Por que, então, *15,0*, e não *15*? Na continuação, outro erro *quilométrico*: o símbolo de *quilômetro* é *km*, valendo para singular e plural, sem o *s* indicativo de plural. Outra: a não ser que coincida com o final da frase, não se usa ponto para encerrar os símbolos. A frase correta seria a seguinte: *Faltavam apenas 15 km para terminar a prova*. Essa orientação vale para todos os símbolos: *m, min, cm, g, kg...*

co recomendável nas modernas comunicações.

 # São 1h45min. Plural só a partir de *duas: são duas horas*. Abaixo de *duas* é singular: *É 1h45min* (ou: *1h45*).

 # Faltavam apenas 15,0 kmts. para terminar a prova. E sobravam erros de comunicação gráfica. Algum leitor leu *quinze vírgula zero*? Não,

 # Rússia poderá ficar sem um time. Quem sabe, ficará com vários times? É o que o título da matéria insinua quando seu autor quis dizer apenas que a Rússia poderia ficar sem time, o que, convenhamos, seria grave. Para que ninguém fique confuso, basta eliminar o inútil e confuso *um: Rússia poderá ficar sem* *time*. Não custa insistir: *um* pode ser artigo e numeral, gerando por isso confusões cada vez mais frequentes nas comunicações. Deve-se sempre questionar a utilidade dessa palavrinha. Se nada acrescentar de proveitoso, o melhor é eliminá-la.

Nossa sede é na Rua XV de Novembro. O uso do número romano em língua portuguesa vem gerando muitas confusões, como a da frase. Acontece que se consagrou como ordinal: I = 1.º, II = 2.º, etc. Isso também não é verdade absoluta, pois na numeração dos séculos, de reis e papas, confirma-se o princípio até 10: Luís X, por exemplo, se lê Luís 10.º, ou seja, ordinal. A partir daí, continua o uso do numeral romano (ordinal), mas a leitura é como se fosse arábico (cardinal): *Luís XIV* (catorze), *João XXIII* (vinte e três), *século XX* (vinte). A exceção se justifica: seria estranho mudar de romano para arábico a partir de 10. Por isso, são formas consagradas. Voltando à frase, em nomes de logradouros, edifícios, etc. não se justifica o uso do número romano (ordinal), já que se lê *quinze*, e não *décimo-quinto*. Portanto: Rua 15 de Novembro, Rua 7 de Setembro. Quando a data homenageada pela rua é o dia 1.º, deve-se preferir o uso do número arábico, com indicação de ordinal: *Rua 1.º de Maio*. Convém enfatizar ainda que, em numerações que se elevam a números altos, o número romano está em desuso, devendo-se evitá-lo, principalmente pela dificuldade de leitura, sem contar as razões de ordem estética.

Os anos bisextos ocorrem de seis em seis anos. Há na frase *apenas* três pecados. Primeiro: ao juntar *bi* com *sextos*, é necessário dobrar o *s*, para adequar a grafia à pronúncia, já que o *s* isolado entre duas vogais tem som de *z*, ficando assim: *bissextos*. O segundo pecado é *calendarial* (de calendário), pois, na verdade, os anos bissextos se repetem de quatro em quatro anos, e não de seis em seis. Terceiro: a expressão se originou do simples fato de os anos bissextos terem 366 dias, em vez dos normais 365, isto é, a expressão numérica contém duas vezes o algarismo 6, derivando daí a palavra *bissexto*.

Ele fez uma dupla falta. O comentarista não cometeu dupla falta, mas uma que vale por duas, ou mais. E o atleta, fez uma ou dupla falta? A julgar pelo comentarista, nem ele sabe. Ou foi uma, ou foi dupla. Novamente, apenas está sobrando *uma*, pois nenhuma dúvida teria ficado se tivesse dito: *Ele fez dupla falta*.

 # A vantagem é que essa vacina permite uma aplicação em massa. Sem dúvida, trata-se de vacina extraordinária, pois uma aplicação imuniza uma massa inteira. Enquanto não descobrem essa vacina milagrosa, convém dizer a verdade, o que se faz eliminando o numeral usado com a intenção de funcionar como artigo indefinido: *A vantagem é que essa vacina permite aplicação em massa.*

 # Não levou o animal a um veterinário. Repete-se o mesmo caso. Para que não se deduza que o animal foi levado a mais de um veterinário, elimine-se o *um*, indefinido, e usa-se o definido: *Não levou o animal ao veterinário.*

Pecado n.º 6
DESCASO COM PEQUENOS SÍMBOLOS

*Deixai vir a mim os pequeninos
e não os impeçais.*
Marcos, 10:14

Diz o ditado: "Tamanho não é documento". Prova disso são os minúsculos sinais de pontuação, de modo especial a vírgula. Na frase: "Não, matem o criminoso", a vírgula foi homicida; sua ausência teria salvo o cidadão; em outros casos é sua presença que livra de situações estranhas e até constrangedoras. Existem ainda os casos em que uma simples vírgula esclarece o sentido ambíguo. Enfim, trata-se de um pequeno símbolo gigante. Vamos a alguns casos.

Não digam a verdade. Devidamente autorizados, todos mentiram pra valer. A verdade só foi reposta com a correção da frase: *Não, digam a verdade.*

Não fumem por favor. Para que não se pense ser obrigação fumar no local desse aviso, convém usar vírgula após *fumem*, sob pena de em pouco tempo estarmos dentro de um cinzeiro. Então: *Não fumem, por favor.*

Maria toma remédio e sua mãe diz ela é veneno. Para livrar a pobre mãe de ser culpada por um crime pela própria filha, é melhor acertar o sentido da frase. Faz-se isso através de pequenos sinais de pontuação: *Maria toma remédio e sua; mãe, diz ela, é veneno.*

Desperta Canoas. Esse apelo colocado em algumas passarelas da simpática cidade de Canoas, no Rio Grande do Sul, parece que não foi entendido pelos canoenses, pois até hoje ninguém tentou despertar a cidade. Provavelmente seus autores quisessem, eles mesmos, fazer o apelo. Deveriam ter feito assim: *Desperta, Canoas.*

Não vá gastar demais, meu filho. Essa criativa chamada publicitária foi salva pela vírgula; se a eliminássemos, estaríamos produzindo um patético apelo de uma zelosa senhora a sua nora: *Não vá gastar demais meu filho.*

 # Vamos comer, gente. A vírgula dessa frase livrou todos os convivas de um canibalismo generalizado. Retirem-na, e verão!

 # Vamos pintar gente. Caso idêntico ao anterior, mas a professora não colocou vírgula no aviso deixado no quadro-negro: *Vamos pintar gente.* Os alunos seguiram a ordem à risca e a sala se encheu de caras-pintadas. Daí em diante ela mudou o aviso para: *Vamos pintar, gente,* com vírgula. E tudo voltou ao normal.

 # O Rio Grande somos nós. Faça a sua parte. Governo Tal. Esse foi o *slogan* de uma administração do Estado do Rio Grande do Sul nos anos 1970. Foi quando um gaiato que gostava de brincar com a pontuação resolveu introduzir uma pequena alteração: transformou o penúltimo ponto em vírgula: *O Rio Grande somos nós. Faça a sua parte, Governo Tal.* Assim, as coisas se inverteram. O apelo dirigido ao povo reverteu para o governo.

 # Amanhã pensamos nisso certo? Errado! Para que a frase adquira o sentido que seu autor quis lhe atribuir, faltou apenas uma vírgula, antes de *certo: Amanhã pensamos nisso, certo?* A não ser que as partes envolvidas no debate estivessem pensando tudo de forma errada. Certo?

 # O fazendeiro tinha um bezerro e a mãe do fazendeiro era também o pai do bezerro. Esse verdadeiro escândalo genético é esclarecido com um simples ponto e vírgula: *O fazendeiro tinha um bezerro e a mãe; do fazendeiro era também o pai do bezerro.*

 # – Como está se sentindo? – Bem pai. Estaria a filha se sentindo pai? É o que a resposta diz. O mais provável, porém, é que ela dissesse estar bem, sentido que a introdução de uma vírgula garantirá: *Bem, pai.*

 # O outro disse que era um tubo que se movia e assim sucessivamente. Descobrir o sentido que o autor quis dar à frase não foi tarefa fácil. A primeira impressão é a de que, além de se mover, o tubo fazia outras coisas, o que, de acordo com o contexto, não fazia sentido. Lá pelas tantas, num exercício de adivinhação, desconfiou-se que o sentido intentado pelo autor poderia ser o de que outros personagens da história não viam um tubo se mover, mas, sim, outras coisas. Bingo! Aí ficou fácil, pois bastou colocar uma vírgula antes do *e*. Assim: *O outro disse que era um tubo que se movia, e assim sucessivamente.* É em função de casos como esse que existe a regra: sempre que o *e* liga orações de sujeitos diferentes, usa-se vírgula antes dele. A regra não existiria se não houvesse razão maior: preservação do significado.

 # As questões são aquelas, cujos conteúdos estão no livro. Atente o autor da frase para o corte que a vírgula efetuou no fluxo da frase. Fazendo uma comparação, é como se tivesse sido colocada uma barreira na estrada, cortando o fluxo. Isso faz lembrar aquela regra que todos decoramos: nunca se deve separar o sujeito do predicado; isso é verdade, mas deve ser estendido a todos os casos em que há ligação direta entre termos de uma oração: entre o verbo e seu complemento, entre o substantivo e seu adjunto, entre o nome e seu complemento, fora outros casos. Portanto, para corrigir a frase deve-se eliminar a vírgula: *As questões são aquelas cujos conteúdos estão no livro.*

 # São ações que ferem a lei, configurando assim, crime grave. A pontuação também fere lei, mas de pontuação. O termo *assim* foi deslocado para o meio da oração, o que sempre gera duas vírgulas, com o objetivo de isolamento. Ao usar apenas uma das vírgulas, o fluxo das frase resulta truncado. De acordo com a dose de liberdade que a pontuação nos oferece, seria aceitável não usar nenhuma das duas vírgulas, mas uma só é sempre errado. Opções: *São ações que ferem a lei, configurando, assim, crime grave.* Ou: *São ações que ferem a lei, configurando assim crime grave.*

 # Júlio e sua esposa Andreia viajaram. Afinal, quantas esposas tem esse polígamo? Em função da falta de duas vírgulas, uma coisa está muito clara: além de Andreia, Júlio tem pelo menos mais uma esposa. Será que Andreia sabe? Se souber pontuação, sim. Caso tenha uma esposa só, a frase correta é esta: *Júlio e sua esposa, Andreia, viajaram.*

Os bens do casal estão relacionados na declaração do esposo Paulo.
O contabilista responsável pela declaração de Imposto de Renda deixou perplexos os servidores da Receita Federal, que trabalhavam em vão atrás de mais esposos de determinada declarante. Na verdade, faltou apenas uma vírgula na frase do contabilista: *Os bens do casal estão relacionados na declaração do esposo, Paulo.*

Baseado em que doutor?
Se o usuário da frase quis saber o nome do doutor em que o interlocutor estava se baseando, a frase está absolutamente correta. Se, no entanto, pensou descobrir o argumento que o interlocutor utilizava, faltou uma vírgula antes de *doutor: Baseado em quê, doutor?*

São denominações técnicas, que na academia absorvem muitos conceitos.
É comum o *que* introduzir orações subordinadas adjetivas, que podem ser restritivas ou explicativas. Caso sejam explicativas, usa-se vírgula; se restritivas, não. São restritivas quando introduzem sentido que restringe a informação relativa à outra oração, e explicativas se introduzem mera explicação, que poderia ser retirada sem prejuízo para o sentido essencial. No caso da frase, portanto, a vírgula precisa ser retirada, porque há a intenção de restringir o significado à informação de que as denominações absorvem muitos conceitos na academia.

Essas medidas proporcionam segurança e além disso, eliminam desperdícios.
Sempre que se introduz uma intercalação numa frase, deve ela ser isolada por duas vírgulas (ou travessões ou parênteses). É como se fosse construída uma ponte

sobre um rio; ela precisa dar acesso e saída. No caso da frase, deu-se saída da ponte, mas não se deu acesso; assim, ela não vai funcionar. O que faltou? Faltou vírgula depois do *e*; assim: *Essas medidas proporcionam segurança e, além disso, eliminam desperdícios.* Agora, sim, o trânsito fluirá. Mas o *e* não substitui a vírgula? A única vírgula que o *e* substitui é a de adição, como em: *João, Pedro e Maria.*

Bem doutor. Aí está uma fulminante declaração de amor. Pelo menos o esperto doutor entendeu assim, bem entendido. Ou faltou uma vírgula antes de *doutor*, mudando completamente o teor do diálogo: *Bem, doutor.*

Diga alguma coisa mãe. Sem vírgula antes de *mãe*, o leitor da frase poderia supor que existe *coisa mãe, coisa pai, irmão, tio, coisa avó,* etc., etc. Portanto, prefira: *Diga alguma coisa, mãe.*

A partir das duas horas, quero ver todos com farda impecável e sobretudo na chegada do General. A ordem foi seguida à risca pelos comandados. Apesar dos quase 40 graus de temperatura que fazia em Lisboa, todos estavam vestindo impecável sobretudo. Verdadeira ou não, a história teria sido diferente, com bem menos suor, se a ordem do comandante tivesse uma vírgula no lugar do *e*:... *quero ver todos com farda impecável, sobretudo na chegada do General.*

Depois o psicólogo com poucas palavras, inicia o inquérito. Confusa a frase, não é mesmo? Tudo porque faltou uma vírgula para marcar a abertura da intercalação. Construiu-se uma ponte que não dava acesso, mas apenas saída, o que fez com que ela não funcionasse. Corrija-se: *Depois o psicólogo, com poucas palavras, inicia o inquérito.* Relembrando: essas vírgulas que marcam intercalação podem ser sempre substituídas por travessões ou parênteses.

Deve ficar bem claro para o examinando, que não se trata de uma tomada de contas. Enquanto isso, para o autor da frase deve ficar

claro que não se deve cortar o fluxo da frase, como ele fez usando vírgula indevida. Colocou uma barreira na estrada, não deixando ninguém passar. A correção passa pela simples retirada da única vírgula da frase.

Se porém, ela não comparecer, perderá seus direitos.
Ao introduzir a intercalação *porém,* o autor construiu uma ponte que não cumpre sua função, pois não lhe deu acesso, cortando o fluxo do frase. Corrija-se: *Se, porém, ela não comparecer, perderá seus direitos.* E por que a última vírgula? Para marcar o deslocamento da oração principal (*perderá seus direitos*) para depois da subordinada.

O regulamento estabelece como critério, que nesse caso os dois se classificam.
O regulamento da pontuação estabelece que nunca se deve cortar o fluxo da frase, que nunca se deve trancar o trânsito. É esse o prejuízo causado pela vírgula usada na frase. Retirando-a, tudo voltará ao normal.

Assim, pode-se sem margem de erro, optar por essa solução.
A expressão *sem margem de erro* é uma intercalação, como prova o fato de se poder retirá-la sem afetar o significado essencial da frase. Se é intercalação, é preciso isolar, o que se faz colocando entre vírgulas, travessões ou parênteses. Acerte-se, portanto, a pontuação: *Assim, pode-se, sem margem de erro, optar por essa solução.*

A seleção natural, anterior à profissional ainda predomina.
Há novamente uma intercalação: *anterior à profissional.* Desta vez o autor abriu-a com uma vírgula, mas não a encerrou com uma segunda vírgula; é como abrir parêntese e não fechar. Então, falta apenas corrigir: *A seleção natural, anterior à profissional, ainda predomina.*

Maria Lúcia da Portela é a Rainha do Carnaval.
Quando leu a notícia, Maria Lúcia protestou: – *Meu sobrenome não é Portela, mas sim Medeiros. Minha escola é que é a Portela.* O caso foi resolvido com o uso de duas vírgulas: *Maria Lúcia, da Portela, é a Rainha do Carnaval.*

Carmela de Portugal foi a vencedora. Caso semelhante ao anterior. Após vencer uma prova olímpica, Carmela viu a manchete nos jornais e não entendeu. Para não parecer *Portugal* ser o sobrenome da Carmela, era essencial que se deixasse *de Portugal* entre vírgulas. Assim: *Carmela, de Portugal, foi a vencedora.*

O examinando diante do estímulo desencadeia seu processo perceptivo. Temos outra vez uma intercalação: *diante do estímulo*. O autor não abriu nem fechou. É o que vamos fazer para corrigir: *O examinando, diante do estímulo, desencadeia seu processo perceptivo.*

Disputa Jair. Ao reproduzir essa frase atribuída a um treinador de futebol, o cronista acabou mudando completamente seu sentido, dando a entender que a ordem era para que alguém entrasse na disputa por Jair, quando, na verdade, o treinador estava apelando ao Jair para que participasse mais da disputa pela bola. Que faltou? Apenas uma vírgula: *Disputa, Jair*. Mas, as comunicações às vezes se complicam, e foi o caso, pois contam que Jair, muito maroto, teria respondido: – *Não digo...*

Querida cheguei. Ou o namorado anuncia sua chegada solene colocando uma vírgula: *Querida, cheguei,* ou informa sua própria *queridez* usando o masculino: *Querido cheguei*. A não ser que o rapaz seja *chegado* em confusões mais complexas...

O homem, que vinha a cavalo, caiu. O uso das duas vírgulas, além de informar que o homem caiu, explica que ele vinha sozinho. Não havia outros homens.

 # O homem que vinha a cavalo caiu. A ausência das vírgulas muda o sentido da frase. Continua informando que o homem caiu, mas havia outros homens com ele. Não importa se vinham de bicicleta ou sobre camelos. Sabe-se, isto sim, que um deles vinha a cavalo, e este caiu.

 # A amizade com o psicanalista Oskar Phister, contribuiu para sua formação. Aqui é necessário recordar a velha regra: nunca se separa o sujeito do predicado, crime que o autor cometeu ao colocar a vírgula após o nome do psicanalista. Aí termina o sujeito e na sequência vem o verbo, que inicia o predicado. Portanto, retire-se a vírgula e deixe-se a frase só com o ponto-final.

 # Toca Marta. Antes que todos tratem de tocar a assustada moça, convém *tocar* uma vírgula entre as duas palavras: *Toca, Marta.* Menos assustada, Marta tudo fará para vencer a corrida e provar a importância do uso correto da vírgula.

 # Bota pra quebrar Colorado. Não fossem as cores da faixa conduzida pelos torcedores que entravam no Beira-Rio e/ou a ignorância da maioria dos brasileiros quanto ao uso adequado das vírgulas, com certeza teria ocorrido verdadeira guerra entre os próprios colorados presentes. Tudo porque faltou uma vírgula antes de *Colorado*, alterando completamente o teor da mensagem. Assim, antes que os colorados saiam quebrados, convém corrigir: *Bota pra quebrar, Colorado.*

 # Sucederam-se outras publicações de modo especial na Europa. A frase encerra-se com elemento explicativo: *de modo especial na Europa.* Falta, portanto, uma vírgula. Assim: *Sucederam-se outras publi-*

cações, de modo especial na Europa. Não custa lembrar: tudo aquilo que se pode retirar sem causar prejuízo à essência do significado da frase é explicativo, requerendo, por isso, vírgula, ou duas vírgulas, se estiver no meio da frase.

 # Escreva nesta folha, bem à esquerda o nome sugerido. Ocorre intercalação bem no meio da frase: *bem à esquerda*. O autor abriu-a com uma vírgula, mas se esqueceu de encerrá-la com outra. Comparando, construiu uma ponte que tinha acesso, porém não dava saída, trancando completamente o trânsito. Corrija-se: *Escreva nesta folha, bem à esquerda, o nome sugerido.*

 # Pega, ladrão. É intenção apelar para que se pegue o ladrão, e não que o ladrão pegue alguém, a não ser que a origem do apelo fosse outro ladrão. Como ladrão não admite ser ladrão (diz que ganhou na loteria), supõe-se que a ordem era para pegar o ladrão, razão pela qual a vírgula deve ser eliminada: *Pega ladrão.* Como se vê, o uso correto da vírgula é, acima de tudo, uma questão de sentido, do sentido que se quer dar à frase.

 # Pega peão. Por pouco esse infeliz apelo caipira não provocou grave incidente. Se os presentes soubessem do que uma vírgula é capaz ou, como no caso, do que sua ausência é capaz, todos teriam atacado o peão, em vez de este investir sobre o touro. Contra a vontade do autor do apelo, a ordem era para pegar o peão. Imagina-se que a intenção era apelar para que o peão pegasse o touro; por isso, faltou uma vírgula: *Pega, peão.*

Você fala? – Não computo. Antes de mais nada, esclareça-se que não é intenção questionar a perigosa conjugação do verbo *computar*, mas sim mostrar mais uma situação em que a vírgula altera profundamente o sentido. Trata-se de conhecido e romântico diálogo entre o computador e seu apaixonado usuário. Da forma como foi descrito, deve tratar-se de computador estragado. Mas se estivesse estragado, teria respondido? Afinal, o que faz esse computador? Não computa? A solução do enigma é simples. Falta apenas uma vírgula depois de *não*: – *Você fala?* – *Não, computo.*

Ave Maria, cheia de graça...
Essa conhecida oração à Nossa Senhora é muitas vezes encontrada impressa sem a presença de vírgula, o que a transforma em verdadeiro sacrilégio. Ao dizer *ave Maria*, o devoto, sem se dar conta, está chamando Nossa Senhora de ave, pássaro... *Maria*, na frase, é vocativo; por isso tem que vir precedido de vírgula, evitando, assim, o sentido sacrílego: *Ave, Maria, cheia de graça...* Referindo o nome da oração, a expressão deve ser grafada com hífen: *Ave-Maria,* como também *Pai-Nosso*, quando nome da oração. Diferentemente de *ave, Maria*, no entanto, no corpo da oração, não ocorre vírgula após *Pai*, em *Pai Nosso*. Esclareça-se também que *ave* tem o sentido de *salve*.

Não salvem meu filho. Foi a reação da desesperada mãe à observação de alguém que sugeria não se arriscarem a tentar salvar o garoto que estava próximo a fio de alta-tensão. A crônica policial é que interpretou mal ou expressou mal o dramático apelo da mãe. Faltou a vírgula, invertendo o sentido: *Não, salvem meu filho.*

A Guerra dos Farrapos de Alcy Cheuiche. A ausência de vírgula faz de Alcy Cheuiche, escritor em plena atividade, personagem da Guerra dos Farrapos (1835-1845), quando na verdade a frase quer se referir ao romance histórico de igual nome. É essencial que se reponha a verdade histórica, o que é feito separando as partes com vírgula: "*A Guerra dos Farrapos*", *de Alcy Cheuiche*. Aliás, deve-se adotar como norma separar obra e autor usando vírgula.

 # Come minha filha que te fará bem. Pelo exagero da generosa oferta, atípica até mesmo entre os mais fanáticos canibais, deduz-se com facilidade que houve, mais uma vez, adulteração do desejo materno. A mãe estava apenas apelando à filha no sentido de que se alimentasse. Falta acertar as vírgulas: *Come, minha filha, que te fará bem.*

 # Hífen X Travessão. É importante saber distinguir entre o hífen e o travessão. Na velha máquina de escrever, trata-se do mesmo sinal, com uma diferença essencial: sendo travessão, usa-se espaço antes e depois; se for hífen, eliminam-se esses espaços. Já na maioria dos programas utilizados na informática e nos processos de composição gráfica, existem os dois sinais, distinguidos pela sua extensão (o travessão é maior que o hífen: –/-) e pelo fato de se deixar espaço antes e depois no caso do travessão, o mesmo não ocorrendo com o hífen. Por oportuno, esclareça-se ainda que o sinal correto para introduzir diálogo é o travessão.

 # O destacado jurista observa que: "a lei maior sempre prevalece". Assim como o bom-senso precisa prevalecer para que haja pontuação adequada. Foi o que faltou ao repórter. Ao usar o conetivo *que*, não poderia ter usado dois-pontos. Em vez de optar entre o sinal de pontuação e o conetivo, deixou a impressão de querer se garantir usando os dois recursos. Opções corretas: *O destacado jurista observa que "a lei maior sempre prevalece";* ou: *O destacado jurista observa: "A lei maior sempre prevalece".*

Evite Dr. Campos Velho em obras.
Que obras estarão executando no Dr. Campos Velho? Quem é esse senhor? Sua doença será tão contagiosa assim? Essas eram as perguntas que se faziam os transeuntes. Tudo por causa da falta de uma vírgula no aviso colocado em placa de trânsito, cuja intenção era alertar os motoristas para que evitassem transitar pela rua Dr. Campos Velho. Sugestão: *Evite rua Dr. Campos Velho, em obras.*

Curitiba siga livre.
Para não parecer que a liberdade corre perigo em Curitiba, que se vive em regime de ditadura na cidade, este aviso auxiliar de semáforo deveria conter algum sinal de pontuação, de preferência vírgula ou dois-pontos: *Curitiba, siga livre,* ou: *Curitiba: siga livre.* O melhor mesmo é transformar a frase: *Para Curitiba, siga livre.*

Estamos numa nova época de modernidade.
A frase deixa subentender que já houve outras épocas de modernidade. Não há nisso absurdo algum. O que o orador quis dizer, no entanto, é que se vivia época de modernidade, não havendo intenção de estabelecer parâmetro com qualquer outra. Para tanto, faltou uma vírgula: *Estamos numa nova época, de modernidade.*

De tal sorte, que fica difícil evitar acidentes.
Fica igualmente difícil evitar pecados contra a língua quando se corta o sentido da frase usando vírgulas indevidas. Para que tenha mais sorte, o preocupado comentarista de trânsito evitará acidentes se disser: *De tal sorte que fica difícil evitar acidentes.*

O Presidente afirmou: não pensar em dispensas.
O articulista, sim, deveria ter dispensado os dois-pontos, que serviram apenas para truncar a frase: *O Presidente afirmou não pensar em dispensas.* A não ser que mudasse o tempo do verbo e a forma do discurso: *O Presidente afirmou: "Não penso em dispensas".*

Cuidado, animais.
Milhões de motoristas e acompanhantes já leram esta mensagem nas estradas bra-

sileiras, mas até hoje não se sabe de alguém que tenha se ofendido. Será que todos têm consciência de sua condição de animais? Ou não é ofensa ser chamado de animal? Abstraído o sentido carinhoso ou estimulante que assume em certas circunstâncias, *animal* é palavra ofensiva para a maioria dos cidadãos. Como a intenção da mensagem é alertar para a possível presença perigosa de animais nas estradas, o erro não está na palavra *animal*, mas no uso indevido da vírgula. O alerta poderia ser este, por exemplo: *Cuidado! Animais.*

Teste o HIV anônimo e gratuito.
A meritória campanha de prevenção da AIDS (por que não SIDA?) foi prejudicada em suas intenções. A falta de pontuação tornou o apelo paradoxal e inverídico, porque dá o nome ao vírus e em seguida atribui-lhe o anonimato; inverídico, porque afirma ser o HIV gratuito, quando, é certo, seu preço é alto, pois custa a vida a muitos portadores. O uso de uma única vírgula teria sido o suficiente: *Teste o HIV, anônimo e gratuito.* Ainda assim, em nome da ênfase, faz-se uma concessão, pois, a rigor, não se testa o HIV, mas se ele está presente no organismo do examinando, ou não.

Ana: eu te amo boba.
Declaração pública de amor encontrada em estádio de futebol lotado, revela estranha preferência do declarante por mulher boba. Se não fosse boba, não a amaria. O mais provável mesmo é que o declarante tenha *marcado bobeira* ao omitir a vírgula antes de chamar sua amada de boba. Assim: *Ana: eu te amo, boba.*

Cuidado, cachorro raivoso!

Eis um caso urgente para a Divisão Veterinária da Secretaria da Saúde. Onde está o cachorro raivoso? Do lado de fora do pátio, ou do lado de dentro? Bem interpretada, a vírgula indica que o cachorro raivoso é o leitor da frase. Na verdade, trata-se de recurso extremo para se proteger de assaltantes, que, se não se assustam com a presença de simples cachorros, talvez temam cachorro raivoso. Mesmo assim, para não ofender o leitor, que não tem nada a ver com isso, a frase precisa ser corrigida: *Cuidado! Cachorro raivoso.*

Devagar, quebra-molas.

Não se tratava de campanha contra a instalação de quebra-molas nas ruas da cidade, nem de estranho apelo para que os quebra-molas andassem devagar. Era apenas para ser um aviso: devido à presença de quebra-molas, era necessário diminuir a velocidade. Para atingir esse significado, é necessário pontuar corretamente: *Devagar! Quebra-molas.*

Papa Paulo! X Papa, Paulo!

Conta-se que o Papa Paulo VI recebeu famosa e bela atriz em audiência. Um anjo teria se postado à direita do Papa e um diabinho, à esquerda. Tanto o anjo quanto o diabinho dominavam perfeitamente o uso da pontuação, cada um defendendo seus interesses. O anjo, procurando preservar a inocência do Papa, exclamava:

– Papa Paulo!

Enquanto isso, o diabinho, esperto no uso da vírgula do vocativo, incitava para o pecado:

– Papa, Paulo!

Como se vê, a vírgula pode ser motivo de jogos e brincadeiras, às vezes um tanto irreverentes, mas que tornam seu estudo mais interessante. Quem ficar atento ao sentido da frase estará a um passo do emprego correto desse pequeno grande sinal de pontuação.

Enfim, chegamos. / Enfim chegamos.
Qual a forma correta? Alguma delas é melhor que a outra? Depende. Se houver a intenção de deixar inferido o significado de que o caminho foi muito difícil, a vírgula é desejável. Para perceber isso, basta o leitor fazer a leitura oral com a pausa marcada pela vírgula. A opção sem vírgula será mais recomendável se o caminho não tiver oferecido grandes obstáculos. Como se vê, o uso ou não da vírgula pode ter implicações sutis no significado.

Irás, voltarás, nunca perecerás.
Avalie o leitor o poder da pontuação: a julgar pela que aí está, o soldado que está indo para a guerra terá vida eterna, pois *nunca perecerá*. Transferindo a segunda vírgula para depois de *nunca*, o soldado morrerá: *Irás, voltarás nunca, perecerás.*

Todos somos iguais logo temos iguais direitos e deveres.
Há duas possibilidades de pontuação para a frase: *Todos somos iguais, logo temos iguais direitos e deveres.* Ou: *Todos somos iguais; logo, temos iguais direitos e deveres.* As duas formas de pontuação são corretas. Por ser mais pausada, a segunda opção ostenta maior poder de argumentação. Se o leitor duvidar, compare as duas fazendo a leitura oral de acordo com a pontuação.

É proibido entrar bêbado, sair pode.
Inteligente e perspicaz o aviso encontrado num bar. Falta-lhe apenas apuro na pontuação, trocando a vírgula por ponto ou ponto e vírgula: *É proibido entrar bêbado; sair pode.* Ou: *É proibido entrar bêbado. Sair pode.*

Vem aí, a temporada de férias.
Se na campanha publicitária havia a ideia de chamar a temporada de férias, num apelo para que chegasse logo, a vírgula está correta, mas o artigo *a* teria que ser eliminado: *Vem aí, temporada de férias.* Provavelmente, não era essa a intenção, mas sim avisar os veranistas sobre

a chegada da temporada de férias. Neste caso, a vírgula deve ser eliminada, mantendo-se o *a*: *Vem aí a temporada de férias.*

Perdão impossível; réu cumpra pena.
O teor do telegrama era claro: o réu teria que cumprir a pena. Inverte-se o sentido antecipando o sinal de pontuação: *Perdão; impossível réu cumpra pena.*

Se ele condenou eu não absolvo.
Dependendo da pontuação, o significado da sentença se inverte: *Se ele condenou, eu não absolvo* – assim, a condenação prossegue. *Se ele condenou, eu não; absolvo* – agora o réu foi absolvido.

Posso levar? Está bem leve.
Mesmo sem autorização, o interessado acabou levando, pois não dominava o uso da vírgula, ou não lhe interessava dominá-lo. Na verdade, era intenção autorizar, mas faltava a vírgula: *Está bem, leve.* Agora, sim, leve ou pesado, havia autorização para que fosse levado.

Baixa o preço que a gente compra.
Era o *slogan* da campanha das donas de casa. O apelo só não era perfeito porque lhe faltava uma vírgula. Como está, entende-se que as donas de casa compravam preços, e não mercadorias. Põem-se as coisas no lugar colocando vírgula após *preço*. Assim: *Baixa o preço, que a gente compra.*

Caso queira outro tipo de carne, é só escolher no balcão que moemos na hora.
Se fosse intenção oferecer o balcão moído, a frase estaria correta. Mas, com certeza, o açougue estava propondo mesmo a venda de carne. Para isso faltou apenas uma vírgula depois de *balcão*: *Caso queira outro tipo de carne, é só escolher no balcão, que moemos na hora.*

Fica Jardel.
A campanha visando a angariar recursos capazes de manter o jogador no clube fracassou. O uso de uma vírgula, quem

sabe, poderia ter mudado os resultados. Pelo menos o idioma estaria preservado, pois se trata de vocativo, que requer sempre a presença de vírgula. Assim: *Fica, Jardel;* ou: *Jardel, fica.* Sem vírgula, fica tudo errado, ou dá errado...

 # Salve Jorge. Era o título da novela. Assim, sem vírgula, tem o sentido de um apelo para que se salve Jorge de alguma situação embaraçosa. Na verdade, o significado era outro: um apelo a Jorge para que ele salvasse as pessoas de situação difícil. Corrija-se: *Salve, Jorge.*

 # Deixo a minha fortuna para o meu irmão não para o meu sobrinho jamais para o meu advogado nada para os pobres. Foi o teor do testamento deixado pelo fazendeiro, que, não dominando a pontuação, resolveu usar apenas o ponto-final. Para surpresa de todos, os quatro citados no testamento dominavam-na por inteiro. Cada um fez a pontuação de acordo com os seus interesses, sem mexer em mais nada. Entre as pontuações abaixo, o leitor está convidado a fazer sua escolha e destinar a fortuna a quem achar mais adequado:

Para o irmão: Deixo a minha fortuna: para o meu irmão; não para o meu sobrinho; jamais para o meu advogado; nada para os pobres.

Para o sobrinho: Deixo a minha fortuna: para o meu irmão, não; para o meu sobrinho; jamais para o meu advogado; nada para os pobres.

Para o advogado: Deixo a minha fortuna: para o meu irmão, não; para o meu sobrinho, jamais; para o meu advogado; nada para os pobres.

Para os pobres: Deixo a minha fortuna: para o meu irmão, não; para o meu sobrinho, jamais; para o meu advogado, nada; para os pobres.

Pecado n.º 7
CACÓFATOS E CACÓGRAFOS

*É por tuas palavras que serás
justificado ou condenado.*
Mateus, 12:37

Por serem sons feios ou formas gráficas desagradáveis, os cacófatos (ou cacofonias) e os cacógrafos (ou cacografias) devem ser evitados. Eles são muito mais comuns do que se pode pensar. Criam muitas vezes situações inusitadas, assim como sentidos esdrúxulos ou obscenos. Até mesmo escritores e pensadores consagrados não estão livres de os cometerem, porque seus malefícios só aparecem na leitura. Por isso mesmo, é importante que todo texto seja lido e relido, de preferência em voz alta, antes de ser liberado para leitura e/ou publicação. É a única maneira segura de detectar esse pecado.

Nunca use apenas uma mão para dirigir. A leitura oral desta frase encontrada em escolas formadoras de motoristas vai acusar de imediato uma cacofonia: *uma mão* também pode ser entendido como *um mamão*, o que pode levar a um sentido completamente esdrúxulo: a necessidade de mais de *um mamão* para dirigir. Na verdade, o que se pretende ensinar é que o motorista deve usar sempre as duas mãos para dirigir. Então, só falta corrigir: *Dirija sempre com as duas mãos*.

Uma mão lava a outra. Está aí de novo a figura do *mamão*, formando a mesma cacofonia. A correção já não é tão simples: *Cada uma das mãos lava a outra*. Mas valeu a pena, não é mesmo. Alerta: a cacofonia vai ocorrer sempre que se usar *um* antes de *mão*.

Vespa assada. Usada comumente, a expressão *a vez passada* acaba nos levando à gastronomia, mais especificamente a um prato nada convencional, a *vespa assada*. Detectada a cacofonia, a correção é fácil: *na outra vez*, ou, dependendo, *na última vez*.

Maminha. Nem Camões escapou do cacófato neste verso de fa-

moso soneto: *Alma minha gentil que te partiste.* Para a sorte do poeta – ele merece –, de nacionalidade portuguesa, pela forma de leitura oral em Portugal a cacofonia some quase que por inteiro. É claro que não há como corrigir, porque Camões não está entre nós para fazê-lo. Alguém se atreve?

Por cada.

Está aí uma cacofonia suína, ou *porcada* não poderia ser coletivo de *porco*? Para se livrar do mau cheiro, ou melhor, do porco, em regra basta eliminar a preposição *por*: *São dez processos por cada juiz* = *São dez processos por juiz.*

Herói cobrado.

O Hino Nacional contém cacófato, ao se referir ao *povo heroico o brado.* Pensando um pouco, quem de nós, brasileiros, não é *herói cobrado*? É quando se "escreve reto por linhas tortas". Corrigir o Hino Nacional? Não há como.

Coincidência suína.

Muito usada, a expressão *por coincidência* contém cacófato malcheiroso, pois lembra porco. Para corrigir, ou se apela para o advérbio *coincidentemente*, ou se reelabora a expressão: *é coincidência, por ser coincidência, trata-se de coincidência,...*

Socar o que, onde e como?

A expressão *só que* sempre gera cacófato, estando, portanto, condenada desde que surgiu, e para sempre. Será confundida com a terceira pessoa do singular do presente do subjuntivo do verbo *socar*. Exemplo: *A cirurgia foi um sucesso, só que o paciente morreu.* A correção passa pela troca de *só que* por *mas, porém, contudo,* ou outra conjunção coordenativa adversativa: *A cirurgia foi um sucesso, mas o paciente morreu.*

Só Carolina não viu.

Até o grande Chico Buarque de Hollanda não se deu conta do cacófato que ocorre neste seu verso: *soca*, a terceira pessoa do presente do indicativo do verbo *socar*. A correção seria fácil: *apenas* em vez de *só*. E o Chico concordaria com isso?

Da boca dela só sai besteira.

Da boca do autor da frase também. Insinuar qualidades ou defeitos caninos em seres humanos é, no mínimo, indelicadeza; sem contar a cacofonia. A correção passa pela substituição de *ela* por essa, repondo o substantivo substituído: *Da boca dessa moça (ou da senhora, da mulher) só sai besteira.*

Cá comigo, penso que não.
Sem dúvida, esta frase é um *caco*, pois é assim que começa: *caco migo*. Por redundante, elimine-se toda a cacofonia, e o problema estará resolvido, preservando-se o sentido por inteiro: *Penso que não.* Ou será que alguém pensa com a mente de outro?

O latim tinha muitas exceções.
Não só tinha, como tem, pois essa língua, apesar de por muitos chamada de morta, ainda existe. O que ficou feio mesmo é o *tim tinha*. A correção passa por outra opção de palavras: *O latim é cheio de exceções.* Outra forma de corrigir é trazer o verbo para o tempo presente: *O latim tem muitas exceções.*

Disse-mo ela mesma. A frase é da obra *Memórias Póstumas de Brás Cubas*, de Machado de Assis, sendo prova definitiva de que ninguém está livre de incorrer em cacófatos. Ao fazer a fusão dos pronomes *me* e *o*, muito em voga na época, acabou em indesejável *moela*.

Foi paraninfo da turma de 2001. Em *paraninfo da*, forma-se cacofonia a ser evitada. Assim, por exemplo: *Paraninfou a turma de 2001.*

Vou-me já, porque está começando a chover. Grosseira cacofonia, é ao mesmo tempo pronto castigo a quem, sem condições, inventa formas originais de se expressar. A correção passa pela redução: *Já vou, porque está começando a chover.*

Nosso hino é lindo. Nem se discute. E por isso mesmo, temos que nos referir a ele com muito cuidado. Da forma como o autor o fez é capaz de "dar nó no suíno". Corrige-se pensando no país: *O Hino brasileiro é lindo.*

Um projeto, ou... sim, digo-te tudo; trago-te dois projetos. Como se observa, no grande Machado o galo cantou novamente, nas mesmas *Memórias Póstumas de Brás Cubas*. Tudo porque usou o pronome oblíquo *te* seguido de *tudo*. Podia ter feito de tudo..., menos isso.

Atingido por radiação. Em *por radiação* também ocorre cacófato, que pode ser evitado mudando-se a redação: *Radiação atingiu...;* ou: *Atingido pela radiação de...*

Já nela não houve maiores prejuízos. A linguagem, sim, ficou prejudicada. Em *já nela* há uma cacofonia, que pode ser evitada eliminando-se, simplesmente, o *já*: *Nela não houve maiores prejuízos.*

O jogador marca gol em todos os jogos. Hedionda cacofonia essa que resulta da expressão *marca gol*. Por sorte, é muito fácil eliminá-la: *O jogador faz gol em todos os jogos.*

O triunfo da grande tenista. A cacofonia presente na expressão *triunfo da* por pouco não desmerece a grande vitória da tenista, que, aliás, seria legenda melhor para a foto.

 # Por razões que não se conhecem... Reconhece-se de imediato o cacófato do início da frase. Quem conhece, troca *por razões* por outra forma.

 # Deputado critica governador. Enquanto isso, critiquemos a cacofonia, mais especificamente em *critica governador*. Pode-se eliminá-la mudando a frase: *Deputado faz críticas ao governador;* ou: *Governador criticado pelo deputado.*

 # Governo confisca gado. O fato ocorreu em decorrência de determinado pacote econômico. Bobagem por bobagem, em *confisca gado* há uma cacofonia que também é necessário confiscar. Para tanto, é preciso mudar a frase: *Governo está confiscando gado;* ou: *Gado confiscado pelo governo.*

 # Nunca gostou de perder. Pudera! Também não deve ter gostado da cacofonia registrada em *nunca gostou*. É preciso evitá-la. Assim, por exemplo: *Jamais gostou de perder.*

 # É necessário que o governo nunca gaste mais que arrecada. Governo que gasta mais do que arrecada faz o que insinua o cacófato presente em *nunca gaste*.

 # Por causa desse impasse, a reunião foi encerrada sem qualquer avanço. Além disso, há outro problema: a cacofonia, desta vez causada pela expressão *por causa*. Solução: substituir por *em função desse impasse*.

 # A atriz disse que na época dela não havia isso. Talvez também não se usasse tanta cacofonia de origem canina, como a que ocorre em *época dela*. Corrija-se: *A atriz disse que em sua época não havia isso.*

 # Pacheco concorre. Ao promover o encontro *coco* na frase, o grande Eça de Queiroz também não se escapou da cacofonia. Aliás, outras foram encontradas em textos do autor de *Os Maias*: *Chama Maria. República governada. Nunca delas. Tampa tinha*. Mas que não sirva de desculpa, como a dizer: se até ele as cometeu, por que eu não posso? É preferível pensar assim: ele, monstro sagrado, pode; eu não posso.

 # Porque amo ela. Isso mesmo! Porque a ama, deve evitar os cacófatos. Sua preferência por *moela* pode até ser anunciada, mas em momento mais propício. Optando-se por *porque a ama*, corrige-se esse problema e outro pecado muito comum: usar o pronome pessoal reto (*eu, tu, ele, nós, vós, eles*) com função de objeto direto.

 # Única garantia. Para evitar o cacófato formado pelo encontro das sílabas final e inicial das duas palavras, basta inverter a ordem: *Garantia única*.

ÍNDICE REMISSIVO

a / há, 159
a fora, de dentro, 198
à mão / na mão, 42
à medida que / na medida em que, 146
a mim me parece, 65
a mulher e seu filho, 107
a nível de / em nível de, 27
a nosso ver, entendemos, 86
a par / ao par, 161
a partir daí em diante, 93
à porta / na porta, 136
a posteriori / *a priori* – sentido de, 32
a principal é uma só, 86
a princípio / em princípio, 204
a priori / *a posteriori* – sentido de, 32
a que horas?, 204
a, em, há – diferença entre, 18
a, sentido da preposição, 18
abaixar / baixar, 198
abaixo / a baixo, 194
abaixo / debaixo, 195
abençoar – regência, 227
abraçar – regência, 241
abraçar a crise – sentido, 20
absolutamente, sentido de, 22
acabamento final, 69
acabar – regência, 231
acabar / acabar-se, 219
acabar imagem folclórica, 108
acenar – regência, 226
acender / acender-se, 222
acender / ascender, 162
acender a luz, 114
acerca de / a cerca de / há cerca de, 156
acessório / assessório, 161
acético / ascético / asséptico, 163
achar que te certeza, 101
acho que sem sombra de dúvida, 78
acidente / incidente, 38
acima / a cima, 198
acordar / acordar-se, 222

acordo amigável, 92
acreditar – regência, 225
acréscimo / desconto, 20
acusar / incriminar, 29
adega de bebidas, 63
adentrar para dentro, 94
adequar – conjugação, 213
adequar / adaptar, 192
aderir – conjugação, 216
adiar para depois, 80
adivinhação, 28
adjetivo – concordância com o substantivo, 263
adjetivo / advérbio, 257, 258, 259, 264
adjetivo + substantivo – concordância, 267
adulterar, sentido de, 24
adversário / inimigo, 30
advertindo sobre penalidades, 105
advogado formado em Direito, 61
aeroporto, 177
aficionado, 186
afim / a fim, 161
agilizar, 48
agravante, gênero de, 277
aguardar – regência, 234
agudizar, 47
AIDS, dinheiro para a, 119
ajoelhar / ajoelhar-se, 222
ajoelhar os joelhos, 89
ajudar – regência, 225, 228, 235, 236
albinia, 202
alcoólatra / alcoolista, 133
alcunha / apelido, 36
alerta, flexão de, 259
alface, gênero de, 280
alma minha, 315
almirante da Marinha, 60
ambos os dois, 92
amiúde, 194
amo ela, 320
amoralidade / imoralidade, 160
amortizar – sentido de, 26

amostra / mostra, 202
amostragem / amostra, 32
animais, chamam-nos de, 119
Ano-Novo / ano novo, 52
anos de infecção generalizada, 141
anota uma vez, 114
ante o exposto, 205
anteprojeto, 196
antes já salientamos, 90
antivéspera, 140
ao encontro de / de encontro a, 160
aonde / onde, 38
aos cinco minutos, 204
apagar / apagar-se, 222
apagar a luz ao sair, 132
aparte / à parte, 160
apedrejar a estrada, 138
apelido / alcunha, 36
apêndice / apendicite, 22
apertar o cinto enquanto estiver sentado, 68
apoio / apoiamento, 45
após o, 204
aposentado contra medida da Justiça, 121
aposentar / aposentar-se, 222
apostar como, 143
apostos, 166
apóstrofe / apóstrofo, 166
aprazer – conjugação, 216
apresençar, 47
aproveitar – regência, 234
aproximadamente 50.012 espectadores, 114
aproximadamente mais da metade, 103, 120
aproximar / aproximar-se, 222
aqui neste local, 71
árabe / arábico, 23
arbitragem – sentido de, 44
arco-íris, flexão de, 274
aresto / arresto, 167
armar – regência, 240
arreado / arriado, 167
arretar a estrada, 138
arrochar / arroxar, 168
artigo definido – influência na concordância, 251, 262
artigo definido como expressão de intimidade, 41
artigo, flexão do, 273
ás / az, 167
as 24 horas do dia e da noite, 75
asado / azado, 166

ascender / acender, 162
ascensão, 162
ascético / asséptico / acético, 163
aspirar – regência, 224
assessório / acessório, 161
assim como também, 92
assinar embaixo, 61
assistir – regência, 227
assoar / assuar, 168
asterisco, 183
astigmatismo / estigmatismo, 180
atacar / defender, 18
atender – regência, 235, 236, 246
atender no telefone, 122
aterrissar na Terra, 78
ateu, feminino de, 282
atingir – regência, 235, 245
atoar / autuar / atuar, 169
atocho / atochada, 46
atraem, 216
atrai, 216
atrasado, 199
atravessar – regência, 236
atuar / atoar / autuar, 169
aura / áurea, 203
autoajuda, livros de, 35
autoajudar-se, 68
autobiografia, 55
autosservio, 172
autossuicídio, 61
autuar / atuar / atoar, 169
auxiliar – regência, 228
avaro, 186
avocar / evocar, 170
az / ás, 167
baixar / abaixar, 198
banana, plural dos diversos tipos de, 271
bastante, flexão de, 257
bávaro, 186
bebedouro, 17
bela caligrafia, 58
beleza etérica, 150
bem / boa, 35
bem como também, 66
bem, flexão de, 267
bem-vindo – flexão de gênero, 277
bem-vindo, 51, 181
beneficente, 166
bestialógico, 190

bexiga, 190
bi, tri, tetra, penta... – sentido de, 283
bicho / bixo, 36
bilhão, significado de, 283
bilhão, trilhão, milhão... – substantivos masculinos, 283
bilhete-padrão nacional, 131
bimensal / bimestral, 282
bissexto – sentido e origem, 290
boa / bem, 35
boas-entradas, 27
boca dela, 316
bombeiros chegaram tarde, 118
botar – emprego de, 33
botar as calças e calçar as botas, 147
brancas, porém pequenas, 126
branquear / branquiar, 170
breve alocução, 73
brocha / broxa, 164
bucho / buxo, 184
busca da verdade, 205
cá comigo, 317
cabo – flexão de gênero, 276
caçar / cassar, 170
cachorro / gente, 38
caco feio, 58
cacófatos e cacógrafos, 313-20
cada vez mais fica mais clara, 96
cair antes de levantar voo, 118
cair geada, 35
cair um tombo, 85
caixa, gênero de, 277
caixinha pequena, 87
calculador / calculadora / calculista, 45
cálculos hepáticos no fígado, 71
caligrafia bela, 58
calúnia / difamação / infâmia / injúria / ultraje, 41
camelódromo / chimarródromo / sambódromo, 27
caminhar a pé, 84
caminhoneiro, 191
camioneta / camionete / caminhonete, 191
camisas em seda, 109
câmpi / *campi*, 157
câmpus / *campus*, 157
canceroso / cancerígeno, 27
cantando e chorando, 210
capaz de chover, 120
carente – sentido de, 29

cargo / função, 35
casar-se com, 85
casas germinadas, 128
casual / causal, 172
cateter, 189
catorze / quatorze, 286
cedente / sedente, 163
ceia ao meio-dia?, 116
cela / sela, 171
censo / senso, 171
cerca de, significado de, 265
cercado por todos os lados, 65, 91
cercar – regência, 232
cerração, 202
cerrar / serrar, 172
cessão / seção / sessão, 161
cesta / sesta / sexta, 180
cesta básica do IEPE, 121
céu estrelado no estúdio, 143
chamam-nos de animais, 119
chamar – regência, 234
champanha / champanhe, 276
chão, feminino de, 281
chassi, flexão de, 271
check-up geral, 59
chego / chegado, 212
cheque / xeque, 174
chimarródromo, sambódromo, camelódromo, 27
chistoso / xistoso, 161
chover, capaz de, 120
chutar – regência, 229
chutar de pé trocado, 145
ciclo vicioso / círculo vicioso, 33
cidade / município, 36
cidra / sidra, 174
cinquenta, 286
circuito cerebral no cérebro, 86
círculo vicioso sem fim, 55
círio / sírio, 182
cirurgia sobre a aorta, 129
classificar / classificar-se, 221
clubes, gênero dos, 280
coabitar juntos, 74
coalizão / colisão, 195
cocho / coxo, 182
cociente / quociente, 183
coexistir simultaneamente, 60
colocação – fazer, 22
colocar dentição, 25

colorir – conjugação, 213
com, significado da preposição, 25
com / pelo – sentido de, 146
com nós / conosco, 264
com que / como, 26
comédia que faz rir, 95
comemorar a morte, 19
comentar – regência, 237
comentarista com muita propriedade, 107
comichão, gênero de, 277
comissão – sentido de, 116
como fica?, 205
comover de emoção, 62
compactuar com, 63
compartilhar – regência, 239
compartilhar em comum, 94
compartir em comum, 63
competitividade, 176
complicar / complicar-se, 222
comprimento / cumprimento, 173
compromissado / comprometido, 26
comum acordo, 82
comunicar – regência, 229
comunicar – regência, 240
concernir – regência, 233
concertar / consertar, 173
concordância com expressões estrangeiras, 263
concordância de número, 266-75
concordância nominal, 257-65
concordância nominal, opções na, 265
concordância verbal, 249-57
condições que indicam, 148
condizível / condizente, 45
conduzir – regência, 233
conferalizar, 132
confiar – regência, 229, 240
confisca gado, 319
conflitante / conflituoso, 185
confrade, feminino de, 279
confraternização fraternal, 89
confraternizar / confraternizar-se, 219
confusões, paradoxos, distorções e, 99-151
conhecer – regência, 224
conjetura / conjuntura, 175
conjugações verbais equivocadas, 209-17
conosco / com nós, 264
conquistar – regência, 232
conseguir – regência, 247
consenso geral, 71

consenso sem unanimidade, 112
considerado como, 79
constar – regência, 225
Constituição, rasgaram a, 30
consultar – regência, 233
contando com sua prestigiosa presença, 210
contar com expulsos, 148
contém / contêm, 255
conter – conjugação, 213
controlada com radar, 114
convalescença, 186
convencer – regência, 229, 242
conversar – regência, 236
converter / reverter / inverter, 137
convidar – regência, 225
convidaria, 149
cores, flexão dos diversos nomes de, 273
coringa / curinga, 200
correr atrás do prejuízo, 117
corroborar com, 80
coser / cozer, 175
costa / costas, 269
cota / quota, 183
crescei-vos e multiplicai-vos, 217
crescimento negativo, 112
criar novos empregos, 95
crise de falta de solidariedade, 110
critica governador, 319
CTI / UTI, gênero de, 278
cumprimento / comprimento, 173
curinga / coringa, 200
currículo / *curriculum*, 157
curtume, 190
custar, 221
da / das Libertadores, 269
damas, jogo de, 270
dar à luz, 237
dar de graça, 74
dar-se conta de, 248
de / por – sentido de, 136
de 0 a 4 anos, 96
de dentro a fora, 198
de encontro a / ao encontro de, 160
de repente – sentido de, 129
de repente de forma inesperada, 60
de, sentido da preposição, 18
debaixo / abaixo, 195
debater – regência, 247
debruçar / debruçar-se, 222

decerto / de certo, 183
decisivo e fundamental, 78
decreto governamental, 70
dedo-duro, 51
defender / atacar, 18
deferimento / diferimento, 163, 165
deferir favoravelmente, 70
déficit, flexão de, 271
definitivamente até o prazo previsto, 115
defronte do prédio, 205
deitar / deitar-se, 222
delatar / dilatar, 164
delegacia da mulher feminina, 146
demais / de mais, 173
demente mental, 64
dentes da boca, 96
dentição, colocar, 25
depedrar, 179
derreter / derreter-se, 222
derrotar – regência, 236
desapercebido / despercebido, 165
descargo / desencargo, 160
descer para baixo, 89
descoberta / descobrimento, 24
desconto – sentido de, 37
desconto / acréscimo, 20
descortino, 187
descrição / discrição, 165
descriminar / discriminar, 164
desde o ponto de vista, 138
desde que sou pequeno, 106
desde sua história, 140
desejar votos, 72
desfrutar – regência, 239
desiderato / *desideratum*, 176
deslizar, 179
deslize para baixo, 104
desmistificar – sentido de, 155
desprendimento, 191
dessecar / dissecar, 162, 196
destorcer / distorcer, 121, 166
destratar /distratar, 159
destruição até a casa da esquina, 107
desvalorizar / desvalorizar-se, 222
desviar / desviar-se, 222
detalhe feminino da mulher, 76
detento, ficar, 121
deterioração, 192
devido a, 249

dezesseis, grafia correta de, 284
dezoito / dezaoito, 193
dia a dia, 200
dia amanhece, 90
diálogo / monólogo, 23
diálogo com sentido inferido, 49
diária por dia, 92
dias úteis – sentido de, 24
difamação / infâmia / injúria / ultraje / calúnia, 41
diferenças do cruzado e do real, 119
diferimento / deferimento, 163, 165
diga / dize, 211
digladiar, 188
dignar-se – regência, 248
digo-te tudo, 318
diminuir completamente, 139
dinheiro para a AIDS, 119
direito de autocandidatar-se, 78
direto, concordância de, 264
discrição / descrição, 165
discriminar / descriminar, 164
dispensar apresentação, 94
dispor – regência, 242
dissecar / dessecar, 162, 196
disse-mo ela, 317
distinção, 201
distorcer / destorcer, 121, 166
distorções e confusões, paradoxos, 99-151
distrair / distrair-se, 222
divertir / divertir-se, 222
dizer – regência, 230, 244
dizer / falar, 32
dizer-se ser sábio, 73
dó, gênero de, 277
dois-pontos, uso de, 306
doutrina esotérica, 139
duvidar – regência, 238
eis aqui, 95
eis que – sentido de, 128
ela e eu / eu e ela, 128, 129
ele até tem coisas boas, 48
eleição / eleições, 269
elo de ligação, 76
em / para – sentido de, 21
em frente a / em frente de, 202
em nível de / a nível de, 27
em nome de, 15
em que / onde, 38
em, há, a, diferença entre, 18

emanar / imanar, 167
embaixadora / embaixatriz, 163
embaixo / em cima, 177
embarcar no avião, 113
emergir / imergir, 167
emigrante / imigrante, 168
eminência / iminência, 197
eminente / iminente, 169
emitir / imitir, 168
empecilho, 166
empoçar / empossar, 176
empreendimento, 164
emprestar dinheiro, 121
emulsão de óleo, 81
encapuzar, 191
encarar – regência, 245
encarar de frente, 90
encartar dentro, 80
encerrar / encerrar-se, 223
encontrar / encontrar-se, 221, 223
encontrar fórmula para ameaça de greve, 110
encontrar-se alimentando-se, 124
endemia / epidemia / pandemia, 148
enfarte / infarto, 189
enfrentar – regência, 244, 245
engajar, 179
enrugar / enrugar-se, 223
entender / entender-se, 219
entorse, 188
entorse, gênero de, 279
entrada de branco, 149
entrar Brasil afora, 131
entrar para dentro, 74, 90
entrar pela porta que que saiu, 135
entre 17 a 20 anos, 192
entreter – conjugação, 213
envernizados, 166
epidemia / epizootia, 33
epidemia / pandemia / endemia, 148
época dela, 320
equivaler – regência, 232
erário público, 82
escalar antes do jogo, 56
escapar – regência, 240
escritor entrega manuscritos, 123
escritor histórico, 22
escutar / ouvir, 37
esganação, 189
esgotar / esgotar-se, 223

espaforido / espavorido, 203
espatifar / espatifar-se, 223
espectador / expectator, 158
esperar – regência, 233
esperar adversário retrancado, 128
esperável / previsível, 46
esperto / experto, 175
espionagem, 169
espocar, 185
esquecer – regência, 230, 231
estabelecer – regência, 230
estada / estadia, 171
estádio / estágio, 179
estado de hipismo, 141
estalado / estrelado, 199
estalo / estralo / estalido / estampido, 199
estar – regência, 235
estar começando agora, 86
estar de posse, 17
estático / extático, 196
estátua em bronze, 125
estelar / estrelar, 199
estigmatismo / astigmatismo, 180
estimar – regência, 237
estória / história, 162
estourar, 190
estragar / estragar-se, 223
estrato / extrato, 170
estrear algo novo, 90
estreia – sentido de, 42
estrito / restrito, 200
esvaziar / esvaziar-se, 223
etapa, 172
etc. – emprego de, 16
eu e ela / ela e eu, 128, 129
evacuar, 19
evidências / provas, 30
evocar / avocar, 170
exaltar / exaltar-se, 220
exames normais, 120
exceção que segue a regra, 126
excitar / exitar / hesitar, 159
excrescência, 185
êxito letal, 28
exorbitar / exorbitar-se, 220
expectativa futura, 77
expirar / expirar-se, 219
explodir / fazer explodir, 30
expor – conjugação, 215

expressões que cansaram, 97-8
extático / estático, 196
extensão, 167
extra, flexão de, 270
extrato / estrato, 170
exultar de alegria, 81
face ao, 249
falar – regência, 242
falar / dizer, 32
falar consigo, 101, 102
falecer / morrer, 40
falência / insolvência, 43
falir – conjugação, 214
falta de pouca vergonha, 111
faltar – concordância, 254
fast food rápido, 97
fato verídico, 76
favorecer – regência, 228
fazer – regência, 244
fazer / causar, 43
fazer / cometer, 43
fazer com o sentido de cometer, 17
fazer explodir / explodir, 30
fazer impessoal, 251
fazer infarto, 25
fazer jus – regência, 230
fazer parte integrante, 70
felizes férias, 267
ficar – regência, 245
ficar detento, 121
figurar – regência, 231
fitossanitário, laudo, 18
flagrante / fragrante, 169
flexão de gênero, 275-82
florescente / fluorescente, 169
floxo, froixo, frouxo, froxo, 179
foi ex-ministro, 74
foi minha ex-aluna, 82
folear / folhar / folhear, 171, 172
forma de olho, 150
formas reduzidas do particípio, 217-8
formas reflexivas dos verbos, 219-23
formato estreito e largo, 115
fotomicrografia / microfotografia, 147
fragrante / flagrante, 169
fratricida assassino, 74
freada / freiada, 38
frente a, 158
frio infernal, 117

froxo, floxo, froixo, frouxo, 179
fugar / fugir, 149
função / cargo, 35
futuro daqui pra frente, 61
futuro do pretérito, o abandono do, 210, 211
futuro do subjuntivo – emprego do, 212
futuro indevido, 213
futuro, ligação com o, 21
ganhar de graça, 64
garage / garagem, 199
garção / garçom, 189
garoa fina, 62
geada, cair, 35
gene, 192
gênero dos pronomes de tratamento, 275
gênero, flexão de, 275-82
gênese, gênero de, 278
genitor / progenitor, 39
gente / cachorro, 38
gente / gentes, 178
gente / indivíduo, 38
giro de 360 graus – sentido, 286
goleira, os paus da, 266
gorjeta / propina, 39
gostar – regência, 227, 229, 246
goteiras do teto, 70
gourmand / *gourmet*, 46
governador que governa, 63
governo afirma que, 111
graça / nome, 31
graduação, 194
grama, gênero de, 276
grande finalista / grande finalizador, 147
grande homem / homem grande, 49
grau, sentido de, 286
grave / importante – sentido de, 22
gravidade do paciente, 120
grosso modo, 165
guaraná, gênero de, 279
guarda-chuva / sombrinha, 20
guarda-chuva, flexão de, 275
guarda-florestal, flexão de, 275
guarda-noturno, flexão de, 275
guincho / guinchamento, 42
há / a, 159
há anos atrás, 65
há cerca de / acerca de / a cerca de, 156
há dias atrás, 68
há, a, em, diferença entre, 18

hábitat / *habitat*, 157
habituar – regência, 232
haja vista, 250
handicape – sentido de, 40
happy end feliz, 72
haver impessoal, 250, 251
heroico brado, 316
hesitar / excitar / exitar, 159
hífen X travessão, 305
hífen: marca de significado, 50-2
hipertensão severa, 39
história / estória, 162
histórico, escritor, 22
hoje em dia, 132
homem grande / grande homem, 49
homogeneidade, 178
horto atacado, 118
hum – quando usar?, 285
idade acima de 12 a 14 anos, 114
ilhéu, feminino de, 281
imanar / emanar, 167
imergir / emergir, 167
imigrante / emigrante, 168
iminência / eminência, 197
iminente / eminente, 169
imitir / emitir, 168
imoralidade / amoralidade, 160
imóveis aumentaram 29% contra 17% do leite, 122
ímpar, 189
implicar – regência, 228
imundície, 184
inadequado / inócuo, 30
incendiar / incendiar-se, 223
incidente / acidente, 38
incipiente / insipiente, 171
inclusive – emprego de, 44
incontestes / incontestáveis, 29
incontinenti, 182
incriminar / acusar, 29
indecente / indescente, 175
indenizar os prejuízos, 110
individual de cada um, 76
individual para cada um, 74
indivíduo / gente, 38
infâmia / injúria / ultraje / calúnia / difamação, 41
infarto / enfarte, 189
infarto, fazer, 25
infecções descritas no fígado, 121

infinitivo flexionado, 216, 253
infligir, inflingir, infrigir, infringir, 171
informar – regência, 228
inicia em 4 de março até 15 de junho, 120
iniciando pelo primeiro passo, 84
iniciar / iniciar-se, 221, 223
iniciar nova estratégia, 104
início e final de correspondência, 57
inimigo / adversário, 30
inimigo fidagal / figadal, 29
injúria / ultraje / calúnia / difamação / infâmia, 41
inócuo / inadequado, 30
inquirir, 172
insolação / insulação, 174
insólito / insólido, 24
insolúvel / insolvível, 181
insolvência / falência, 43
intelecto interior, 87
intempestivo – sentido de, 144
intercessão / interseção, 174
ínterim, 188
internar / internar-se, 220, 221
intervenção sobre o coração, 122
intervindo / vindo – particípio e gerúndio, 211
intervir – conjugação, 214
intrínseco, 188
inúmeros / inumeráveis / incontáveis, 106
inutilidades, redundâncias e, 53-98
inverter / converter / reverter, 137
invólucro, 187
ir – regência, 238
ir com o trem, 142
irmão e amigo fraterno, 85
irradiar / irradiar-se, 223
irrequieto, 183
isonomia que busca a qualidade, 78
já estou indo agora, 85
já nela, 318
joelho da perna esquerda, 129
joelho, flexão de, 270
jogar na beira da lateral, 128
jogo de damas, 270
junto ao – sentido de, 126
junto, concordância de, 265
lá naquele lugar, 71
laço / lasso, 181
lactante / lactente, 181
lágrimas que saem dos olhos, 87

lançar o novo, 33
laser / lazer, 177
lata / litro, 175
latim tinha, 317
laudo fitossanitário, 18
Lava-Jato, Operação, 51
legal / legítimo / lícito / permitido, 41
lembrar – regência, 231
lembrar / lembrar-se, 223
levantar / levantar-se, 222, 223
lícito / permitido / legal / legítimo, 41
ligação com o futuro, 21
língua mátria, 138
liquidantes fazendo a liquidação, 62
lista / listra, 155
litro / lata, 175
livraria sem livros, 129
livros de autoajuda, 35
loção de barba para homens, 59
lotação, gênero de, 281
louco da cabeça, 91
lustre / lustro, 174
luta para não fugir do rebaixamento, 144
lutar – regência, 226
maça / massa, 174
machucar / machucar-se, 219, 222
macro / micro / mini / maxi, 181
maçudo / massudo, 172
madrugar cedo, 67
maestro, feminino de, 280
mais além, 58
mais barato que o Paraguai, 134
mais ou menos em torno, 92
mais ou menos uns dois, 83
mais predileto, 77
mais preferível, 62
mais principal, 96
mais vantajoso, 67
mais variados sexos, 104
mal / mau, 195
mal e porcamente, 101
mal-entendido, flexão de, 271
malgrado / maugrado, 201
mandado / mandato, 173
manter à direita, 136
manter o mesmo time, 73
mapa-múndi, flexão de, 271
marca gol, 318
marcha à ré, 193

Maria desentupidora, 142
marrão / marrom, 191
mas – emprego de, 16
mas como elemento gerador de sentido inferido, 49
mas porém, 65
mas só que, 81
mascarar uma infecção oculta, 87
massa polar fria, 89
matadouro, 17
mau uso do verbo, do substantivo e de seus assessores, 207-91
maxi / macro / micro / mini, 181
me vê isso pra mim, 89
média de um passageiro por automóvel, 110
medicação / medicamento, 21
meio ambiente, 67
meio período – sentido de, 137
meio, flexão de, 257, 259
melhor peso ideal, 67
melhor, flexão de, 260, 261
menos, flexão de, 257
mentira, uma qualidade?, 16
mergulhar para dentro da água, 66
mesma forma – sentido de, 35
mesmo pé de igualdade, 84
mesóclise, 226
mesóclise, uso da, 216
metades iguais, 72
meteorologia, 176
micro / mini / maxi / macro, 181
microfotografia / fotomicrografia, 147
mil – sempre numeral, 285
mil, flexão de, 274
milhão e dois feridos, 284
milhão, bilhão, trilhão... – substantivos masculinos, 285
milhar – substantivo masculino, 285
mim com função de sujeito, 251
minha opinião pessoal, 77
mini / maxi / macro / micro, 181
moleque, feminino de, 281
momento que / momento em que, 179
mono / poli / pluri / uni / multi, 181
monólogo / diálogo, 23
monopólio exclusivo, 88
monumento do Obelisco, 88
morar – regência, 231, 242, 243
morbidade / morbidez, 42

morta que juntou fotos, 104
mortandade / mortalidade, 42
mortos abalados, 119
mosquitos e formigas que mordem, 143
mostra / amostra, 202
mudar / mudar-se, 220
muito legítimo, 59
muito que fazer, 203
multi / mono / poli / pluri / uni, 181
município / cidade, 36
na mão / à mão, 42
na medida em que / à medida que, 146
na porta / à porta, 136
nada mais havendo a tratar, 57
nada não serve, 109
namorar – regência, 227
não deixar de ser, 105
não receitar nenhum, 83
não se enriquecer, 93
nas mãos da matéria, 123
nascer / ser concebido, 17
nascer morto, 139
nem ele tampouco, 83
neologismos pecaminosos, 45-8
nesse / neste, 25, 133, 176
neste sábado último, 105
neve branca, 64
ninguém não sabe, 82
ninguém não, 111
no entretanto, 66
noite toda, 103
nome / graça, 31
normalizar / normalizar-se, 223
normalmente sempre, 112
nosso hino, 318
noturno da noite, 76
noves, prova dos, 267
novidade inédita, 73
nuança / nuance, 178
nublado, tempo, 21
numeração de artigos e parágrafos, ordinal na, 287
numerais, erros no uso de, 282-91
numerais, plural dos, 287, 289
numeral em início de frase, 288
numeral, plural de, 251
número, concordância de, 266-75
nunca gaste, 319
nunca gostou, 319
nunca jamais, 96
nunca ninguém, 84
ó / óh, 198
o país do futuro, 114
obedecer – regência, 225, 238
obra-prima, 15
obrigadão, flexão de, 258
obrigado, flexão de, 258
observação / observância, 43
obstacular, 46
ocorre hoje em dia, 84
ocorrer – regência, 242
óculos, flexão de, 274
ofender – regência, 248
olhar / ver, 35
olhar para trás, 193
olho / vista, 41
Olimpíada / Olimpíadas, 268
ombrear / ombrear-se, 223
onde / aonde, 38
onde / em que, 38
onde / quando, 16, 37, 139
onde a mão do homem nunca pôs os pés, 130
ônibus coletivo, 93
ônibus que passa na porta, 143
Operação Lava-Jato, 51
oposição às leis, 102
orar em oração, 71
ordem dos fatores altera o produto, 50
ordinal na numeração de artigos e parágrafos, 287
ordinal no primeiro dia do mês, 288
orelha / ouvido, 41
ortografia correta, 58
os outros têm mais, 137
ossada do morto, 93
ossadas que sobreviveram, 151
ótica / visão, 129
ou seja, flexão de, 266
ouro dourado, 91
outra alternativa, 73
outra coisa à parte, 89
ouvido / orelha, 41
ouvir – regência, 230
ouvir / escutar, 37
oxidar / oxidar-se, 223
Pacheco concorre, 320
paciente enquanto pessoa, 124
paço / passo, 197
pagar – regência, 227

palitar o dente, 143
pandemia / epidemia / endemia, 148
panfleto – sentido de, 33
para / em – sentido de, 21
para a frente, 193
paradoxos, distorções e confusões, 99-151
parafernália, 190
paralepipeidar as ruas, 138
paraninfo da, 317
para / parapsicologia, 186
parar fora da pista, 137
particípio, formas reduzidas do, 217-8
passagem aérea de avião, 78
passear – conjugação, 215
passeio noturno à noite, 79
passo para frente à beira do abismo, 136
passos largos, 106
patinar / patinhar, 202
pé de laranjeira, 86
peão / pião, 197
pecar pelos seus próprios erros, 80
pé direito / pé-direito, 52
pegada – sentido de, 40
pelo / com – sentido de, 146
penalizado / punido, 28
pênalti, 188
penta, bi, tri, tetra... – sentido de, 283
pequena multidão, 115
per capita, 157
perante o, 205
perceber – regência, 239
percorrer pela estrada, 81
percorrer pelo mundo, 80
perder – regência, 227, 247
perder os 100%, 104
perdoar – regência, 230
perfumes de sabor, 126
perigosas semelhanças, 153-205
período inflacionário, 136
permitido / legal / legítimo / lícito, 41
pernoitar de noite, 68
perto de mais de cem, 108
pesar – regência, 243
pessoa humana, 61
pessoas que dizem, 88
pião / peão, 197
pisar – regência, 240
piso salarial mínimo, 59
pista – sentido de, 40

plancha / prancha, 180
plantel, 19
plebiscito popular, 75
plural dos numerais, 287
pluri / uni / multi / mono / poli, 181
pobre moça!, 210
pode vim, 212
poeta / poetisa / poetaço, 180
poli / pluri / uni / multi / mono, 181
política enquanto ciência, 125
pomar de frutas, 70
ponto e vírgula, uso do, 309, 310
ponto em expressões numéricas, uso de, 288
pontuação no discurso direto, 305
pontuação no discurso indireto, 305
pontuação, 293-311
por / de – sentido de, 136
por cada, 316
por causa, 319
por coincidência, 316
por isso / por isto, 133
por que não dão crédito, 116
por radiação, 318
por razões, 319
porão de baixo, 88
porventura – sentido de, 132
posar / pousar, 201
posse frente ao museu, 109
posse, estar de, 17
possibilitar – regência, 234
possível, flexão de, 263
possivelmente poderão ser, 92
possuir – sentido de, 33
posto que – sentido de, 136
prancha / plancha, 180
precaver – conjugação, 215
preceder – regência, 247
preceder / proceder, 203
precisamente entre 16 e 20 horas, 107
precisar – regência, 225, 229
preenchendo lacuna que faltava, 127
preferir – regência, 244
prefixos, flexão dos, 266, 268
pregar moral de cueca, 110
prejudicar – regência, 233
preposição, interferência na concordância nominal, 258, 263, 264
presença sem eficácia, 63
presente do subjuntivo – emprego do, 212, 214

presentear – regência, 232
prestar – regência, 241
prestigiar – sentido de, 128
pretensiosidade, 47
pretenso / pretendido, 44
prevalecido / provalecido, 160
prevenir / previnir, 156
previdência / providência, 182
previsto anteriormente, 66
primeira-dama, 51
primeiro-ministro, 51
principal prioridade um, 68
priorizar, 46
privar / privar-se, 221
profissão para mulher em fase embrionária, 113
progenitor / genitor, 39
progredir – conjugação, 215
proliferar / proliferar-se, 223
promoção – sentido de, 32
pronome oblíquo na função de complemento, 225
pronomes de tratamento, concordância dos, 259, 260, 262
pronto / rápido, 55
propina / gorjeta, 39
prova dos noves, 267
provas / evidências, 30
próxima semana que vem, 56
publicar – regência, 245
punido / penalizado, 28
puro mel de abelhas, 58
puro sangue / puro-sangue, 52
quando / onde, 16, 37, 139
quanto são 2 + 2?, 271
quase mais de um milhão, 131
quase nenhuma, 130
quatorze / catorze, 286
que / quem – concordância, 250
que é que é, 64
quebrar / quebrar-se, 223
queda do termômetro, 144
quepe, 190
querer – regência, 226
quociente / cociente, 183
quota / cota, 183
rádio, gênero de, 281
rápido / pronto, 55
rápido que ficou lento, 124
rápido, flexão de, 258
rasgar / rasgar-se, 223

rasgaram a Constituição, 30
rastro, rasto – sentido de, 40
ratificar / retificar, 170
razão do aumento deve-se a, 118
razão do porquê, 72
reaver – conjugação, 214
reboliço / rebuliço, 183
recém, 192
recolher – sentido de, 23
reconciliamento, 47
recordar – regência, 229
redundância dos baixinhos, 79
redundâncias e inutilidades, 53-98
referir – regência, 235
refletir / refletir-se, 223
regência nominal, 248-9
regência verbal, 223-48
reincidir outra vez, 81
reivindicar, 168
relacionar – regência, 236
relações bilaterais entre dois, 69
remédio para formiga, 146
remédios e preços reduzidos, 111
remetente / remitente, 172
rentabilizadas, 47
repetir de novo, 65
reproduzir / reproduzir-se, 223
residir – regência, 230
restrito / estrito, 200
resultado do laudo, 69
reter – conjugação, 217
retificar / ratificar, 170
reverter / inverter / converter, 137
revezar, 187
revidar contra, 62
rezina / resina, 159
ringue / rinque, 192
rio raso cheio de aves, 124
risco de vida, 115
ritmo, 187
roborizar / ruborizar, 172
rodar girando, 67
rodovia conservada, 145
romper / romper-se, 223
rotina do trabalho diário, 75
rotina que continua, 103
roubar a Caixa, 108
ruborizar / roborizar, 172
rubrica, 184

ruça / russa, 169
sabatina na segunda-feira, 126
saca / saco, 183
sacrifício de um soldado inútil, 101
saída desde o centro, 103
sair fora, 87
sair para fora, 90
salada de frutas, 113
saldo de mortos, 134
salvo, flexão de, 258
sambódromo / camelódromo / chimarródromo, 27
sanar / sanear, 47
sanção – sentido de, 44
saque / saqueio, 31
sargento – flexão de gênero, 276
saúde que obriga a abandonar, 126
se caso, 156
se pelo menos um dos candidatos alcançar mais da metade dos votos, 122
seção / sessão / cessão, 161
secessão / sucessão, 184
sedente / cedente, 163
seguimento / segmento, 130
seguro de roubo, 109
seiscentos – grafia, 287
seje, 211
sela / cela, 171
semelhanças estranhas, 155
semelhanças, perigosas, 153-205
seminovos – sentido de, 37
sem-terra, flexão de, 274
senão / se não, 185
senão / sinão, 180
senso / censo, 171
sentar – regência, 230
sentar / sentar-se, 220, 223
sentar na mesa, 116
sentido adulterado, 13-52
sentido inferido em função da preposição *mas*, 49
sentidos pêsames, 66
sequer, 175
ser – regência, 228
ser concebido / nascer, 17
ser humano, devido a sua condição humana, 93
serrar / cerrar, 172
servir – regência, 237
servir – regência, 246
sessão / cessão / seção, 161

sessão de assembleia geral, 64
sesta / sexta / cesta, 180
severa, hipertensão, 39
sidra / cidra, 174
significado inferido, 48-50
simpatizar / simpatizar-se, 223
sinão / senão, 180
sintomas usuais, 117
sírio / círio, 182
situar-se – regência, 230
só assalta Caixa, 113
só Carolina, 316
só ela confia / ela só confia, 106
só que, 316
só, flexão de, 259, 271
sobressair / sobressair-se, 220, 223
sofisticar – sentido de, 25
sofrer melhoras, 123
soldado inútil, sacrifício de um, 101
solicitar – regência, 246
somatória, 164
sombrinha / guarda-chuva, 20
soo / suo, 16
soprano, gênero de, 279
sortir / surtir, 162
sorvete, comer, tomar, beber, chupar ou lamber?, 145
sósia, gênero de, 278
sua / tua, 254
suador / suadouro, 17
subida / súbita, 159
subir na igreja, 107
subir para cima, 89
subscritar, 163
substantivo + adjetivo – concordância, 267
sucatização, 48
suceder – regência, 231
sucessão / secessão, 184
sujar / sujar-se, 223
suo / soo, 16
súper, 185
superávit, flexão de, 271
supetão, 189
surpreender – regência, 228
surpresa surpreendente, 65
surtir / sortir, 162
sutil / sútil, 182
tachar / taxar, 164
tal como, por exemplo, 80

tal, flexão de, 270
também os mesmos, 67
tampouco / tão pouco, 178
tanto faz, 255
taxar / tachar, 164
táxi de praça, 91
telentrega / tele-entrega, 34
telentrega a jato, 121
temerário / temeroso, 197
temperatura baixa para este verão, 135
tempo atual em que vivemos, 68
tempo nublado, 21
temporão – flexão de gênero, 278
tenho que / tenho de, 198
tenho um amigo meu, 74
ter – regência, 240
ter horas, 25
ter magnífica contribuição, 135
ter medo de, 248
termina quando acaba, 68
terminar – regência, 241
terminou o ano passado, 84
terneiro que vende, 140
terraplanagem / terraplenagem, 160
terras improdutivas, 134
testemunha / testemunho, 276
teto salarial máximo, 59
tetra, penta, bi, tri... – sentido de, 283
ti com função de sujeito, 252
tilintar / tiritar, 196
tirar a febre, a pressão, 18
tirar fora da boca, 71
tirar título de eleitor, 25
tireoidectomia, 188
tiro disparado por dois homens, 125
tiro nos trilhos, 144
todo / todo o, 177
todos foram unânimes, 96
todos os dias da semana, 102
todos os dois, três ..., 92
tomar – sentido de, 44
tomar o ônibus, 113
torácico, 173
torcer pelo, 203
tornar – regência, 243
tornar a repetir, 85
trabalho conjunto com, 82
tráfego / tráfico, 156, 168
tráfico ilegal, 69

tragédia – sentido de, 44
transmitir – regência, 244
transplantado – sentido de, 23
tratar – regência, 233
travessão X hífen, 305
treis – quando usar?, 284
tri, tetra, penta, bi... – sentido de, 283
trilha – sentido de, 40
trilhão, milhão, bilhão... – substantivos masculinos, 285
triunfo da, 318
tu / você, 249, 252, 253, 256, 261, 262
tu fostes, 210
tua / sua, 254
última namorada antes de sua morte, 91
ultraje / calúnia / difamação / infâmia / injúria, 41
ultrapassar sempre, 145
um / uma – numeral ou artigo indefinido?, 282, 283, 284, 285, 286, 287, 289, 290, 291
um dia, de noite, 112
um único, 79
uma final é uma rotina, 117
uma mão, 315
uma vez que, 204
uma vida dupla, 116
unanimidade única, 83
uni / multi / mono / poli / pluri, 181
única conclusão final, 94
única e exclusivamente, 77
única garantia, 320
uso da preposição *em* na indicação de endereço, 290
uso de ponto em expressões numéricas, 288
usofrutário / usufrutário / usufruário, 188
útero materno, 59
UTI / CTI, gênero de, 278
vadear / vadiar, 156
Vale dos Sinos, 267
valor unitário de R$ 10,00 cada, 69
valorizar / valorizar-se, 223
vazar, 162
veicular / vincular, 159
veículos importados cresceram, 108
vem junto comigo, 71
vem você, 212
vencer – regência, 241, 243, 245
ventre – sentido de, 29
ver / olhar, 35
ver a gravação, 142
veranear na Europa, 106

verbo – concordância com o núcleo do sujeito, 255, 256, 257
verbo – concordando com o sujeito, 250, 251, 252, 253, 254, 255, 256, 257
verbo + substantivo – concordância, 267, 268, 273
verbos, formas reflexivas dos, 219-23
vereador municipal, 80
vestiário / vestuário, 158
vestir em azul, 193
vestir suas calças, 73
vez passada, 315
viagem / viajem, 158
viajado (ser), 44
vice-candidato, 140
vicenal / vicinal, 185
vida pública e a privada, 141
viger – conjugação, 213
vimos por meio desta, 56
vincular / veicular, 159
vir – regência, 239
vir de sua casa, 72
virgem desde o nascimento, 104
vírgula – influência no significado, 295, 296, 297, 298, 299, 300, 301, 302, 303, 304, 305, 306, 307, 308, 309, 310, 311
vírgula de ênfase, 309
vírgula e a preservação do fluxo da frase, 302, 303, 309
vírgula nas intercalações, 297, 298, 299, 300, 303
vírgula no vocativo, 295, 296, 297, 298, 299, 300, 301, 302, 303, 304, 305, 306, 307, 308, 310, 311
vírgula nos elementos explicativos, 297, 298, 299, 300, 301, 301, 302, 304, 306, 307
vírgula por deslocamento, 310
vírgula que separa orações coordenadas, 309
vírgula separando do algarismo zero, 289
virilidade masculina, 75
vista / olho, 41
viúva do falecido, 56
você / tu, 249, 252, 253, 256, 261, 262
volta na mesa, 116
voltar – regência, 245
voltar atrás, 83
volume / número, 43
vomitar pela boa, 66
votar – regência, 241
vou te cantar, 127
vou te contar pra você, 73
vou-me já, 317
vulnerada / vulnerável, 178
vultoso, 165
xeque / cheque, 174
xerox, gilete, ... – marcas que assumem sentido genérico, 34
xifópago, 197
xistoso / chistoso, 161
zangar / zangar-se, 223
zumbir / zunir, 201

IMPRESSÃO:

Pallotti
GRÁFICA EDITORA
IMAGEM DE QUALIDADE

Santa Maria - RS - Fone/Fax: (55) 3220.4500
www.pallotti.com.br